职业教育改革创新示范教材

汽车营销

（第二版）

黄关山　程浩勋　主　　编
浦龙梅　陈雅娉　副 主 编
　　　朱　军　丛书总主审

人民交通出版社股份有限公司
China Communications Press Co.,Ltd.

内 容 提 要

本书是职业教育改革创新示范教材之一,是在调研了奔驰、大众、丰田、现代、沃尔沃等品牌的汽车销售服务岗位的基础上编写的。内容贴近工作实际,既包括了汽车销售的完整流程及工作标准,又突出了从事汽车销售服务应该具备的知识和技能,对于提高读者的销售服务技能会有很大的帮助。

本书可作为职业院校汽车整车与配件营销专业的教材,也可作为汽车销售服务人员在职培训及自学指导用书。

图书在版编目(CIP)数据

汽车营销/黄关山,程浩勋主编. —2 版. —北京:人民交通出版社股份有限公司,2017.1(2023.6重印)
职业教育改革创新示范教材
ISBN 978-7-114-13391-6

Ⅰ.①汽… Ⅱ.①黄… ②程… Ⅲ.①汽车—市场营销学—职业教育—教材 Ⅳ.①F766

中国版本图书馆 CIP 数据核字(2016)第 247926 号

职业教育改革创新示范教材

书　　名:	汽车营销(第二版)
著 作 者:	黄关山　程浩勋
责任编辑:	翁志新
出版发行:	人民交通出版社股份有限公司
地　　址:	(100011)北京市朝阳区安定门外外馆斜街 3 号
网　　址:	http://www.ccpcl.com.cn
销售电话:	(010)59757973
总 经 销:	人民交通出版社股份有限公司发行部
经　　销:	各地新华书店
印　　刷:	北京虎彩文化传播有限公司
开　　本:	787×1092　1/16
印　　张:	14
字　　数:	329 千
版　　次:	2012 年 1 月　第 1 版 2017 年 1 月　第 2 版
印　　次:	2023 年 6 月　第 2 版　第 4 次印刷　总第 9 次印刷
书　　号:	ISBN 978-7-114-13391-6
定　　价:	38.00 元

(有印刷、装订质量问题的图书,由本公司负责调换)

职业教育改革创新示范教材编委会

（排名不分先后）

主　　任：刘建平（广州市交通运输职业学校）
　　　　　杨丽萍（深圳市第二职业技术学校）
副 主 任：黄关山（珠海城市职业技术学院）　周志伟（深圳市宝安职业技术学校）
　　　　　邱今胜（深圳信息职业技术学院）　朱小东（中山市沙溪理工学校）
　　　　　侯文胜（佛山市顺德区中等专业学校）韩彦明（佛山市华材职业技术学校）
　　　　　庞柳军（广州市交通运输职业学校）　程和勋（中山市中等专业学校）
　　　　　冯　津（广州合赢教学设备有限公司）邱先贵（广东文舟图书发行有限公司）
委　　员：谢伟钢、孟婕、曾艳、王锋（深圳市龙岗职业技术学校）
　　　　　李博成（深圳市宝安职业技术学校）
　　　　　罗雷鸣、陈根元、马征（惠州工业科技学校）
　　　　　邱勇胜、何向东（清远市职业技术学校）
　　　　　刘武英、陈德磊、阮威雄、江珠（阳江市第一职业技术学校）
　　　　　苏小举、孙永江、李爱民（珠海市理工职业技术学校）
　　　　　陈凡主（中山市沙溪理工学校）
　　　　　刘小兵（广东省轻工高级职业技术学校）
　　　　　许志丹、谭智男、陈东海、任丽（佛山市华材职业技术学校）
　　　　　欧阳可良、马涛（佛山市顺德区中等专业学校）
　　　　　周德新、张水珍（河源理工学校）
　　　　　谢立梁（广州市番禺工贸职业技术学校）
　　　　　范海飞、闫勇（广东省普宁职业技术学校）
　　　　　温巧玉（广州市白云行知职业技术学校）
　　　　　李维东、冯永亮、巫益平（佛山市顺德区郑敬怡职业技术学校）
　　　　　王远明、郑新强（东莞理工学院）
　　　　　程树青（惠州商业学校）
　　　　　高灵聪（广州市信息工程职业学校）
　　　　　黄宇林、邓津海（广东省理工职业技术学校）
　　　　　张江生（湛江机电学校）
　　　　　任家扬（中山市中等专业学校）
　　　　　邹胜聪（深圳市第二职业技术学校）
丛书总主审：朱　军

第二版前言
PREFACE TO THE SECOND EDITION

"十二五"期间,人民交通出版社以职教专家、行业专家、学校教师、出版社编辑"四结合"的模式开发出了"职业教育改革创新示范教材",受到广大职业院校师生的欢迎。

随着职业教育教学改革的不断深入,学校对课程、教材的内容与形式提出了更高的要求。《教育部关于深化职业教育教学改革全面提高人才培养质量的若干意见》(教职成〔2015〕6号)中提出:对接最新职业标准、行业标准和岗位规范,紧贴岗位实际工作过程,调整课程结构,更新课程内容,深化多种模式的课程改革。要普及推广项目教学、案例教学、情景教学、工作过程导向教学,广泛运用启发式、探究式、讨论式、参与式教学,充分激发学生的学习兴趣和积极性。根据文件精神,人民交通出版社组织专家和编者,对已出版的"职业教育改革创新示范教材"进行了全面修订,对个别不能完全适应学校教学的教材进行了重新整合,并增加了几种学校急需教材,更新了教材内容,并对教材中的错漏之处进行了修正。

《汽车营销》是其中一本,此次修订,第六章增加了"第四节 服务营销";删除了第一版中的第七章的内容,新增"第七章 汽车营销技能提升";结合中职汽车营销技能大赛的比赛项目,增加了部分内容;删除了第一版中的部分陈旧内容和清晰度较差的图片。配套的电子课件也同时进行了修订。

本书由珠海城市职业学院黄关山、珠海市理工职业技术学校程浩勋担任主编,新疆建设职业技术学院浦龙梅、江门新会机电职业技术学校陈雅娉担任副主编,参加编写的还有冯妹娇、赖静、刘苑、张绍飞、孔凡静、王彦峰等。

职业教育改革创新示范教材编委会
2016年8月

第一版前言 PREFACE

《国家中长期教育改革和发展规划纲要(2010—2020年)》中提出:大力发展职业教育,把职业教育纳入经济社会发展和产业发展规划,把提高质量作为重点;以服务为宗旨,以就业为导向,推进教育教学改革。实行工学结合、校企合作、顶岗实习的人才培养模式;满足人民群众接受职业教育的需求,满足经济社会对高素质劳动者和技能型人才的需要。

职业教育的发展已作为国家当前教育发展的战略重点之一,但目前学校所使用的教材普遍存在以下几个方面的问题:

(1)学生反映难理解,教师反映不好教。

(2)企业反映脱离实际,与他们的需求距离很大。

(3)不适应新一轮教学改革的需要,汽车车身修复、汽车商务、汽车美容与装潢等专业教材急缺。

(4)立体化程度不够,教学资源质量不高,教学方式相对落后。

针对以上问题,结合人民交通出版社汽车类专业教材的出版优势,我们开发了《职业教育改革创新示范教材》。本套教材以"积极探索教学改革思路,充分考虑区域性特点,提升学生职业素质"的指导思想,采用职教专家、行业一线专家、学校教师、出版社编辑"四结合"的编写模式。教材内容的特点是:准确体现职业教育特点(以工作岗位所需的知识和技能为出发点);理论内容"必需、够用";实训内容贴合工作一线实际;选图讲究,易懂易学。

该套教材将先进的教学内容、教学方法与教学手段有效地结合起来,形成课本、课件(部分课程配)和习题集(部分课程配)"三位一体"的立体教学模式。

本书由珠海市理工职业技术学校黄关山、程浩勋担任主编，新疆建设职业技术学院浦龙梅、东莞理工学校冯妹娇担任副主任，参加编写的还有陈雅婷、赖静、刘苑、张绍飞、孔凡静、王彦峰等。

限于编者的经历和水平，书中难免有不妥或错误之处，敬请广大读者批评指正，提出修改意见和建议，以便再版修订时改正。

职业教育改革创新示范教材编委会
2011 年 5 月

目录 CONTENTS

第一章　汽车销售概述 / 1
第一节　顾问式汽车销售 …………………………………………… 1
第二节　汽车销售岗位 ……………………………………………… 12

第二章　汽车销售服务礼仪 / 16
第一节　汽车销售服务礼仪概述 …………………………………… 16
第二节　汽车销售服务个人礼仪 …………………………………… 18
第三节　汽车销售接待服务礼仪 …………………………………… 24
第四节　汽车销售拜访礼仪 ………………………………………… 34
第五节　电话接待服务礼仪 ………………………………………… 35

第三章　汽车产品知识 / 38
第一节　汽车产品知识概述 ………………………………………… 38
第二节　汽车基础知识 ……………………………………………… 40
第三节　汽车产品介绍要点 ………………………………………… 60

第四章　顾问式汽车销售流程 / 77
第一节　汽车销售流程概述 ………………………………………… 77
第二节　客户接待 …………………………………………………… 80
第三节　需求分析 …………………………………………………… 89
第四节　汽车商品说明 ……………………………………………… 99
第五节　试乘试驾 …………………………………………………… 114
第六节　报价和签约 ………………………………………………… 121
第七节　车辆交付及售后跟踪 ……………………………………… 132

第八节　电话销售沟通 ··· 139

第五章　客户关系管理及客户满意度 / 153

第一节　客户关系管理概述 ··· 153

第二节　客户开发与管理 ·· 160

第三节　客户满意度提升 ·· 165

第四节　客户抱怨及投诉的处理 ··· 171

第六章　汽车售后服务 / 181

第一节　汽车保险销售 ··· 181

第二节　汽车附件销售 ··· 185

第三节　汽车售后服务流程 ·· 187

第四节　服务营销 ··· 189

第七章　汽车营销技能提升 / 204

第一节　营销与销售 ·· 204

第二节　汽车营销技能竞赛 ·· 209

参考文献 / 215

第一章 汽车销售概述

学习目标

通过本章的学习,你应能:
1. 理解顾问式汽车销售的概念;
2. 知道汽车销售的基本过程;
3. 认识汽车销售岗位的基本内容。

第一节 顾问式汽车销售

在许多企业中,一般都会有一个令人尊敬的法律顾问;而在不少家庭里,一般都会有一个值得信赖的医生顾问。法律顾问在为企业提供法律服务、法律支持的同时获得一定的报酬;家庭医生顾问在为一个家庭提供医药服务及健康咨询的同时获得相应的报酬。那么在法律顾问给出建议的时候,是否会让人觉得他是在推销呢?当然不会。医生顾问在为家庭成员推荐药品的时候,是否会被认为是在推销呢?当然也不会。因为在大家的心中,他们是专业的、诚实的、值得我们信赖的。作为一名销售人员,是仅限于做一名产品推销员,还是要成为客户的专业销售顾问呢?为了更好地理解顾问式销售,我们通过一个故事来说明。

一位老太太去楼下的菜市场买水果。她来到小贩 A 的水果摊前问道:"这李子怎么样?"

"我的李子又大又甜,特别好吃。"小贩 A 回答。

老太太摇了摇头没有买。她向旁边的小贩 B 问道:"你的李子好吃吗?"

"我这里是李子专卖,各种各样的李子都有,您要什么样的?"

"我要买酸一点儿的。"

"我这篮李子酸得咬一口就流口水,您要多少?"

"来一斤吧。"老太太买完李子准备回家,又看到小贩C的摊上也有李子,而且又大又圆非常抢眼,便问:"你的李子多少钱一斤?"

"您好,您问哪种李子?"

"我要酸一点儿的。"

"别人买李子都要又大又甜的,您为什么要酸的呢?"

"我儿媳妇有身孕了,想吃酸的。"

"老太太,您对儿媳妇真体贴。她想吃酸的,说明她一定能给您生个大胖孙子。您要多少?"

"我再来一斤吧。"老太太被小贩说得很高兴,便又买了一斤。小贩一边称李子一边继续问:"您知道孕妇最需要什么营养吗?"

"不知道。"

"孕妇特别需要补充维生素。您知道哪种水果含维生素最多吗?"

"不清楚。"

"猕猴桃含有多种维生素,特别适合孕妇。您要是给您儿媳妇天天吃猕猴桃,生出的孩子肯定健康又聪明。"

"是吗?好啊,那我就再来一斤猕猴桃吧。"

"老人家,您人真好,有您这样的婆婆,真是好福气。"小贩开始给老太太称猕猴桃,嘴里也不闲着:"我每天都在这儿摆摊,水果都是当天从批发市场找新鲜的批发来的,欢迎您常来。"

"行"老太太被小贩说得很高兴,提着水果一边付账一边应承着(图1-1)。

图1-1 顾问式销售

三个小贩面对同一位老太太,为什么销售的结果完全不一样呢?

分析: 原因就在于第三个小贩通过提问和鼓励抓住了老太太最深层次的需求。表面上老太太买李子是给儿媳妇吃,实际上买李子不光是为了儿媳妇,更重要的是为了抱孙子。这就是客户购买的目标和愿望,也是产生购买需求的根源。当客户有了目标和愿望的时候,就会发现达到目标所存在的问题和障碍。李子要买酸的,这是购买指标,后来第三个小贩又帮助老太太加了一个购买指标,就是购买维生素含量高的。

需求是一个五层次的树状结构,目标和愿望决定客户遇到的问题和挑战,客户有了问题和挑战就要寻找解决方案,解决方案包括需要购买的产品和服务以及对产品和服务的要求,这几个要素综合在一起就是需求。客户要买的产品和购买指标是表面需求,客户遇到的问题才是深层次的潜在需求,如果问题不严重或者不急迫,客户是不会花钱的。因此,潜在需

第一章 汽车销售概述

求就是客户的燃眉之急,任何购买行为背后都有客户的燃眉之急,这是销售核心的出发点,而且潜在需求产生并且决定表面需求。所以,顾问式销售的核心是把握客户的需求,深刻理解需求的五个层次(图1-2),帮助客户找到并满足其深层次需求。

一 什么是顾问式汽车销售

1 传统的汽车销售

在传统的汽车销售中,由于市场和消费者的不成熟,销售的竞争往往是价格的恶性竞争,销售过程更多关注的是4P(产品Product、价格Price、渠道Place、促销Promotion,图1-3),汽车销售只是卖出汽车或服务换取报酬,不重视客户的真实需求;汽车销售人员的兴奋点在所销售的汽车产品上,关注的是销售人员和企业的盈利,而忽视了销售过程中对客户的服务以及客户的利益。随着市场竞争的加剧,传统的销售方式和销售理念必将不能满足市场的需求,取而代之的是顾问式汽车销售。

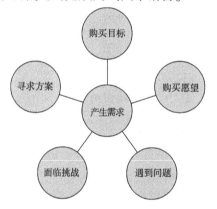

图1-2 需求的五个层次

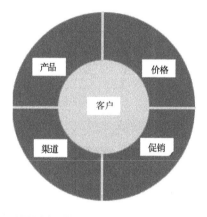

图1-3 营销的4P理论

2 顾问式汽车销售

实际上客户花钱买的不单是汽车产品本身,还有汽车带给他们解决问题的好处,以及购买汽车产品过程中所享受到的服务(图1-4)。随着汽车销售市场和消费者的不断成熟,汽车销售也由传统的4P观念转向4C观念(消费者Consumer、成本Cost、便利性Convenience、与客户的沟通Communication),汽车市场的竞争也由价格竞争转向服务竞争。现在的汽车销售是在满足客户需求的基础上进行的,根据客户需求,提供汽车产品及服务换取应得的报酬,同时让客户在购买汽车的过程中感到满意,实现客户与汽车销售企业的双赢,我们将这种销售称之为顾问式汽车销售。顾问式汽车销售的前提是要识别潜在客户的需求,并通过汽车销售过程中的服务满足客户的这些需求,最终达到企业、销售人员、客户的共赢。

3 顾问式销售与传统销售的不同点

顾问式销售与传统销售的不同点,如图1-5所示。

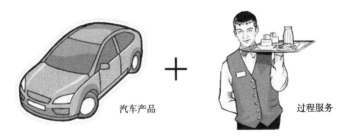

图1-4 顾问式销售的特点

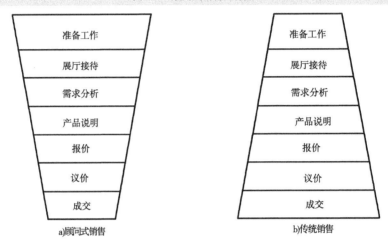

图1-5 顾问式销售与传统销售的不同

从图中可以看出,两种模式的销售流程是一样的,但销售人员在每个阶段所用的时间和所耗费的精力不同。顾问式销售注重前期工作的准备,包括准备销售资料、名片及销售工具等,并尽可能多地收集客户方面的资料。顾问式销售重视对客户需求的了解与分析,做到满足客户需求,排除异议,帮助客户选择最合适的产品。在这种销售模式下,由于前期准备工作到位,从而大大减少了在议价成交阶段的时间,使销售人员更容易与客户达成协议。

4 销售顾问的附加价值

传统上,销售人员因为销售产品而得到适当报酬,在此情况下,产品是报酬高低的关键。但是,如果我们由另外一个角度来思考,销售人员是因为提供服务给客户而得到适当的报酬,那么,销售酬劳的来源可能就不只是产品销售,任何相关的物件或服务都有可能是收入的来源。也就是说,对客户服务的质量优劣就成为报酬高低的关键。

附加价值是一个值得探讨的话题,它就如同"功劳"与"苦劳"的关系。作为一名销售顾问,将工作按照要求如期完成后,老板会支付适当的薪水,这是为了表示对你辛勤劳动的补偿,但这并非是造就你获取薪水和升职的关键。值得注意的是,除了应做的工作外,你是否能创造出工作之外的附加价值?根据调查显示,一名销售顾问只要能让客户认为他有五项以上的附加价值,则其成交的机会将会比一般人多出3~5倍。那么,附加价值对销售顾问而言又代表什么呢?实际上,创造客户满意服务的独特卖点正是销售顾问的附加价值。

常见的独特卖点如下：
(1)第一次就将工作做好；
(2)能控制问题；
(3)说"是的,我们能做好",要有积极主动的态度；
(4)按客户的要求去做,但要做得更好,即超出客户期望；
(5)不要轻易丢掉一位客户；
(6)我们回答一位客户的询问、解决一位客户的问题,都会使客户以不同的角度认识我们；
(7)不要只是被动地应付问题,要预期问题的发生；
(8)做好每一件事情,就需要一定的程序,而此程序就是过去经验的累积。

二 汽车销售的三要素

完成一个汽车销售,通常有三个要素:客户对汽车产品及服务的信心；客户对汽车产品和服务的需求；客户是否具备购买力。我们分别称之为信心、需求、购买力(图1-6)。

客户有了需求,才会考虑购买相应的产品和服务。有了需求后,还要考虑对产品和服务的信心。有了需求但没有对产品和服务的信心,同样不会购买产品。有了需求和信心后,如果没有足够的购买力,同样不能购买产品和服务,也就不会产生销售。所以,构成销售的三个要素缺一不可。在汽车销售的过程中,销售顾问的主要工作就是挖掘客户的需求,同时建立客户对汽车产品及服务的信心,进而促使客户购买,最终达成汽车销售的完成。

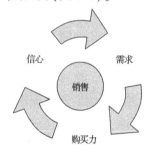

图1-6 销售的三要素

比如一位家长因接送孩子上学的需要考虑要购买一辆汽车(有了需求),他首先会根据自己的经济情况(购买力)确定所购买车的价格区间,然后会根据自己掌握的信息,考虑汽车的品牌和在哪家经销店购买(对产品和企业的信心)。在销售的三个要素当中,汽车销售顾问能够影响的通常是客户购买的信心和挖掘客户的真实需求,而对于购买力的影响作用往往较小。

1 信心

客户对产品的信心往往建立在产品本身、品牌、企业信誉、服务人员等因素上。所以企业和汽车销售顾问最需要做的就是建立客户对产品的信心,否则客户就不会购买我们的产品,或者不通过我们的店或不通过某个销售人员购买。

2 需求

客户的需求分为感性需求、理性需求、主要需求、次要需求等。客户表面上告诉我们的需求,往往是他本人真实需求的一部分(图1-7)。所以,挖掘客户的真实需求,对客户进行需求分析,帮助客户购买到真正符合他需求的汽车产品,也是汽车销售人员的本职所在。另据

图1-7 需求的冰山模型

调查,大多数客户是不知道自己的真实需求的,他们购买汽车产品的决定中感性需求占的比例很大。所以,汽车销售顾问要学会创造客户的需求并分析客户的需求帮助客户一起分析购车的用途、用车的成本、购买后能给客户带来的价值等,使其买到真正符合其需求同时又称心如意的汽车,从而体现汽车销售人员作为售车顾问的价值。

3 购买力

客户的购买力取决于他的"决定权"和"使用权"。汽车销售的完成,一定要看客户的购买力,要帮助客户一起分析他的购买力,同时让客户去影响决定他购买力的人或者建议客户采用汽车贷款和汽车金融的方式提前消费。

三 顾问式汽车销售服务需要具备的工作理念

理念可以指导工作,理念可以帮助员工摆正工作的心态。作为一名汽车销售顾问,应该具备哪些先进的工作理念呢?汽车经销店的利润来源于销售,不论是售前、售中还是售后,汽车销售顾问无时无刻不处在销售自己、销售公司、销售品牌的过程中。因此,汽车销售顾问在与客户接触的各个关键点,应全力提高客户的满意度,取得客户的信赖,发现客户的潜在需求并满足这些需求,创造双赢的局面,这就是商家倡导的"客户关怀"的顾问式销售理念。

通过分析,我们发现顾问式汽车销售更关注客户的需求和满足客户的需求,强调销售过程中的服务和让客户满意。客户满意度是评价销售活动质量的标准,销售顾问应与客户建立良好的关系,不断扩大自己的销售业务。高质量的产品和高质量的销售服务则是达成客户满意的关键因素。

客户满意度是每个汽车品牌和厂家都关注的一个工作指标,客户满意度的提升将会给企业带来极大的利润提升空间。因此,汽车销售顾问在自己的工作过程中一定要时刻牢记客户满意度这个工作理念。客户满意度是"客户的期望"与"客户的实际体验"相对比的结果,它不是一个绝对值,而是一个相对值,与客户的期望和现实中客户所获得的现实体验有很大的关系。客户满意度不是一个瞬间值,而是一项需要长期进行的管理工作,它只会在踏实的日常管理中不断提升。提升客户满意度,关键要转变观念,主要体现在以下三个方面。

1 客户期望值与客户满意度

客户购买产品或服务时常会体验到满意、失望、感动等心理感觉。这些心理感觉,是客户内心的期望值与实际体验值经过比较得出的。客户根据已有的体验、掌握的信息或通过别人的介绍,对即将要购买的产品和服务有一种内心的期待,这种内心的期待值,我们称之为客户的期望值。企业或工作人员实际给予客户的体验,我们称之为客户实际的体验值。期望值与体验值的比较,客户可能有三种不同的心理感觉:失望、满意、感动(图

1-8)。

客户如果对产品或服务感觉到失望了,就绝不会再回来购买产品;客户如果对产品或服务感觉满意时可能会回来,也可能会尝试其他的产品或服务;客户如果对产品或服务感动时,大多时候他们会再次光临。所以,我们要尽量超越客户的期望值。

图1-8 超越客户期望值

1)超越客户期望值的方法

(1)不花钱的方法:记住客户的姓名等基本资料;记住客户的生日、结婚纪念日,并适时打电话以示祝贺;态度热情、勤奋、微笑服务;环境整洁,个人清洁;迎送客户;24h电话随时有人接听等。

(2)花钱不多的方法:赠送小礼品,如磁卡、电话本;饮料、茶水、报刊、音乐、药品、免费的工作午餐;统一制服,形象好;接送客户;提供幽雅的接待环境;逢节日、生日给有记录的客户送鲜花、礼品等。

2)超越客户期望值的程度

给客户现实体验不是越高越好,建议超越客户期望值一点点就好。因为客户的期望值会在体验中不断提高,一次超越太多的话会增加企业的成本,也达不到让客户惊喜的目的。客户期望值来自于其以往的经验,期望值不会一直保持在同一水平。客户先前来经销店有饮料喝,客户很满意,下次再给客户饮料时,他们会感觉是应该的,会期待更好的体验。

2 关键时刻MOT(Moment Of Truth)的概念

在竞争日益激烈的市场,产品本身所能带给客户的感动已不是非常明显,在众多的汽车销售公司里,由于每种品牌、每种型号的汽车,都以完全相同的规格出厂,无论是性能或是价格,汽车本身的品质事实上都是大同小异的。那么怎样使客户在众多汽车销售公司里选择在你的展厅购买,这就取决于客户是否能够在你这里得到超越期望值的感动!在你提供服务给客户,以期望取得客户的满意与感动时,我们提出这样一个概念——关键时刻(MOT)的概念。

20世纪80年代,北欧航空卡尔森总裁提出,每位顾客接受其公司服务的过程中,平均会与五位服务人员接触,在平均每次接触的短短15s内,就决定了整个公司在顾客心中的印象,故定义:与顾客接触的每一个时间点即为关键时刻,它是从人员的A(Appearance)外表、B(Behavior)行为、C(Communication)沟通三方面来着手,这三方面给人的第一印象所占的比例分别为外表占52%、行为占33%、沟通占15%,它们是影响顾客忠诚度及满意度的重要因素。

我们列举几个其他行业的小故事,以更加具体深刻地了解关键时刻的重要性。

(1)某年,瑞典航空公司由于管理、经营等方面的原因,企业面临严重的危机。经由瑞典航空公司上级决定,拟聘用一位新执行总裁。新总裁上任后做的第一个决策,便是提升服务品质。有一位旅客在检票口突然发现机票不见了,检票小姐立即作出反应,安抚旅客焦虑的心情,让旅客静心回想机票放到了哪里,当旅客回忆起机票可能落在宾馆房间时,检票小姐立即为该名旅客补票,旅客上飞机后,检票小姐马上通知相关人员去宾馆寻找,旅客的机票确实留在了房间的桌上。新总裁赋予了检票小姐为旅客补票的权力,大大提高了服务人员为客户服务的质量与效率。新总裁为此解释道:任何一名员工与客户接触的机会都是提升服务品质的关键时刻。

(2)曾有位朋友喜欢在咖啡店里完成他的一些作业,便随机选择了一家咖啡店,而那家咖啡店确实给了让他感动的服务:

"欢迎光临!您好,请问先生几位?"

"您需要用电脑吗?我带您去有插座的位子。"

"请问您是否需要上网?"

服务生简单的几句话着实超出了这位朋友的期望值。

虽然并非只有一家这样咖啡店,但在以后相当长的一段时间内,他都来这家店,而不再去尝试其他的咖啡店。

图1-9 关键时刻

所以,这些互相接触的短时间内的真实一刻,都发挥着它的重要作用,我们称之为关键时刻。正是这些"小小的一刻"给客户留下了"小小的印象",许许多多的小印象最后汇成了给客户大大的印象。

由此可见,客户最终的购买决定是由许许多多个真实一刻决定的。重视汽车销售活动中每个"小小的一刻"(图1-9),给客户留下"小小的印象",从而让客户在购买时作出"小小的决定",这些"小小的决定"最终会影响到客户最终的购买决定。所以,汽车销售顾问在销售过程中要关注客户需求的细节。

3 舒适区的概念

日常生活中,做一些每天自己都在做的事情,我们感到毫无压力,就像回到自己家里我们会感觉很舒适一样。这是因为这些事情和空间是我们所熟知的,我们称这些事情和空间是我们的舒适区(图1-10)。在舒适区内,人们会感觉很舒适,在舒适区外时,人会有一种不确定、未知的感觉。比如,去别人家做客我们就会感到拘谨,因为自己的家里是自己的舒适区,别人的家是别人的舒适区。

客户进入展厅后,由于没有熟悉认识的人,对环境也感觉陌生,这种状况很可能会导致焦虑情绪的产生;客户在与销售顾问还未建立信任关系时,客户会担心选错品牌,担心价格买贵了,担心产品是否会有瑕疵等,此时客户处于担心区内;在舒适区这个阶段,由于客户与销售顾问已建立了一定的信任关系,客户对于销售顾问的服务也产生了信心。

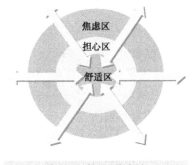

图1-10 舒适区的概念

把这个概念引入汽车销售服务中,我们就会发现,经销店的销售大厅对汽车销售顾问来说是舒适区,对客户来讲就是客户的担心区或者焦虑区,客户会感觉到不自在。所以从客户的角度考虑,销售顾问要通过自己热情的服务尽快将销售大厅变成客户自己的舒适区,让客户放松下来,而不要自我暗示经销店是自己的地盘却不顾客户的感受。

舒适区的概念是一个重要的销售理念,目的就是提供无压力的销售环境。在三个阶段内,销售顾问要分别能做到以下内容。

(1)在客户的焦虑区内要关心客户。在焦虑区中,销售顾问只能够做到关心客户,从迎接客户开始至建立良好的第一印象,并非要直切主题,可与客户闲聊,拉近关系,给客户你是他的朋友或有一见如故的感觉,例如:"你平时做什么运动啊?"同时,也可以据此大约判断客户的购买力。

(2)在客户的担心区内要影响客户。在担心区中,销售顾问对客户真诚的态度,对各种产品的了解,对市场的熟悉以及专业知识,都开始慢慢对客户产生一种影响力。

(3)在客户的舒适区内要控制客户。在舒适区中,销售顾问需更多地了解客户,了解购买需求,并为其提供合理建议,满足客户的需求,增加客户对销售顾问的信任感。所以,销售顾问要以最快的速度使客户达到舒适区。客户一旦进入舒适区,那么接下来的销售工作就更容易开展。

我们从客户和销售顾问两个角度来讨论舒适区内、外客户的感受和行为。客户进入汽车展厅问的第一个问题往往是这车多少钱,"多少钱"表面上看是购买力的问题,其实不然。但为什么很多不同的客户都会问这个同样的问题呢?因为客户进入展厅,展厅里的一切对他来说不是舒适区,他要寻找舒适区,要询问自己购买车辆的心理价位。当得到的答案是很贵,他们马上会退回到他们的舒适区。因为他们并不了解产品,也没有得到应有的服务。由此看出,经销店和汽车销售顾问要多从客户的角度看自己的服务,最大限度地扩大客户的舒适区。

四 顾问式汽车销售的原则

通过上面的分析,我们可以总结出以下顾问式汽车销售的原则。

1 制定汽车销售的最终目标

汽车销售的最终目标是销售顾问和客户的双赢。在这个目标的执行中,要将超越期望值和建立客户长期的忠诚联系起来。

2 善用舒适区的理念

在汽车销售过程中要善于应用舒适区的理念,建立起客户自己的舒适区,解决客户心中的不安,拉近与客户的距离。用坦诚增强客户对销售顾问的信任,并与大家公认的标准、价值观联系起来,最终赢得客户的信任。

3 时刻把握客户的需求

在汽车销售过程中,识别并挖掘客户的真实需求是第一位的工作。汽车销售顾问要善于辨别并理解客户的需求及购买动机。在整个销售过程中,汽车销售顾问的精力要集中在客户的需求上,并与销售的三要素、舒适区等紧密联系起来。

4 帮助客户做出正确决定

顾问式销售与传统销售最大的区别就是不强硬地进行推销,而是将舒适区及期望值的概念和理念应用到销售的实际工作中,从帮助客户的角度出发,尽可能多地提供客户需要的购车资讯,解除客户心中的购车疑虑,帮助客户做出购车的决定。

5 超越客户期望值

提高客户的满意度会增加销售的成功机会,汽车销售顾问在销售的每个环节和细节要时刻想到超出客户的期望值,以此感动客户并激发出客户的热情,从而建立起长期的客户关系,并通过客户的转介绍提升汽车销售顾问的销售业绩。

五、汽车销售中的四个心理原则

在汽车销售过程中,销售顾问需要与顾客进行有效的沟通并学会分析顾客的心理状况,了解汽车销售过程中的四个心理原则对于促进销售成交将会有很大的帮助。根据跟踪分析和总结,销售顾问需要了解以下四个心理原则:所有汽车购买者的思维模式都是相似的,绝不要去区分客户;不要让表面的话语及行为影响销售思路与热忱;利用时间推销自己。

1 所有汽车购买者的思维模式都是相似的

与购买其他商品不同,今天的汽车购买者从一开始就会一直关注汽车的价格,或者关注能有多少折扣,唯恐自己买贵了,这是为什么呢？因为大部分消费者都有一种根深蒂固的思想,觉得为衣服或房子多付点钱是可以接受的,但买汽车就不行了,每个人在买汽车时都希望买得值,得到大的折扣,否则就会成为朋友圈里的笑柄。这种担心促使购买者自然而然地采取行动保护自己免受侵害,其防卫措施就是找借口。客户常用的借口有：

(1)我只是随便看看；

(2)我们还想到其他的店里再看看；

(3)今年我们还不打算换车；

(4)你们什么时候会有大型促销活动；

(5)在购买之前,我还要和妻子商量一下；

(6)别把这辆车卖掉,我晚上过来买；

(7)我在别的店拿到了很好的价格,如果你能更便宜的话,我这就买；

(8)我真的非常喜欢这款车,但可惜你们这里没有我喜欢的颜色；

(9)你们的价格太高了；

(10)如果我付现金,价格又是多少啊？

此外,购车者认为销售顾问具有汽车方面的专业知识,因此他们最乐于与销售顾问谈的就是价格,找借口是他们得以继续自己购买计划的唯一方式,这样不必立刻作出购买决定,可以到其他的店里再转转。那么,销售顾问就此能做些什么呢?尽管销售人员可以理解客户这样做的原因,但不应过多地纠缠于此。客户的思维模式销售顾问无法改变,但是客户对销售顾问的态度却是可以改变的。应该怎么去做呢?这就要看看第二条心理原则了。

2 绝不要去区分客户

"绝不要去区分客户"意味着什么呢?对于一个已经表示了不会购买的客户,为什么还要在他身上浪费时间呢?从第一条心理原则中我们知道,客户会找借口,所以尝试区分客户的购买意向是没有意义的。客户来到了汽车展厅,这就足以让销售人员铺开红地毯表示欢迎了。销售人员一定要抱着这种想法——这个客户是来买车的,而且就在今天,跟我们买。毕竟,除了客户本人,谁能真正知道他是否真的想买车呢?区分客户是极具破坏性的,这样做只会让销售顾问走上绝路,只有极少数有足够销售能力的销售顾问才能脱离这种困境。事实上,汽车销售顾问在汽车行业越久,区分客户的倾向就越突出。区分客户带来的负面影响有:区分客户会使我们把客户分为买家和非买家;区分客户会使我们把客户仅仅看作摇钱树;区分客户会鼓励我们寻求捷径达成交易;区分客户只会令我们失去更多的机会;区分客户会加深客户已存在的对我们的坏印象。

销售顾问不想方设法地去销售车,而为自己卖不出车找各种理由,这种以表面现象做区分的做法在汽车销售行业中相当普遍。根据客户开的车和穿的衣服来进行区分,此时他们就不再是专业的销售顾问,而是成了区分客户的偏执狂。销售顾问一味地判断客户是不是打定主意买车了,是不是愿意买车,是不是有能力买车,对于汽车销售顾问来讲这种思维是要不得的。要下定决心,愿意去销售,相信客户是一定有能力购买汽车的。

怎样是下定决心呢?对汽车购买者的调查显示,如果销售顾问是下决心去销售,客户一般是会从他这里购买的。客户出现在汽车展厅里,这就证明他们有买车的意向,只因销售顾问不恰当的接待才会把客户送回竞争对手那里。

怎样是愿意呢?如果销售顾问愿意倾听客户,协助他们获取产品信息,帮助他们排除心中对购买昂贵产品的恐惧和不安,那么客户是愿意从我们这里购买的,进一步的猜测只会更加局限自己。

怎样是有能力呢?这名客户有能力购车吗?目前,很多汽车企业获得了在中国进行汽车贷款业务的资质。所以客户是否有能力买车,不应由我们来判断,那是贷款方的工作,我们的工作则是帮助客户买车。

3 不要让客户表面的话语及行为影响销售顾问的销售思路与热忱

所有的购车者在购车的时候都有类似的想法,即价格是首要考虑的因素,这种想法促使他们使用各种借口来应付销售顾问和拒绝购买,所以销售顾问要将客户所说的话打个"折扣"。"打个折扣"并不意味着销售顾问可以无礼地忽视所说的话,而是意味着,客户谈到任何关于购买意向的话,无论是肯定的还是否定的,销售顾问都不要正面回应或是特别在意。销售顾问应该在行动和思想上都淡化这些话,继续自己的工作。

将客户所说的话"打折扣"有莫大的好处。首先,这样做销售顾问能够保持以积极的态度对待客户;其次,这样做显示销售顾问是专业人士,知道自己在做什么;最后,也是最重要的一点,这样做让销售顾问从一开始就能够掌握控制权,引导自己的客户进入做出重大决定前所有必要的步骤,通过一步一步地引导,令客户最终作出购车决定。

4 利用时间推销自己

这条心理原则蕴含了两个非常重要的意思:推销自己、利用时间。

只有花时间和客户相处,才能让他/她坦诚地告诉我们其真正的汽车需求和购买原因。草率收场的销售过程,只会适得其反,令客户产生反感、被逼找出借口,结果令销售顾问的工作更加难做。

推销自己不仅仅是脸上挂满笑容,还要让客户能够很好地理解专业销售顾问的角色,继而对销售顾问的参与表示欢迎。销售顾问必须让客户明白,我们的出现是要帮助他们购买汽车,而不是想利用他或对他不利。要多花一些时间与客户相处,才能建立起客户对你的信任与友好,这是最终令客户向经销店购车、交易达成所必不可少的。把每个客户都看作是独立的个体,有着不同的汽车需求,花费时间帮他们理解产品和拥有产品带给他们的乐趣,这样做会令客户以新的角度看待我们的产品,也以新的角度看待我们。客户会理解我们的意图是高尚的,这样,在顾客眼里,销售顾问就变成了真正的专业人士,而不再仅仅是一般的"汽车销售员"了。

以上四条心理原则非常重要,销售顾问要真正理解它们,这将是此后学习任何关于销售知识的基础,也是在实施各个销售步骤时必要的心理原则。

第二节 汽车销售岗位

一 客户购车的一般流程

汽车是一种特殊的商品,其购置过程涉及较多的程序和手续,办理起来主要有以下一些流程。

1 选车

现在每座城市的汽车专卖店和汽车大卖场都有很多,客户会根据自己的需求、价格定位、品牌喜好到相应的地方选择自己喜欢的车。目前常见的购买地点是汽车4S店。

2 交付车款

交付车款一般有以下三种形式。

(1)全款购车:客户交车款时需要提供相应的证件,如身份证等。汽车经销商提供"汽车销售发票""车辆保修手册""车辆使用说明书"等材料。

(2)定金购车:客户交定金后与汽车经销商签订《定购合同》,办好定金手续后,等经销商的现车到店后,客户需要交清全部车款,然后再提车。

(3)按揭购车:客户首先交首付款,然后再签订合同、银行审批、银行放贷、办理牌照、办理还贷手续。

3 工商验证发票

交付车款后,购车发票需要到就近的工商管理部门加盖验证章。

4 办理保险

车辆保险一定要在领取牌照之前购买,汽车经销店或汽车交易市场内都有保险公司代办机构,在购车同时完成购买保险手续。可以与客户进行协商选择相应的保险公司和保险品种,目前在4S店办理保险的一个最大好处就是日后的理赔很方便,4S店对外宣传的也是直接赔付的理赔服务。

5 缴纳车辆购置附加费

购买新车时,需要到相应的车辆购置附加费缴纳网点缴纳相关费用,客户可自行前往缴纳,也可委托4S店销售人员代为缴纳。其他的流程和事项还有缴纳车船使用税、到机动车检测场办理验车、领取机动车牌照、办理备案手续及行驶证等。

以上是汽车购买的一般程序,购车时一定要注意流程的顺序和携带相应的证件。如果客户自己办理上述手续,还是比较麻烦的。现在的汽车经销商一般都提供一条龙的售车服务,客户只需确定好车型、办理好车款手续,并提供个人的相关证件后,经销商都会协助客户办理所有手续。

二 汽车销售人员工作职责

汽车销售服务企业(4S店)设立专门的汽车销售部门(表1-1),通过专门的汽车销售服务人员提供对客户的接待、汽车的介绍、相关购车手续的办理等服务,以此使客户达到满意。下面仅以汽车销售服务部门的两个典型岗位为例进行说明。

汽车销售部门岗位　　　　　　　表1-1

项目		标准要求	A级4S店人数(人)	B级4S店人数(人)	C级4S店人数(人)	专营店人数(人)
销售部门	销售部	销售顾问	>8	>6	>4	>2
		销售内勤	>1	>1	>1	>1
		销售主管	>1	>1	>1	>1
	市场部	企划专员	>1	>1	1(可兼职)	1(可兼职)
		数据分析专员	>1	>1	1(可兼职)	1(可兼职)
		企划主管	>1	>1	>1	1(可兼职)
		二级网点专员	>1	>1	1(可兼职)	1(可兼职)

1 销售顾问的岗位职责

(1)开发新客户(展厅接待/陌生拜访),完成销售主管下达的任务。

(2) 对客户进行有效管理, 让客户满意, 创造忠诚客户。
(3) 负责向客户介绍车辆的主要性能和价格。
(4) 负责向客户说明购车程序并协助客户办理相关手续。
(5) 负责签订订单, 负责对有望客户和成交客户的跟踪回访。
(6) 负责竞争对手资料信息收集、处理、分析和反馈。

2 销售主管的岗位职责

(1) 带领销售顾问完成销售经理下达的任务, 做好展厅内的销售工作。
(2) 分析销售个案, 协助销售顾问完成汽车交易。
(3) 汇集销售信息, 建立客户档案, 并对客户进行分级和分类。
(4) 检查公司和销售部各项有关流程和规章的执行情况。
(5) 负责市场信息收集、处理、分析和反馈。

三 汽车销售人员应具备的工作能力

1 工作态度

端正的工作态度是销售人员首要的工作能力要求, 具体要求如下。
(1) 对待客户的态度: 站在客户的角度, 帮助客户作正确的选择。
(2) 对待销售的态度: 对待销售工作就像对待个人爱好一样, 赋予其精力、热情、期待、投入, 并从中获得乐趣。
(3) 对待企业的态度: 销售人员要对企业忠诚, 有与企业互利、共存的态度。

2 具备知识

销售人员要具备扎实的专业知识和行业知识, 基本要求如下。
(1) 行业内知识: 主机厂及汽车品牌的历史、理念和品牌背景优势; 汽车市场状况和趋势; 产品主要卖点、配置、技术指标、奖项等知识; 竞争对手信息。
(2) 跨行业知识: 金融、股票、体育、经济、时事、地理、风俗、习惯、人文等。
(3) 商务礼仪知识: 仪容、仪表、接待、沟通、表达等。

3 工作能力及技巧

汽车销售人员除具备相应的专业知识外, 还应在工作实践中积累经验并提高自己的工作能力, 例如: 潜在客户开发能力、展厅销售能力、集团客户(大客户)销售能力、处理抗拒能力、处理客户抱怨能力、客户管理与跟踪能力等。

四 汽车销售顾问的工作内容

汽车销售顾问在经销店内的主要工作是执行顾问式的销售流程, 主要包括售前准备、店内接待、需求分析、商品说明、试乘试驾、报价说明、签约成交、交车、售后跟踪等环节(图1-11)。目前,每个汽车品牌都有自己的销售流程,这里所说的销售九大环节是综合了目前主要品牌的汽车销售流程后确定的一个学习流程,在第四章将会详细地学习此流程。销售流程是汽车销售的一个重要工具和载体,理解并严格执行销售流程可以提高工作效率,减少客户的抗拒和投诉,并提升客户的满意度。

销售服务流程是确保工作达到预期效果的手段和基础,其为销售及售后业务的运营提供了正确的行为规范和业务标准,同时也为管理提供详尽的检查要点。"客户关怀"的顾问式销售流程,为经销商提供了一个很好的销售和售后平台。

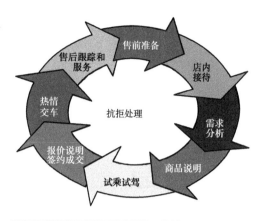

图1-11　汽车销售顾问的工作内容

五 综合训练

一对夫妇带着两个孩子来到某品牌汽车特约经销店进行参观,根据此情境结合本章所学的顾问式汽车销售的理念和客户购买汽车的一般流程,请你为这对夫妇完成一次购车的流程演练。注意要关照客户的小孩及客户的需求,要学会应用本章提到的服务理念及顾问式服务技巧。

第二章 汽车销售服务礼仪

学习目标

通过本章的学习,你应能:
1. 叙述汽车销售服务过程中需要的服务礼仪规范;
2. 了解汽车销售过程中服务礼仪的重要性以及如何塑造良好的个人职业形象和单位形象;
3. 分析汽车销售过程中服务礼仪的规范和细节,掌握销售接待和销售拜访的礼仪要求;
4. 正确完成汽车销售服务礼仪的训练,改善仪态举止和服务技能。

第一节 汽车销售服务礼仪概述

掌握销售服务礼仪规范,可以使销售顾问扩大专业知识、提高职业技能、增加客户对销售顾问的信任、获得客户的认可和喜欢。在汽车产品同质化的今天,消费者除了关注汽车本身外,还更加在意购买汽车过程中所享受到的服务,优质和差异化的服务往往更能打动客户的心。销售顾问可从下面的故事中体会销售过程中服务礼仪的魅力和价值。

在一个炎热的午后,一位穿着汗衫、满身汗味的老农夫,推开汽车展示中心的玻璃门。他一进门,迎面便走来一位笑容可掬的前台接待,很客气地询问道:"大爷,我能为您做什么吗?"老农夫有点腼腆地说:"不用,只是外面天气热,我刚好路过,想进来吹吹冷气,马上就走。"前台接待听完后亲切地说:"就是啊,今天实在很热,气象局说有35℃呢,您一定热坏了,给您倒杯水吧。"接着便请老农夫坐在柔软舒适的沙发上休息。"我们种田人衣服不太干净,怕会弄脏你们的沙发吧。"老农夫怯怯地说道。前台接待边倒水边笑着说:"没关系,沙发就是给客人坐的,否则,要不买它干什么?"喝完茶水,老农夫闲着没事便走向展示中心的新货车旁,东瞧瞧,西看看。这时,前台接待又走了过来:"大爷,这款车很有力哦,我帮您介绍一下吧?""不要!不要!"老农夫连忙说,"我可没有钱买,种田人也用不到这种车。""不买没关系,以后有机会您可以介绍给别人啊。"然后前台接待便详细耐心地将货车的性能介绍给老农夫。这时,老农夫突然从口袋中拿出一张皱巴巴的白纸,交给前台接待,说:"这是我要订的车型和数量,请你帮我处理一下。"小姐有点诧异地接过来一看,这位老农夫一次要订8辆载货汽车,连忙紧张地说:"大爷,您一下订这么多车,销售经理不在,我必须找他回来和您谈,同时也要安排您先试车……"老农夫这时语气平稳地说:"不用找你们经理了,我本来是种田的,由于投资货运生意,需要买一批货车。但我对车是外行,最担心的是汽车的售后服务及维修,因此我儿子教了我用这个笨方法。这几天我走了好几家店,每当我穿着这件旧汗衫,进到汽车销售厅,并表明我没有钱买车时,常常会受到冷落,只有你知道我不是你们的客户,还那么热心地接待我,为我服务。对于一个不是你们客户的人尚且如此,更何况是成为你们的客户呢?"

故事告诉我们,客户购买的不仅是商品,还有优质的服务,如果缺少了后者,再好的商品也抓不住客户的心。

一 服务礼仪的价值

随着汽车市场以及汽车产品市场目标的进一步细化,价格在汽车营销中的作用已经进一步弱化,专业化的汽车销售与服务逐渐成为消费者关注的焦点。汽车销售本身是一个服务性行业,在销售中,只有把优质的商品和优良的服务礼仪结合起来,才能达到客户满意的效果。

客户满意 = 高质量的商品 + 高质量的服务礼仪

二 礼仪在销售服务中的作用

1 什么是礼仪

(1)礼仪的定义:礼仪是指在人际交往中,以一定的、约定俗成的程序、方式来表现的律己、敬人的过程,涉及穿着、交往、沟通、情商等内容。礼表示尊重,仪是一种形式。

(2)服务礼仪的定义:服务礼仪就是服务人员在工作岗位上,通过言谈、举止、行为等,对客户表示尊重和友好的行为规范和惯例。简单地说,就是服务人员在工作场合适用的礼仪规范和工作艺术。

> 服务是无形的,礼仪是实实在在的!
> 服务礼仪是体现服务的具体过程和手段,使无形的服务有形化、规范化、系统化

2 礼仪与优质服务的关系

优质的服务与汽车销售顾问的举止行为有关,与汽车销售顾问的服务技能技巧有关,而这些都与销售顾问的礼仪修养有关。随着社会经济的发展,汽车品牌越来越多,竞争也越来越激烈,能否在竞争中保持优势地位,独树一帜,不断发

展壮大,良好的品牌形象无疑会起到非常重要的作用。从某种意义上说,现代的市场竞争是一种形象竞争,企业要树立良好的形象,高素质的员工、高质量的服务、每一位员工的礼仪修养无疑会起着十分重要的作用。员工的礼仪修养不仅体现了一个职工自身素质的高低,而且反映了一家公司的整体水平和可信程度。

汽车4S店和汽车销售顾问的服务礼仪是专业化销售的直接体现,客户只有接受销售顾问的礼仪才能接受其代理的产品,因而汽车销售服务礼仪是成功销售的第一突破点!

第二节 汽车销售服务个人礼仪

每个人都有个人形象,不管是刻意地塑造,还是无意地设计,在别人眼里都是存在的。形象并不是一个简单的穿衣、发型、化妆等外在因素的组合概念,而是一个综合的、全面的、外表与内在相结合的、在交流中留下的印象。

汽车销售工作是直接面对客户的窗口性行业,窗口服务的第一印象是一个"2min 的世界"。1min 让客户清楚你是谁,另1min 让客户喜欢上你。只有在这2min 内给客户留下好的第一印象,你才能开始第二步销售工作。良好的个人仪表给人的第一印象至关重要,也是建立客户信任感的第一步。

一 仪容仪表礼仪

良好的个人仪容仪表礼仪可以塑造良好的职业形象。日常生活中,人的发型、着装和面部修饰等在表现个性上起到非常重要作用。但是,在工作场合就需要对"周围和对方"给予关注,工作人员要尽量塑造所属职业的专业形象。

汽车经销店对汽车销售顾问的日常个人着装、仪容仪表做出了明确的规范。汽车销售顾问的个人仪表礼仪要求如图2-1 所示。

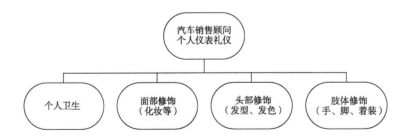

图2-1 个人仪表礼仪

1 男性销售顾问个人礼仪要点

男性销售顾问的个人礼仪主要包括头部、面部、手部、着装等方面,具体要点如图2-2所示。

图 2-2　汽车销售顾问男性员工仪表规范

2 男性员工打领带应注意的礼仪

领带是男性汽车销售顾问必不可少的服饰之一,除了选择合适的领带外,在使用领带的过程中还要注意下面一些要点:领带不能过长或过短,站立时其下端触及皮带扣上沿为宜;穿着针织的套头高领衫、翻领衫和短袖衬衫均不宜打领带;在喜庆场合,领带颜色可鲜艳一些,在肃穆场合,一般系黑色或其他素色领带;在日常生活中,只穿长袖衬衣也可系领带,但衬衣下摆应塞在裤子里;选配领带,应避免条纹领带配条纹西装、花格领带配格西装或衬衫。常见的领带打结方法如图 2-3 所示。

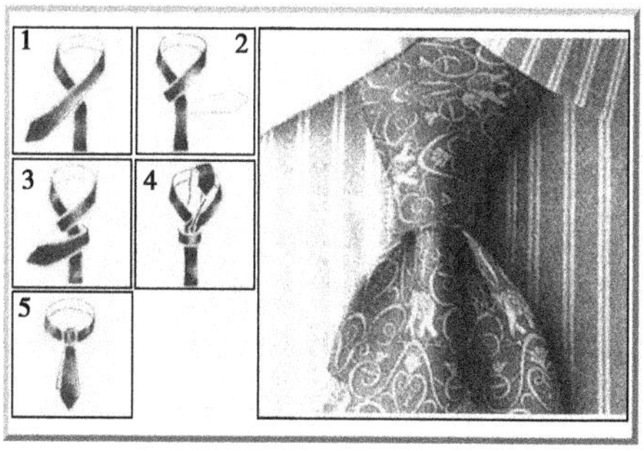

图 2-3　领带打结方法

3 女性销售顾问个人礼仪要点

女性销售顾问的个人礼仪要点主要包括头部、手部、着装、饰物等,具体要点如图 2-4 所示。

图 2-4　汽车销售顾问女性员工仪表规范

二　举止礼仪

个人仪表是塑造职业形象的第一步,而得体的职业形象不能只靠外表,它是每个人语言、表情、行为、环境、习惯等综合因素的体现。只有平时注重多方面知识的储备和能力的培养,才能做到气质独特、卓尔不群。当然,即使外表再得体,如果没有专业的行为举止,也会被认为是无专业意识。

1　站姿礼仪

俗话说:"站有站相,坐有坐相。"古人要求"站如松",就是要求站立时像挺拔的青松一样端庄、伟岸,显示出一种自然美。正确、健美的站姿给人以挺拔笔直、舒展俊美、精力充沛、积极进取、充满自信的感觉。

在站姿礼仪中,包含有多种站姿,其中迎候站姿是汽车销售服务工作中较为标准的站姿,其他站姿的基本规范类似。汽车销售顾问应以标准迎候站姿等待客户到来,站姿标准如图 2-5 所示。基本站姿规范:抬头,下额微收,双目平视前方,挺胸直腰,肩平并放松,双臂自然下垂,收腹,气下沉,自然呼吸,身体挺立,双手交叉放在身前,右手搭在左手上。

训练正确站姿很重要。经常训练站姿,体会正确体态,以便养成良好习惯。练习时,身体可靠墙站立,保持直线。

第二章 汽车销售服务礼仪

男性员工注意点：身体挺拔直立，两脚并立，与肩等宽，双手交叉放在身前，右手搭在左手上

女性员工注意点：脚跟并拢呈 V 字形，或者两脚稍微错开一前一后，前脚的脚后跟稍稍向后脚的脚背靠拢，后腿的膝盖向前腿靠拢，右手搭在左手上，左手心握住右手大拇指

图 2-5　基本站姿

2 走姿礼仪

走姿是站姿的延续动作，是在站姿的基础上展示人的动态美。无论是在接待客户中，还是在其他工作场合，走路往往是最引人注目的身体语言，也最能表现一个人的风度和活力，协调稳健、轻松敏捷的走姿会表现出朝气蓬勃、积极向上的精神状态，走姿的基本标准如图 2-6 所示。

基本规范

＞上身略向前倾，身体重心落在前脚掌前部，两脚跟走在一条直线上，脚尖偏离中心线约 10°

＞行走时，双肩平稳，目光平视，下颌微收，面带微笑。手臂伸直放松，手指自然弯曲，手臂自然摆动，摆动幅度以 30°～35° 为宜

＞同时，步行速度要适中，不要过快或过慢：过快给人急躁的印象，过慢则显得没有时间观念，没有活力

图 2-6　汽车销售顾问走姿基本规范

走姿关键注意点：上身扭动和臂部摆动幅度不可过大，动作幅度过大会显得体态不优美；避免含胸、歪脖、斜腰及挺腹等；男性脚步应稳重、大方、有力。

训练正确走姿的建议方法：可以试着将一本书放在头顶上，放稳后再松手，接着把双手放在身体两侧，用前脚慢慢地从基本站立姿势起步走，这样虽有点不自然，但却是一种很有效的方法。另外，走路时要摆动大腿关节部位，而不是膝关节，才能使步伐轻捷。

3 坐姿礼仪

符合礼仪规范的坐姿能传达出自信练达、积极热情、尊重他人的信息和良好风范。

基本规范:身体重心垂直向下,腰部挺起,上体保持正直,头部保持平稳,两眼平视,下颌微收,双掌自然地放在膝头或座椅扶手上。坐姿的基本礼仪要点如图2-7所示。

男女差异点

>男士:上身挺直,两腿分开不超肩宽,两脚平行,两手自然放在双腿上

>女士:双膝并拢,两脚同时向左或向右放,两手相叠后放在左腿或右腿上,也可以双腿并拢,两脚交叉置于一侧

图2-7 汽车销售顾问坐姿基本规范

坐姿关键注意点包括:

用手掌指示客户就座的席位,为客户扶住椅子,遵循女士、长者优先的原则。

坐下之前征求客户同意,应轻轻用右手拉出椅子并用右腿抵住椅背,从右侧入座,切忌发出大声。

坐下的动作不要太快或太慢、太重或太轻,太快显得有失教养,太慢则显得无时间观念,太重给人粗鲁不雅的印象,太轻给人谨小慎微的感觉。

坐下后上半身应与桌子保持一个拳头的距离,坐满椅子的2/3,不要只坐一个边或深陷椅中。

坐着与人交谈时,双眼应平视对方,但时间不宜过长或过短;也可使用手势,但不可过多或过大。

女士着裙装入座前,应用手将裙摆稍微拢一下再坐下,不要等入座后再重新站起来整理衣裙。

女士不可将双腿叉开。

双手不要叉腰或交叉在胸前。

不要摆弄手中的茶杯或将手中的东西不停地晃动。

腿脚不要不停地晃动或抖动。

4 蹲姿礼仪

当客户乘坐在展车内听取介绍的时候,为了表示对客户的尊敬,汽车销售顾问应该以标准的蹲姿对客户进行商品说明。蹲姿的基本礼仪要点如图2-8所示。

蹲姿关键注意点主要包括:女士着裙装的时候,下蹲前请事先整理裙摆;下蹲时,左脚垂直于地面,全脚掌着地,控制平衡,避免摔倒;下蹲的高度以双目保持与客户双目等高为宜;避免臀部朝向对方。

基本规范

下蹲时，左脚在前，右脚在后向下蹲去，双腿合力支撑身体，使头、胸、膝关节不在一个角度，避免滑倒或摔倒，从而使蹲姿显得优美。男性双腿稍稍分开，女性双腿并拢

图 2-8　汽车销售顾问蹲姿基本规范

5　手势礼仪

不同的手势传递不同的信息，很多手势都可以反映人的修养、性格，体现人的思想活动和对待他人的态度。所以销售人员要注意手势动作的准确、幅度、力度、速度和时间，这些都很有讲究。

手势礼仪要点主要包括三项：大小适度，自然亲切，避免不良手势。

（1）大小适度：在工作场合，应注意手势的大小幅度，手势的上界一般不应超过对方的视线，下界不低于自己的胸区（图2-9）；左右摆动的范围应在人的胸前或右方。一般场合，手势动作幅度不宜过大，次数不宜过多，不宜重复。

图 2-9　汽车销售顾问手势规范

（2）自然亲切：与人交往时，多用柔和的曲线手势，少用生硬的直线条手势，以求拉近与客户的心理距离。

（3）避免不良手势：与客户交谈时，讲到自己不要用手指自己的鼻尖，而应用手掌按在胸口上；谈到别人时，不可用手指别人，更忌讳背后对人指点等不礼貌的手势；初见新客户时，避免抓头发、玩饰物、掏鼻孔、剔牙齿、抬腕看表、高兴时拉袖子等粗鲁的手势动作；避免交谈时指手画脚，手势动作过多过大；在给客户引导、指人或者指物时，切忌使用单指。

手是人身体上活动幅度最大、运用操作最自如的部分。因此人们在日常生活中时时处处离不开它，即使在社交场合也要尽情发挥它的功能。手势语言是人体语言最重要的组成部分,是最重要的无声语言,是人们交往中不可或缺的工具。

汽车销售顾问的一举一动、一颦一笑都显示出其专业性,更影响着其在客户心目中的形象与信任感。行为举止是无声的特殊的语言,它显示着人们的气质、风度与涵养,还可以和有声语言相配合,沟通人们的心灵。对于学生而言,这一部分内容不仅仅需要学习理论知识要点,更加需要在领会的基础上勤加练习,形成良好的行为习惯!

第三节 汽车销售接待服务礼仪

作为汽车销售顾问,承担着接待客户的重要工作,其和客户接触的每一个瞬间,每一个细节都影响着客户对销售服务顾问的态度,并进一步影响对销售顾问的信任程度。此部分的课程内容是学习汽车销售顾问在接待客户过程中应当遵守的礼仪规范。

在客户接待过程中,从客户进店到客户离店的整个过程,包含众多礼仪关键点,如注目礼仪、微笑礼仪、鞠躬礼仪、问候礼仪、称呼礼仪、介绍礼仪、握手礼仪、名片礼仪、引导礼仪、座次礼仪和递送茶水、资料礼仪等。

一 注目礼仪

在客户接待环节,与客户会面时,起立,放下手中正进行的工作,与其眼光接触,微笑点头示意,行注目礼。

1 客户进店

当客户刚进入展厅时,在店内等待的全体员工应对其行注目礼,并用响亮的声音主动问候,"您好,欢迎光临。"

2 客户离店

当客户离开时,销售顾问应向远去的客户微笑挥手(向客户致谢),行注目礼,目送到客户或其车辆消失在视野中为止。

眼神一向被认为是人类最明确的情感表现和交流信号,在面部表情中占据主导地位。眼睛是人类心灵的窗户,"一身精神,具乎两目"。在人的身体语言中,眼睛最能倾诉感情、沟通心灵。眼神的千变万化,表露着人们丰富多彩的内心世界。诗人泰戈尔说:"一旦学会了眼睛的语言,表情的变化将是无穷无尽的。"眼睛是大脑的延伸,大脑的思想动向、内心想法等都可以从眼睛中看出来,所以注视客户的眼神也要讲究礼仪。注目礼仪关键点主要包括:不能对关系不熟或一般的人长时间凝视,否则将被视为一种无礼行为;与客户谈话的时候,眼神礼仪应该是,眼睛看对方的眼睛或嘴巴的"三角区",标准注视时间是交谈时间的30%~60%,这称为"社交注视",超过整个交谈时间的60%,属于超时注视,一般使用这样眼神看人是失礼,低于整个交谈时间的30%,属低时注视,一般也是失礼的注视,表明他的内心自卑或企图掩饰什么或与人对话都不感兴趣;眼睛转动不要太快或太慢,转动稍快表示聪明、有活力,但如果太快又显得不诚实、不成熟,给人轻浮、不庄重的印象,如"挤眉弄眼""贼眉鼠眼"指的就是这种情况;也不能转得太慢,否则会显得很呆板。

二 微笑礼仪

微笑,是汽车销售顾问应具备的技能之一,无论是在客户进店、引导客户入座时,还是客户离开时,与客户接触的每一个环节都应当保持适当的微笑。真诚的微笑是社交的通行证,它向对方表白自己没有敌意,并可进一步表示欢迎和友善。因此微笑如春风,使人感到温暖、亲切和愉快,它能给谈话带来融洽平和的气氛。微笑的礼仪规范如图2-10所示。

微笑服务的标准有:面部表情和蔼可亲,伴随微笑自然地露出6~8颗牙齿,嘴角微微上翘;微笑注重"微"字,笑的幅度不宜过大;微笑时真诚、甜美、亲切、善意、充满爱心;口眼结合,嘴唇、眼神含笑。

图2-10　汽车销售顾问的微笑礼仪规范

微笑服务并不仅仅是一种表情,更重要的是与客户进行感情上的沟通。当销售顾问向客户微笑时,要表达的意思是:"见到您很高兴,我愿意为您服务。"

尽管微笑有其独特的魅力和作用,但若不是发自内心的真诚微笑,那将是对微笑的亵渎。有礼貌的微笑应是内心真实情感的表露,否则强颜欢笑,假意奉承,那样的"微笑"则可能演变为"皮笑肉不笑""苦笑"。

谈话时应避免努嘴和撇嘴,因为这样的动作容易流露出不屑的意味,而显得不够有涵养;站立、静坐或握手时,嘴可以微闭,不要露出牙齿,如果能保持微笑状态就更完美了!还应避免以下失礼之举:比如,拉起嘴角一端微笑,使人感到虚伪;吸着鼻子冷笑,使人感到阴沉;捂着嘴笑,给人以不自然之感。

为了提高微笑的质量,常见的训练微笑的方法如图2-11所示。把手举到脸前,双手按箭头方向做"拉"的动作,一边想象笑的形象,一边使嘴笑起来,把手指放在嘴角并向脸的上方轻轻上提,一边上提,一边使嘴充满笑意。

图2-11　汽车销售顾问训练微笑的方式

三 鞠躬礼仪

鞠躬礼可广泛地用于销售接待服务过程中与客户接触的各个环节。行礼时,以标准站姿站立(按标准走姿行走时适当减缓一下速度),面带微笑,头部自然下垂,带动上身前倾,呈15°角,时间持续1~3s即可,眼神关注对方。

鞠躬时要注意避免只弯头的鞠躬、不看对方的鞠躬、头部左右晃动的鞠躬、双腿没有并齐的鞠躬、驼背式的鞠躬、可以看到后背的鞠躬,如图2-12所示。

图2-12 汽车销售顾问鞠躬礼仪的禁忌事项

四 问候礼仪

客人来访、遇到陌生人以及同事碰面时,应使用文明礼貌语言,第一时间的亲切问候是给客户留下好印象的第一步。

早晨上班时,大家见面应相互问好!公司员工早晨见面时互相问候"早晨好!""早上好!"等。一天工作的良好开端应从相互打招呼、问候开始;因公外出应向部内或室内的其他人打招呼;在公司或外出时遇见客人,应面带微笑主动上前打招呼;下班时,也应相互打招呼后再离开,如"明天见""再见""Bye-Bye"等。

在日常工作中,建议使用礼貌用语,如:请、对不起、麻烦您、劳驾、打扰了、好的、是、清楚、您、×先生(小姐)、×经理(主任)、贵公司、××的父亲或母亲(称他人父母)、您好、欢迎、请问、哪一位、请稍等(候)、抱歉、没关系、不客气、见到您(你)很高兴、请指教、有劳您了、请多关照、拜托、非常感谢(谢谢)、再见(再会)等。

在汽车销售过程中,与客户的寒暄是不可避免的,通过寒暄可以消除客户的紧张感,拉近与客户之间的心理距离。良好的寒暄技巧是需要训练的,相关要点见表2-1。

寒暄问候注意事项　　　　　　　　　　　　　　　　　　　　　　　表2-1

动　　作	要　　点
要自己主动	表现出对客户的敬意
专注于一件事情	不要边走边谈边作记录,这样是不礼貌的,如果是公司内部电话可以把听筒从耳边拿开
常带微笑	没有微笑的寒暄不会产生亲切感
明快的声音	比平时声音稍微放高一些,到句子结尾也要发音清楚
注视对方眼睛后再鞠躬	不注视客户的寒暄,虽然能传到对方的耳朵里,却传达不到对方的内心

汽车销售顾问寒暄问候礼仪用语如下。

(1)"欢迎光临""您好"。当有客户来店时,汽车销售顾问要竭诚相待、主动问候客户,站立、鞠躬微笑着亲切地说"欢迎光临"！对于预先知道来店的客户,应把写有"欢迎××先生"的欢迎牌放在展示厅的进口处。

(2)"请"。请客户自由参观时,销售顾问要微笑着对客户说"请您自由地参观汽车,如有需要请您不要客气,随时找我"并精神饱满地站在自己的岗位上,到客户表示对商品感兴趣召唤销售人员为止,不要在展厅内乱走动。

(3)"您还满意吗?""您觉得怎么样?""请教您一些事情可以吗?"。看到客户想询问事情,或说话时,要主动回应;同时想方设法将客户带至会客区,端上饮料,尽可能地延长客户的逗留时间,并采用以下说话方式:"您还满意吗""您觉得××这款车型怎么样""销售人员已经为您准备好了饮料,请您到桌子那边儿享用""请教您一些事情可以吗"。

(4)"如果""如果方便的话""是否可以"。进行客户需求分析时,常会询问客户的相关信息,如对方的"姓名、工作单位、住址、联络方法、现在的使用车、使用目的和用途"等。询问客户时如果用语不当,将会引起客户的反感和抗拒。下面是一些建议用语:"如果您有名片,能给我一张吗?""请问您贵姓?""请问您在哪里工作?""如果方便的话,我想拜访您,您能为我提供贵公司的地址和电话号码吗?""请问您现在拥有哪款车呢？是如何使用这部车的呢?"

(5)"再见"或"欢迎下次再来"。在客户告辞或离开经销店时,销售顾问要送别客户,并说出"再见"或"欢迎下次再来"。

五 称呼礼仪

称呼是指人们在日常交往中所使用的彼此称谓。在人际交往中,选择正确、适当的称呼,反映着自身的教养、对对方尊敬的程度,甚至还体现着双方关系发展所达到的程度和社会风尚,因此称呼不能随便乱用。

选择称呼要合乎常规。在工作岗位上,人们彼此之间的称呼是有其特殊性的,要庄重、正式、规范。在汽车销售过程中,应称呼对方的职务、职称,如"××经理""××教授"等;无职务、职称时,称"×先生""×女士"等,而尽量不使用"你"或直呼其名。销售顾问若能够恰当地使用称谓,会拉近与客户之间的距离。

常用的称呼有以下几种。

(1)职务性称呼。以交往对象的职务相称,以示身份有别、敬意有加,这是一种最常见的称呼。称呼时可以只称职务、在职务前加上姓氏、在职务前加上姓名(适用于极其正式的场合)。

(2)职称性称呼。对于具有职称者,尤其是具有高级、中级职称者,在工作中直接以其职称相称。称呼时可以只称职称、在职称前加上姓氏、在职称前加上姓名(适用于十分正式的场合)。

(3)行业性称呼。在工作中,有时可按行业进行称呼。对于从事某些特定行业的人,可直接称呼对方的职业,如老师、医生、会计、律师等,也可以在职业前加上姓氏、姓名。

(4)性别性称呼。对于从事商界、服务性行业的人,一般约定俗成地按性别的不同分别称呼"小姐""女士"或"先生","小姐"是称未婚女性,"女士"是称已婚女性。

(5)直接性称呼。在工作岗位上直接称呼对方姓名,一般限于同事、熟人之间。

六 介绍礼仪

1 自我介绍礼仪

自我介绍就是在社交场合,把自己介绍给在场的其他人,以使他人认识自己。在汽车销售服务过程中,销售顾问经常要在客户面前进行自我介绍,恰当的自我介绍,不但能增进他人对自己的了解,而且还可以创造出意料之外的商机。进行自我介绍时的礼仪要点如下。

(1)注意时机:要抓住时机。在适当的场合,在对方有空闲,而且情绪较好,又有兴趣时进行自我介绍,这样就不会打扰对方。比如,在客户刚进店时、客户入座后、为客户上茶后、给客户递上资料时等。

(2)讲究态度:态度一定要自然、友善、亲切、随和。作自我介绍时应镇定自若、落落大方、彬彬有礼,既不能唯唯诺诺,又不能虚张声势,轻浮夸张,要表示出自己渴望认识对方的真诚态度,语气要自然,语速要正常,语音要清晰。任何人都以被他人重视为荣幸,如果你态度热忱,对方也会热忱。在自我介绍时镇定自若,潇洒大方,有助给人以好感。如果流露出畏怯和紧张、结结巴巴、目光不定、面红耳赤、手忙脚乱,则会为对方所轻视,彼此的沟通便有了阻隔。

(3)注意时间:自我介绍时还要简洁,言简意赅尽可能节省时间,以半分钟左右为佳。自我介绍不宜超过1min,而且越短越好。话说得多了,不仅显得啰唆,而且交往对象也未必记得住。为了节省时间,作自我介绍时,还可利用名片加以辅助。

(4)注意内容:本人的姓名、供职的单位以及具体部门、担任的职务和所从事的具体工作。这三项要素,在自我介绍时,应一气连续报出,这样既有助于给人以完整的印象,又可以节省时间,不说废话。要真实诚恳,实事求是,不可自吹自擂,夸大其词。

(5)注意方法:进行自我介绍,应先向对方点头致意,得到回应后再向对方介绍自己。如果有介绍人在场,自我介绍则会被视为不礼貌。应善于用眼神表达自己的友善,表达关心以及沟通的渴望。如果你想认识某人,最好预先获得一些有关他的资料或情况,诸如性格、特长及兴趣爱好等,这样在自我介绍后,便很容易融洽交谈。在获得对方的姓名之后,不妨口头加重语气重复一次,因为每个人最乐意听到自己的名字。

2 介绍他人礼仪

在汽车销售服务过程中,经常需要在他人之间架起人际关系的桥梁,比如,将售后服务人员介绍给客户等情况。他人介绍,又称第三者介绍,是经第三者为彼此不相识的双方引见、介绍的一种交际方式(图2-13)。他人介绍通常是双向的,即对被介绍双方都各自作一番介绍。有时,也只进行单向的他人介绍,即只将被介绍者中的某一方介绍给另一方。

为他人作介绍应把握下列要点。

(1)了解介绍的顺序。在为他人作介绍时谁先谁后,是一个比较重要的礼仪问题。根据商务礼仪规范,在为他人作介绍时,必须遵守"尊者优先了解情况"规则。先要确定双方地位的尊卑,然后先介绍位卑者,后介绍位尊者。

图2-13 介绍他人

这样,可使位尊者先了解位卑者的情况。根据规则,为他人作介绍时的具体礼仪顺序有以下几种:介绍上级与下级认识时,先介绍下级,后介绍上级;介绍长辈与晚辈认识时,应先介绍晚辈,后介绍长辈;介绍年长者与年幼者认识时,应先介绍年幼者,后介绍年长者;介绍女士与男士认识时,应先介绍男士,后介绍女士;介绍已婚者与未婚者认识时,应先介绍未婚者,后介绍已婚者;介绍来宾与主人认识时,应先介绍主人,后介绍来宾;介绍同事、朋友与家人认识时,应先介绍家人,后介绍同事朋友;介绍与会先到者与后来者认识时,应先介绍后来者,后介绍先到者。

(2)注意介绍时的细节。在介绍他人时,介绍者与被介绍者都要注意一些细节:介绍者为被介绍者作介绍之前,要先征求双方被介绍者的意见;被介绍者在介绍者询问自己是否有意识认识某人时,一般应欣然表示接受。如果实在不愿意,应向介绍者说明缘由,取得谅解;当介绍者走上前来为被介绍者进行介绍时,被介绍者双方均应起身站立,面带微笑,大大方方地目视介绍者或者对方;介绍者介绍完毕,被介绍者双方应依照合乎礼仪的顺序进行握手,并且彼此使用"您好""很高兴认识您""久仰大名""幸会"等语句问候对方;切忌经介绍与他人相识时,拿腔拿调,或是心不在焉,也不要低三下四、阿谀奉承地去讨好对方;为他人介绍的内容,大体与自我介绍内容相仿,可以酌情在三要素的基础上增减。

七 握手礼仪

握手是汽车销售顾问日常工作中最常用的礼节之一,与新老客户会面时都需要使用握手礼仪。握手遵循的是"尊者优先"的原则,在客户面前,应该由客户先伸手;在长者面前,应由长者先伸手;在上司面前,应该由上司先伸手;见面的对方如果是VIP客户,当他先伸了手,则应该快步走近,用双手握住对方的手,以示敬意,并问候对方。但当销售顾问作为主人迎接客人时,主人先伸手,以示欢迎;男女之间握手,应由女士先伸手。

握手时相距1m,上身微微前倾,手臂自然弯曲,表情自然,面带微笑,眼睛注视对方,稍事寒暄(图2-14);双方的手应该在虎口处交叉相接,至于握手力度则根据双方交往程度确定,和新客户握手应轻握,但不可绵软无力;和老客户应握重些,表明礼貌、热情;握手

图2-14 握手基本礼仪

时间不宜过长,一般为1~3s,轻轻摇动3下;保持手部清洁,在与客户握手的时候务必摘除手套。

握手时的礼仪用语:"您就是×先生(女士)吧,早就想和您见一面了。""先生(女士),您来啦,欢迎欢迎,车用得还好吗?"

八 名片礼仪

名片是汽车销售顾问工作过程中重要的社交工具之一,交换名片时也应注重礼节。使用的名片通常包含两个方面的意义,一是表明名片主人所在的单位,另一个是表明名片主人的职务、姓名及承担的责任。总之,名片是汽车销售顾问与客户保持良好联系的重要工具,所以在使用名片时要格外注意。

1 名片的准备

(1)名片可放在上衣口袋(不可放在裤兜里)。
(2)要保持名片或名片夹的清洁、平整。
(3)名片不要和钱包、笔记本等放在一起,原则上应该使用名片夹(图2-15)。

2 接收名片时

(1)必须起身双手接收名片,面带微笑,点头表示感谢(图2-16)。
(2)接着花一些时间仔细阅读名片上的内容,遇到难认字,应事先询问。
(3)接收的名片不要在上面作标记或写字。
(4)接收的名片不可来回摆弄,要妥善保管。

图2-15 名片夹

(5)不要将对方的名片遗忘在座位上,或存放时不注意落在地上。

接递名片时的礼仪用语:"这是我的名片,您就叫我××好了。""是××先生(女士)吗?感谢您在百忙中抽出时间光临销售展厅。"

3 递送名片时的规范动作

汽车销售顾问在递送名片时有一些规范动作,如图 2-17 所示,具体如下。

图 2-16 双手接递名片

图 2-17 汽车销售顾问递送名片的规范动作

(1)用双手的大拇指和食指握住名片,正面要面向接受名片的人,同时还要轻微鞠躬,即头微微低下。

(2)递送名片的次序是由下级或访问方先递名片,如介绍时,应由被介绍方先递名片。

(3)递送名片时,应说些"请多关照""请多指教"之类的寒暄语。

(4)互换名片时,应用右手拿着自己的名片,用左手接对方的名片后,用双手托住。

(5)在会议室如遇到多数人相互交换名片时,可按对方座次排列名片。

九 引导礼仪

在办公场所、接待客人或洽谈业务时,有许多场合需要使用引导礼仪,了解掌握引导礼仪,会使工作变得更加轻松自如,客户也会产生宾至如归的感觉。指引客户方向或看什么东西的时候,手臂应自然伸出,手心向上,四指并拢,出手的位置应该根据与客户所处的位置而定,即使用与客户距离远的那支手臂。

常见的引导礼仪如下。

1 为客户在展厅引路时

(1)引导客户进入展厅时,走在客户的斜前方,与客户保持一致的步调,先将店门打开,请客户进入店内。如果经销店不是自动门,则用左手向展厅外方向拉开店门(或请展厅内的同事配合,向展厅内方向拉开店门),请客户先进入展厅,并鞠躬示意。

(2)在走廊引路时,应走在客人左前方的 2~3 步处,引路人走在走廊的左侧,让客人走在路中央,要与客人的步伐保持一致,引路时要注意客人,适当地做些介绍(图2-18)。

(3)在楼梯间引路时,让客人走在正方向(右侧),引路人走在左侧。

(4)途中要注意引导、提醒客人,拐弯或有楼梯的地方应使用手势,并提醒客人"这边请"或"注意楼梯"等。

2 引导客户进入展车时

引导客户进入展车的时候,走在客户的斜前方,与客户保持一致的步调,并为客户拉开展车车门,请客户进入车内;开、关车门时注意礼貌,站在不妨碍客户上下车的位置为客户开启车门。如果客户坐在驾驶室,应该用左手拉门,右手挡在车门框下为客户保护头部;如果客户坐在副驾驶室,则应该用右手拉门,左手挡在车门框下为客户保护头部(图2-19)。

图2-18　走廊引导时的规范动作

图2-19　汽车销售顾问引导客户进入展车的规范动作

3 引导客户通过门时

(1)向外开门时:应先敲门,打开门后把住门把手,站在门旁,对客人说"请进"并施礼;进入房间后,用右手将门轻轻关上;请客人入座,安静退出。此时可用"请稍候"等礼貌用语。

(2)向内开门时:敲门后,自己先进入房间;侧身,把住门把手,对客人说"请进"并施礼;轻轻关上门后,请客人入座后,安静退出。

4 引导客户搭乘电梯时

客户乘坐电梯时往往需要销售顾问的引导,这样可以体现销售顾问的热情服务,常见的引导礼仪标准如下。

(1)电梯里没有其他人的情况:在客人之前进入电梯,按住"开"的按钮,此时再请客人进入电梯;如到大厅时,按住"开"的按钮,请客人先下。

(2)电梯内有人时,无论上下,都应让客人、上司优先。

(3)电梯内:先上电梯的人应靠后面站,以免妨碍他人乘电梯;电梯内不可大声喧哗或嬉笑吵闹;电梯内已有很多人时,后进的人应面向电梯门站立。

引导时的礼仪用语
- 您请跟我来
- 您请进
- 您请坐在车里感受一下
- 您请看这里……

十、入座、递送饮料和资料的礼仪

在接待服务过程中,销售顾问要适时地主动邀请客户就近入座,比如在给客户讲解车型的具体数据时、在商谈价格时、在签订合同时等关键时刻,入座洽谈有利于销售。

1 入座礼仪

汽车销售顾问找准时机邀请客户入座,引导客户就座于朝向可观赏感兴趣车辆的座位,并协助客户入座,同时关注同行的所有客户。销售顾问征求客户同意后,入座于客户右侧,保持适当的身体距离。

2 递送饮料的礼仪

在汽车销售过程中,给客户递送饮料可以延长客户在店里停留的时间,增加销售成功的机会。常见的递送饮料的礼仪如下。

(1)首先询问客户所需要的饮料种类,在听到客户提出的要求后,重复饮料名称进行确认。

(2)送饮料时托盘高度靠近胸部,以免自己的呼吸接触到饮品。

(3)说"打扰一下",鞠躬后,按逆时针方向,将饮料放在客户的右手边,同一桌上有不同的饮料品种,在分发前需要先行确认(若饮料比较多,可以请同事协助分发,图2-20)。

(4)使托盘的正面朝向外侧用左手夹住,右手扶在托盘上,说"请慢用"后点头示意退下(如果桌面有易潮物品,将其尽量远置)。

(5)饮料不可倒得太满,切忌端杯口,摆放时动作要轻。

图2-20 汽车销售顾问为客户递送饮料

送饮料时的礼仪用语:

"您就是××先生(女士)吧,早就想和您见一面了。"

"我去给您准备饮料,这里有矿泉水、茶和橙汁,您想喝点什么?"

"好的,您要橙汁对吗?让您久等了,请慢用。"

3 递送资料的礼仪

在展厅销售过程中要经常性地给客户递送一些车型资料,良好的递送礼仪可以增加客户对销售人员的信赖。常见的递送资料的礼仪如下。

图2-21 汽车销售顾问为客户递送资料

(1) 资料正面面对接收人,双手递送,并对资料的内容进行简单说明。

(2) 如果是在桌子上,切忌不要将资料推到客户面前(图2-21)。

(3) 如有必要,帮助客户找到其关心的页面,并作指引。

递送资料时的礼仪用语:

"这是×××的资料,请您过目。"

"我现在就您关心的内容给您做个介绍,您看可以吗?"

第四节 汽车销售拜访礼仪

作为汽车销售顾问,需要保持与客户之间的联系,以便更好地为客户服务。所以汽车销售顾问经常有机会去访问、拜访客户。访问时礼节、礼仪是非常重要的。

一、上门拜访前

拜访前要事先和对方约定,以免扑空或扰乱客户的计划。拜访时要准时赴约,时间长短应根据拜访目的和被拜访人的意愿而定,通常宜短不宜长;如果客户表现出有其他要事的样子,千万不要再拖延,如为完成工作,可约定下次时间。

上门拜访时的常见礼仪用语有:

"您好,我是×××店××部的×××。"

"×先生(女士),您好!明天下午我想来拜访您一下,给您送一些最新的汽车资料。请问您明天下午方便吗?"

"您好,×先生(女士),打扰了,感谢您抽出时间接待我。"

到客户办公室前,最好事先稍整理服装仪容,名片与所需的资料也要先准备好(图2-22),在客户面前遍寻不着,会显得非常不专业。

图2-22 汽车销售顾问上门拜访客户前检查事项

二、上门拜访时

上门拜访客户时,敲门要讲究艺术。用食指敲门,力度适中,间隔有序地敲3下,等待回音。如无应声,可稍加力度,再敲3下,如有应声,再侧身隐立于右门框一侧,待门开时再向前迈半步,并向被拜访人问候;如果被拜访人因故不能马上接待,可以在招待人员的安排下在会客厅、会议室或前台安静地等候;如果接待人员没有说"请随便参观参观"之类的话而随便地东张西望,甚至伸着脖子好奇地往房间里"窥探",都是非常失礼的;有抽烟习惯的人,要注意观察周围有没有禁止吸烟警示,即使没有,也要问问工作人员是否介意吸烟;如果等待时间过久,可以向有关人员说明,并另定时间,不要显现出不耐烦的样子。

被拜访人不让座时不能随便坐下;如果被拜访人是年长者或VIP客户,被拜访人不坐,自己不能先坐。被拜访人让座之后,要说"谢谢",然后采用规范的礼仪坐姿坐下;后来的客人到达时,先到的客人可以站起来,等待介绍或点头示意;如果同行的有其他同事,且与被拜访人并不熟悉,应先做介绍为宜;被拜访人递上烟茶时要双手接过并表示谢意;如果被拜访人没有吸烟的习惯,要克制自己的烟瘾,尽量不吸,以示对被拜访人习惯的尊重;被拜访人献上果品,要等年长者或其他客人动手后,自己再取用;如果是重要客户,记得先关掉手机,以示尊敬。

上门拜访时的礼仪用语:

"×先生(女士),您好,这位是我的同事×××,他对××款车型非常了解。"

"非常感谢,您真的是太客气了!"

"您好,这是您要的资料,请过目。"

"如果您允许的话,我能不能就这一部分内容给您详细介绍一下。"

"您看,如果销售顾问这样来看这个问题的话……"

"您的想法很对,如果是我的话应该也会这样考虑的。"

拜访时应彬彬有礼,交谈不忘礼貌用语;即使和被拜访人的意见不一致,也不要争论不休;对被拜访人提供的帮助要适当地致以谢意;要注意观察被拜访人的举止表情,适可而止;当被拜访人有不耐烦或有为难的表现时,应转换话题或口气;当被拜访人有结束会见的表示时,应识趣地立即起身告辞;起身告辞时,要对打扰被拜访人表示歉意;出门后,回身主动伸手与被拜访人握别,说"请留步";待被拜访人留步后,走几步,再回首挥手致意"再见";告辞时要同被拜访人和其他客人一一告别,说"再见""谢谢";若是重要约会,拜访之后给对方一封致谢函,会加深对方的好感。

第五节 电话接待服务礼仪

在汽车销售的过程中,许多工作上的沟通、与客户之间的沟通是通过电话来进行的,因此,可以说电话是决定企业形象的"公司脸面",还是引起客户好感的又一个重要因素。所以,要时刻铭记自己的每一句话都代表公司的形象,代表汽车销售顾问在客户心目中的形象,电话应答时尽可能给对方好感。

一、接听电话的基本礼仪

接听电话时常见的用语有:"您好,××4S店××部×××"(直线);"您好××部×××"(内线);如上午10点以前可使用"早上好";电话铃响3声以上时说"让您久等了,我是

××部×××"。

接听电话的注意事项如下:电话铃响3声之内接起;在电话机旁准备好记录用的纸笔,认真做好记录;接电话时,不使用"喂"回答;音量适度,不要过高;告知对方自己的姓名;使用礼貌语言;通话时要简洁、明了;注意听取时间、地点、事由和数字等重要词语;通话中应避免使用对方不能理解的专业术语或简略语;注意讲话语速不宜过快;打错电话要有礼貌地回答,让对方重新确认电话号码。

二 拨打电话的基本礼仪

拨打电话前要做基本的准备工作:确认对方的姓名、电话号码;准备好要讲的内容、说话的顺序和所需要的资料、文件等(图2-23);明确通话所要达的目的。电话接通时要问候对方,告知对方自己的身份和姓名:"您好!我是××4S店××部的×××。"同时要确认对方的信息:"请问××部的×××先生在吗?""麻烦您,我要找×××先生。""请问是×××先生吗?"互相确认后要简洁地说明电话的主题:"今天打电话是想向您咨询一下关于……"应先将想要说的结果告诉对方,如果事情比较复杂,请对方作记录,对时间、地点、数字等进行准确的传达,说完后可总结所说内容的要点。通话结束后要表示感谢,"谢谢""麻烦您了""那就拜托您了"等,语气要诚

图2-23 拨打电话的准备

恳,态度要和蔼,等对方放下电话后再轻轻扣下电话,同时整理电话记录。

拨打电话时,要把握电话要点,常见的要点如下:要考虑打电话的时间(对方此时是否有时间或者方便);注意确认对方的电话号码、单位、姓名,以避免打错电话;准备好所要用的资料、文件等;讲话的内容要有次序,简洁、明了;注意通话时间,不宜过长;要使用礼貌语言;外界的杂音或私语不能传入电话内;避免私人电话;通话时,如果发生掉线、中断等情况,应由打电话方重新拨打。

三 综合训练

(1)模拟汽车销售顾问在展厅接待客户,并分析在接待过程中包含哪些礼仪关键点。
①客户进店时。
②客户自己参观车辆时。
③客户入座时。
④为客户进行绕车说明时。
⑤客户离开时。
(2)模拟前台接待的电话礼仪,并判断下面的做法正确与否。
①听到电话铃响,应尽快在第一声后就接听。 ( )

②在电话中,客户无法知道销售顾问的表情和肢体语言。　　　　(　)
③如果通话时,对方不小心切断电话,应耐心等对方拨回。　　　(　)
④应将电话内容维持在商务范围之内。　　　　　　　　　　　　(　)
⑤听对方讲话时,应保持安静。　　　　　　　　　　　　　　　(　)
⑥当处理完客户问题后,通常会以提问来结束。　　　　　　　　(　)
⑦在电话中介绍产品时应适可而止。　　　　　　　　　　　　　(　)
⑧在电话中若需让对方等待片刻,应用手盖住话筒。　　　　　　(　)
⑨即使在电话中没有获得任何客户讯息,也应做记录。　　　　　(　)
⑩午餐时间,通常客户不再为忙碌,适宜打商务电话。　　　　　(　)

第三章 汽车产品知识

学习目标

通过本章的学习,你应能:
1. 叙述产品价值构成的五大要素;
2. 掌握汽车产品价值的说明话术;
3. 分析汽车产品的介绍要点;
4. 正确完成汽车产品的说明要点及竞品车型的对比分析。

第一节 汽车产品知识概述

汽车市场营销学中的汽车产品是指向汽车市场提供的能满足汽车消费者某种欲望和需要的任何事物,包括汽车实物、汽车服务、汽车保证、汽车品牌等。

营销学中的汽车产品是一个整体的概念,主要包括:汽车核心产品层、汽车形式产品层、汽车期望产品层、汽车延伸产品层和汽车潜在产品层。

汽车核心产品层,又称汽车实质产品层,是指向汽车消费者提供的基本效用或利益。

汽车形式产品层,又称汽车基础产品层,是指汽车核心产品借以实现的基本形式,即向市场提供的实体或劳务的外观。

汽车期望产品层,是指汽车消费者在购买该汽车产品时期望能得到的东西。

汽车延伸产品层,又称汽车附加产品层,是指汽车消费者购买汽车形式产品和汽车期望产品时所能得到的附加服务和利益,即储运、装饰、维修等。

汽车潜在产品层,是指包括现有汽车产品的所有延伸和演进部分在内,最终可能发展成为未来汽车产品的潜在状态的汽车产品。

汽车销售的主要产品是汽车,客户购买的主要产品也是汽车,汽车作为一种特殊的产品,结构复杂,科技含量高。因此,对汽车产品的充分了解是汽车销售顾问必须具备的条件,汽车销售顾问要有专业化的汽车产品知识。

一 构成汽车产品价值的五大要素

随着汽车消费市场和消费者的逐渐成熟,客户购车由以往单纯关注价格到后来关注性价比,再到目前关注汽车的综合价值。汽车产品在同质化的同时也开始注重综合价值的提升。因此,了解汽车的综合价值并将汽车的综合价值传达给客户,是从事汽车销售必须具备的知识与技能。

汽车的综合价值主要由5个方面组成。

1 性价比

汽车的动力性、安全性、平顺性、操控性、舒适性等性能指标,反映了汽车制造商技术和管理水平。性能差异给车主带来不同的价值,购车前不仅仅需要比较造型、价格和配置,更应该看重车型的性能和品质等车辆的基本素质,所以建议客户在购买时,第一位不是比价格,而是比价值。

2 故障率

故障率大小意味着汽车可靠性的高低。故障率低意味着省钱、省时、省心,汽车给人创造的价值也越大。建议客户在购买汽车时,不应忙着比价格、比配置,而应更多地关注汽车的可靠性。因为,汽车应是人正常工作和生活的朋友,而不是烦恼!

3 使用成本

使用成本当中包含三项指标:油耗、维修费用和时间成本。除了常规费用外,油耗是汽车日常使用中费用最大的一项开支。特别是燃油价格不断上涨及尾气污染等因素,省油这一大利器将对消费者越来越有吸引力。

4 残值(二手车价格)

汽车残值通常是指汽车在规定的合理使用年限内所剩余的使用价值。随着二手车交易日益发展,二手车交易价格的高低是判断汽车价值的一个越来越重要的参照指标。转手价格高,车主的损失就小。因此,消费者越来越关注自己的汽车在转手时的价钱,以及什么品牌的汽车二手车价格更好。

5 售后服务

购车是消费的开始而不是终结,维修服务在价值总量中占据着很大比重,车主不仅需要热情周到的接待服务、正宗而便宜的配件、合理的工时费和便利快捷的维修服务,而且需要一次性修复率高、维修质量高,更需要用车和护车指导。服务质量关系到车主损失的时间和金钱,因此,售后服务是当前消费需求和营销水平升级最现实、最迫切的需要。

二 介绍汽车产品价值的话术

对每个人来说,购买汽车都算是一件大事,当然要做更多的比较和选择。通常销售顾问会建议客户综合比较汽车的价值而非简单地比较汽车的价格。通常汽车的价值组成为:性价比、故障率、使用成本、二手车价格和售后服务。对这些因素的综合比较是买到称心好车的基础。

$$汽车的价值 = \frac{性价比(高) + 故障率(低) + 使用成本(低) + 二手车价格(高) + 售后服务(好)}{客户的付出成本"经济(低) + 时间(低) + 心情(好)"}$$

客户获得的利益与其付出成本的比值就是所创造的客户的价值,这个价值越高,对客户的吸引力就越强。销售顾问要引导客户从这个角度考虑购车的决定。

1 应对"客户觉得汽车的价格好像比较高时"的话术

遇到此种情况,专业的汽车销售顾问往往会这样说:"购买汽车,主要综合比较汽车的价值而非简单比较汽车的价格。综合来看,这款车是性价比最高的汽车。它的故障率低,使用成本极低,残值高,售后服务是同行业中最好的。所以,综合比较,这款车不仅物有所值,甚至是物超所值的。"

2 应对"客户觉得新车的配备没有竞争对手多时"的话术

应该这样说:就好比精装"二锅头"不等于简装"五粮液"一样,花哨的配备不一定都实用。现在很多新车在配置上配得很花哨,尺寸也够大,表面看起来性价比很高,于是吸引了很多用户的眼光,但是性价比中"性"字的内在含义不仅仅是配备、规格,它还包括技术含量、产品品质、安全性能、售后服务等综合因素。

3 汽车使用成本的应对话术

事实最有说服力,可以给客户举例子,比如这样说:使用成本当中包含三项指标:油耗、维修费用和时间成本。在××汽车杂志主办的"1.5L手动挡轿车油耗大挑战"调查中,该品牌的汽车名列第一。

第二节 汽车基础知识

在汽车销售服务过程中,需要销售顾问给客户讲解车辆的基本知识和使用知识,这就要求销售顾问要了解与掌握汽车的基础知识,只有让客户正确地理解并领会了车辆的使用及注意事项后,才能让车辆发挥其最佳性能,否则,客户可能会感觉车辆不好使或者造成车辆损坏,引起不必要的麻烦。为此,掌握基础的汽车知识对于顺利地进行产品介绍将起到非常重要的作用。汽车知识很丰富、复杂,汽车销售服务顾问通常仅需要掌握汽车基本的知识和销售车辆的技术要点即可。基本的汽车知识主要包括:汽车外观与内饰、发动机、底盘、车身电气、安全等方面。

一 汽车外观与内饰

1 车身形式

按照车身形状不同,可将汽车分为:单厢型车、两厢型车、三厢型车(图3-1)。
(1)单厢型:发动机舱、乘员室、行李舱呈一体(图3-2)。

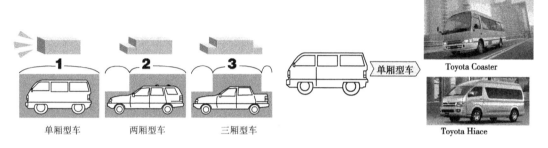

图3-1　车身形式　　　　　　　　　图3-2　单厢型车

(2)两厢型:发动机舱、乘员室+行李舱呈两厢排列的车型(图3-3)。
(3)三厢型:发动机舱、乘员室、行李舱各自独立的普通轿车形式(图3-4)。

图3-3　两厢型车　　　　　　　　　图3-4　三厢型车

2 汽车主要参数

(1)车体的长、宽、高(图3-5)。

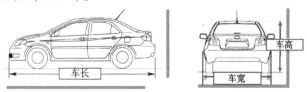

图3-5　车体的长、宽、高

车体全长等于车身最前端到最后端的最长值;车体全宽等于车身不包括左右后视镜在内的最宽值;车体全高等于车辆空载状态下的最高值,如计入乘客、载质量等其数值将发生改变。另外,最小离地间距、轴距、轮距均为空载状态下的数值。

(2)车体的轮距和轴距(图3-6)。

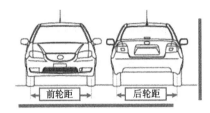

图3-6 轮距和轴距

前后轮距指前轮车轴、后轮车轴各自左右相距间隔,从装备好的轮胎接地面中心计算。

在同等条件下,轮距宽则稳定性、驾驶舒适性相对较高,同时小角度转弯性能较差、运动性能相对较低。

轴距指分别从前轮车轴、后轮车轴的中心向地面各引一条垂线,与地面相交的两点之间的距离。同等条件下,轴距长则驾驶舒适性能高,直向前进性能加强,小角度转弯性能较差、运动性能较差。载重情况下轮胎受重将呈"八"字形,因此在空载状态下计算轴距。计算轮距时也同样,载重情况下轮胎将倾斜,因此也在空载状态下计算。

(3)车体的最小离地间隙(图3-7)。

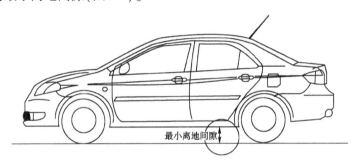

图3-7 最小离地间隙

TOYOTA VIOS	5.2m
TOYOTA CROWN	5.2m
TOYOTA COROLLA	5.1m

Audi A6	5.4m
BMW 3系列	4.9m
VW 高尔夫	5.1m

图3-8 最小转弯半径

最小离地间隙表示车体距路面最近部分的高度。虽然说跨越障碍物时这个高度越高越好,但太高时会影响汽车的稳定性。一般情况下轿车的最小离地间隙小,高速行驶时稳定性强。越野车最小离地间隙大,越野通过性好。此数值为空载状态时测量的数值。

(4)最小转弯半径(图3-8)。

汽车在平坦路面上打满转向盘转弯时,前轮外侧的轮胎所驶过轨迹直径的一半,即最小转弯半径。以轮胎外侧计算,由于车身本身超出轮胎外侧,因此实际驾驶中的转弯半径要超过最小转弯半径值。纵向停车、停车入库、倒车、U形转弯时,车的最小转弯半径越小则越容易完成,也可减少倒车次数。

(5)车身的三个角度(图3-9)。

车身的三个角度主要用于判断4轮驱动车在恶劣路况行驶时的越野性能。

第三章 汽车产品知识

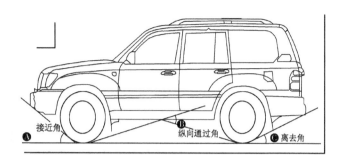

图3-9 车身三个角度

接近角又称前方进入最大角度,指车辆最前端下部到前轮轮胎与地面接触点的连线与地面的角度。

离去角又称后方离去最大角度,指车辆最后端下部到后轮轮胎与地面接触点的连线与地面的角度。轿车的最后端多数指消声器。

纵向通过角又称离地斜角,指前后轮轮胎与地面的接触点,分别向车辆下部的轮廓线方向引出连线,两连线所成角度中,最小的角度的值。

(6)汽车的质量(图3-10)。

汽车的质量指车辆的燃料、冷却液、润滑油等全部装配后,车辆可立刻行驶状态的质量,不包括车内人员、货物、车载工具、备用轮胎等。

图3-10 汽车的质量

汽车总质量指车辆质量加上车内人员(定员部分)、最大载质量(仅限于货车系列)后的质量。一般情况下人员按1人55kg计算。

3 汽车风阻系数(Cd值)

汽车的风阻系数表示汽车所受空气阻力的数值,普通轿车的风阻系数为0.30~0.35。风阻系数越低,表示所受的空气阻力越小,实际上还关系到侧向力(Cs值)、升力(Cl值),车速越快则所受空气阻力越大。所受空气阻力最小的理想形态是"雨滴"形,雨从空气中坠落时自然形成了将所遭遇的阻力降低到最小值的形状。在太阳能动力赛车中雨滴造型的车比较常见,如运用到普通乘用车中则欠缺实用性。

汽车的风阻系数直接影响到加速性能、静音性能、高速行驶稳定性和油耗。

(1)对汽车加速性能的影响:车辆行驶时,空气阻力系数越低,汽车所受到的风阻影响越小,加速性能越高。

(2)对汽车静音性能的影响:如能调顺车身遇到的空气气流,则能减少与风摩擦产生的噪声。除刮水器、双侧后视镜外,车身本身与风摩擦产生的噪声都对汽车静音性能有一定影响。

(3)对汽车高速行驶稳定性的影响:汽车高速行驶时,从前方所受到的风的阻力也是影响汽车前进稳定性的因素之一,侧风、顺风也对行驶稳定性有一定影响。如能彻底地破风前进,则能增强行驶时的稳定感。

（4）对汽车油耗的影响：在空气阻力大的情况下，同一速度下行驶却需消耗更多的动力，因此减少风阻对降低油耗也有重要意义。

另外，提到风阻人们总是会考虑到车身形状，实际上还应注意车身下方（与地面之间距离）通过的气流（图3-11）。如这股气流不稳定，汽车在行驶过程中有可能出现颠簸、摆动。

图3-11　风阻系数

4 汽车外观常见术语

汽车外观有很多的部件和名称，销售顾问要熟练掌握这些术语，常见的汽车外观的术语如图3-12所示。

a)

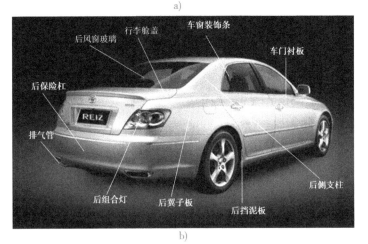

b)

图3-12　汽车外观常见术语

5 汽车内饰常见术语

汽车内饰有很多的部件和名称,销售顾问要熟练掌握这些术语。常见的汽车内饰的术语如图 3-13 所示。

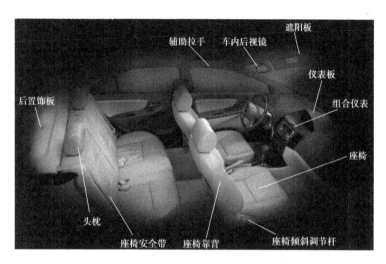

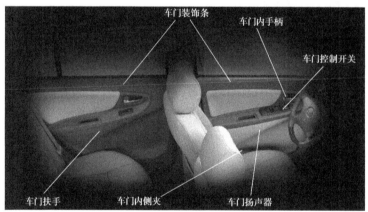

图 3-13　汽车内饰常见术语

6 发动机舱常见术语

发动机舱有很多的部件和名称,销售人员要熟练掌握这些术语。常见的发动机舱的术语如图 3-14 所示。

7 行李舱常见术语

行李舱有很多的部件和名称,销售人员要熟练掌握这些术语。常见的行李舱的术语如图 3-15 所示。

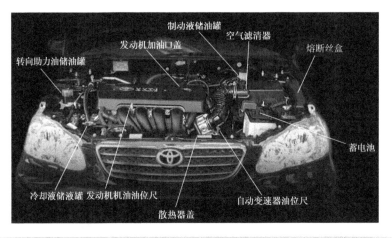

图 3-14　发动机舱常见术语

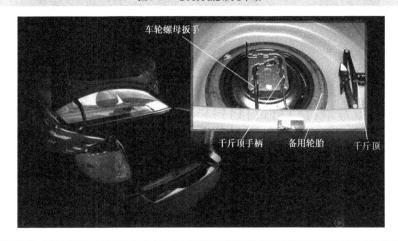

图 3-15　行李舱常见术语

8　汽车内饰静音性

汽车内部的静音性包含 3 个要点：噪声、振动、颠振，简称 NVH。

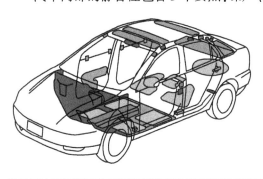

（1）Noise：指侵入室内的各种噪声，包括发动机产生的机械噪声、与风摩擦产生的噪声、路面与轮胎摩擦产生的胎噪以及由外界侵入的各种噪声。

（2）Vibration：指由发动机等机械产生的固有振动。

（3）Harshness：指颠振，车辆驶过路面接缝处、高低不平处时由车轮等产生的颠振。

解决 NVH 问题，可以说与汽车制造的各个环节有关。首先是车身及发动机设计，其

图 3-16　解决 NVH 的措施

次是各零部件以及工厂的装配精度都将影响到 NVH。主要措施为（图 3-16）：车身的高刚性

化、改良连接车身与发动机部分的装备、发动机内部加装配重轴、适当配置防振和隔声材料。

二、发动机

汽车运动的动力源是发动机。常见的汽车动力源有汽油发动机、柴油发动机、LPG 发动机、混合动力和电力驱动(图3-17)。

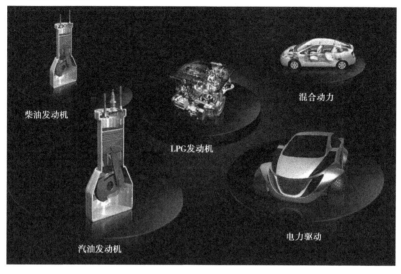

图3-17　汽车动力源

1 发动机基本知识

汽油发动机是乘用车常用的动力源。它利用空气和燃油的混合气,经过压缩燃烧而产生使车轮旋转的巨大力量。在汽车中,发动机是部件最多、构造最复杂的系统。

汽油发动机大体可分为三部分:动力产生机构、动力输出机构、使发动机持续旋转所需的辅助装置(图3-18)。

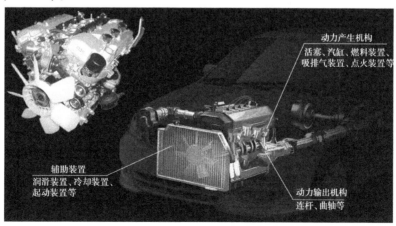

图3-18　汽车发动机的组成

2 发动机基本结构及部件

发动机的基本结构也可分为发动机本体(曲柄连杆机构、配气机构)、燃油供给系统、空气供给系统、润滑系统、冷却系统、点火系统、起动系统、电源系统等(图3-19)。

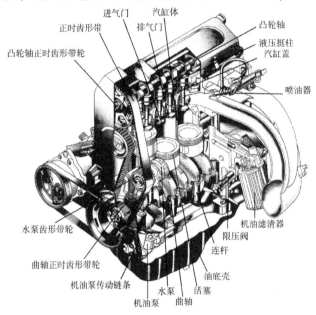

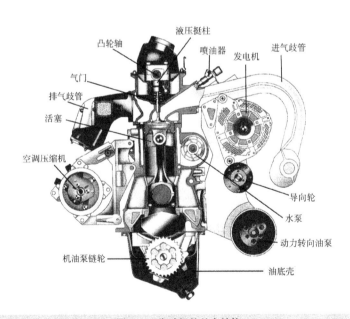

图3-19 发动机的基本结构

3 发动机基本功能

汽车上的发动机大致有以下功能：发动机做功，使车轮旋转驱动汽车行驶，这是发动机的主要功能;发动机带动发电机发电并给全车和蓄电池供电,确保全车电气设备的正常运行(图3-20);发动机还带动空调压缩机运行,确保空调系统的正常运行;发动机带动转向助力泵运行,确保转向的轻便;发动机产生真空帮助制动系统产生助力效果,确保制动的安全(图3-21)。

图3-20　发动机做功产生电力

图3-21　发动机做功使各种装置运行

4　常用发动机术语

汽车销售过程中,销售顾问经常会用到的发动机术语:四冲程发动机、汽缸排列方式、发动机排量、双顶置凸轮轴、多气门、汽缸内径和行程、电子燃油喷射系统、涡轮增压、缸内直喷、功率和转矩等。

(1)四冲程发动机。

发动机在工作时曲轴需要转两圈,要经历"进气""压缩""做功""排气"四个过程才能完成一个工作循环,因此被称为四冲程循环(也叫四冲程)发动机(图3-22),这是现在轿车用发动机的主流。

(2)汽缸排列方式。

发动机汽缸的排列方式是销售顾问经常提到的术语,常见的排列方式有3种,分别是直列式、V形和对置式(图3-23)。不同的排列方式有不同特点,也根据汽缸的个数决定采用什么样的排列。

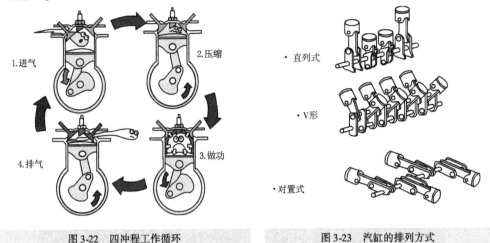

图 3-22　四冲程工作循环　　　　　图 3-23　汽缸的排列方式

将汽缸按直线排列即"直列式",可分为直列 4 汽缸、直列 6 汽缸等,这是最普通的排列,紧凑经济。

将汽缸左右分开、排列成 V 字形,角度有 60°、90°等,V6、V8 多为高档车使用。与直 6 相比,V6 的发动机长度可缩小一半,提高空间利用率。由于缩短了回转部分,在振动、声音方面也表现出色。

V 形发动机的角度呈 180°就是水平对置式。由于将汽缸放平,可降低发动机高度,从而可以降低汽车重心。保时捷、斯巴鲁轿车就是采取这种方式。

(3) SOHC 与 DOHC。

SOHC(Single Overhead Camshaft)是单顶置凸轮轴的简称。DOHC(Double Overhead Camshaft)是双顶置凸轮轴的简称,也称为双凸轮轴(图 3-24)。一般的高速发动机多采用 DOHC。

图 3-24　SOHC 与 DOHC

(4) 多气门。

控制将燃料和空气的混合气体送进燃烧室(汽缸)的为"进气气门",控制燃烧后气体排放的为"排气气门"。目前的发动机为保证进气充分、排气彻底,多采用将进气气门和排气气门分开设置的方式(图 3-25)。一款发动机有 4 个汽缸,每个汽缸 4 个气门,常称之为 16V 的发动机。

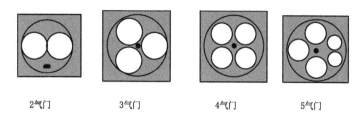

图 3-25　气门数

(5) 汽缸内径和行程。

表示发动机汽缸的大小(容积)多用汽缸内径和行程来计算。内径小于行程则为长行程，内径大于行程则为短行程。通常情况下，长行程扭力较强，短行程为高回转型，也可称为运动型(图 3-26)。

(6) 压缩比。

压缩比等于汽缸总容积与燃烧室容积的比值(图 3-27)，表示汽缸内气体被压缩的程度。一般来讲，压缩比越高，爆发力越强，发动机越出力、扭力越强，但压缩比过高则有可能发生点火前的自燃，对发动机造成破坏。目前的汽油压缩比一般为 10 左右。

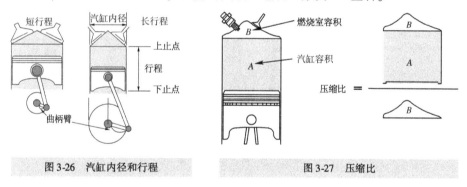

图 3-26　汽缸内径和行程　　　　图 3-27　压缩比

(7) 发动机排量。

对于多个汽缸的发动机来讲，多缸发动机工作容积的总和就是发动机的排量。排量单位一般为升或毫升。一般情况下发动机排量越大，发动机的动力就越强。

(8) 常见的发动机参数。

在新车销售过程中，销售顾问一般会介绍以下发动机的常见数据。

①3L：指发动机的排量，实际上在不足升的情况下也用四舍五入的方法记做 3L。

②V6：表示汽缸的配置，V6 表示以 V 字形排成 3 列共 6 个汽缸的配置。

③DOHC：指发动机配气机构的形式是双顶置凸轮轴。

④24 气门：指用于吸气、排气的气门共有 24 个，每个汽缸有 2 个进气门和 2 个排气门。

⑤EFI：英文全称是 Electronic Fuel Injection，指发动机的燃油系统是电子式燃料喷射装置。

(9) 发动机排放控制。

由于大气污染、二氧化碳过量排放、臭氧层的破坏以及化油器式发动机引起的光化学污染等造成的环境破坏,已引起全世界对汽车尾气排放问题的重视。

汽油发动机在使用过程中会排放有害物质(图3-28),对大气产生危害。

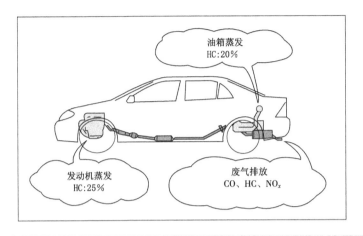

图3-28　发动机有害物质排放

为了减少这些污染物的排放,采用的控制措施有炭罐、废气再循环、三元催化转换等(图3-29)。

  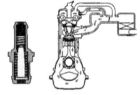 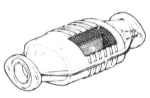

炭罐收集汽油蒸气　　　　废气再循环降低NO_x　　　　三元催化转化器

图3-29　降低排放的措施

目前尾气净化多采用三元催化的方法(图3-30),即通过尾气过滤装置去除尾气中的重金属等有害物质。

此外,为了减少发动机本身的废气排放量,稀薄燃烧、直喷式燃料喷射装置等技术的使用越来越广泛。目前,大众汽车公司的大部分车型的发动机都采用了直喷式的发动机燃料系统(图3-31)。

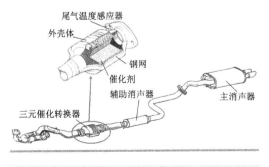 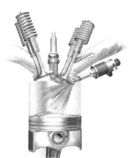

图3-30　三元催化转换　　　　**图3-31　汽油发动机直喷系统**

为了控制尾气排放,各国政府也制定了相应的排放标准。欧洲、北美、日本都有其各自的尾气排放标准,其中以日本最为严格,我国的第Ⅴ阶段排放标准的主要技术内容与欧Ⅴ排放标准基本相同。

三、底盘

汽车底盘一般包括传动系统、转向系统、制动系统、悬架系统等,是整个车辆的装配基础,也是汽车行驶和操控的基础。

(一)传动系统

传动系统负责将发动机动力传送到驱动车轮。主要由离合器、变速器、驱动桥等部件组成,传动系统与发动机的匹配能较好地体现车辆的行驶性能。

1 传动系统的布局形式

根据发动机和驱动轮的布置,常见的传动系统布局有四种(图3-32),分别是发动机放在前面,前轮为驱动轮,称为前置前驱(FF);发动机放在前面,后轮为驱动轮,称为前置后驱(FR);发动机放在前面,前后车轮均为驱动轮,称为四轮驱动(4WD);发动机放在中间,后轮为驱动轮,称为中置后驱(MD);发动机放在后面,后轮为驱动轮,称为后置后驱(RR)。

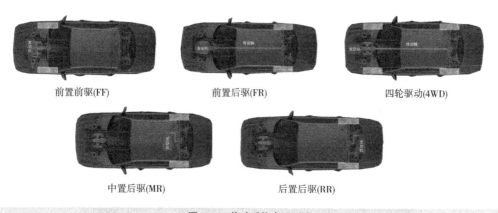

图3-32 传动系统布置形式

前置前驱的布局形式由于没有传动轴和后主减速器等部件,使整个车体质量减轻,并扩大驾驶室内的空间,所以,被目前的小型车辆广泛采用。前置后驱的布局形式的直线行驶稳定性表现优越,汽车的平衡性出色,是汽车的基本驱动方式,多为大型车辆、高档车辆所采用。但和前置前驱相比,质量大,后排室内空间较小。

四轮驱动布置方式,由于越野性能好,在越野车中非常普及,同时,由于其在高速公路上稳定性良好,也被高性能的跑车和SUV型车轮广泛使用。但其结构较复杂,质量较大,油耗较高。

2 变速器

变速器有前进挡、倒挡、空挡,分别负责改变车辆的行驶速度、改变车辆的行驶方向、暂时中断发动机的动力传递。常见的变速器有手动变速器和自动变速器两大类。手动变速器（图 3-33）一般有 5~6 个前进挡，如丰田的卡罗拉轿车。

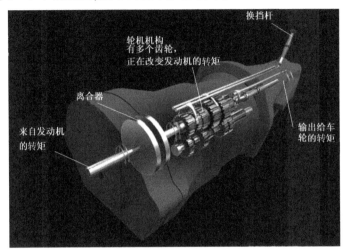

图 3-33　手动变速器

自动变速器（图 3-34）又分为普通自动变速器（AT）、手自一体自动变速器（ECT）、无级变速自动变速器（CVT）、双离合器自动变速器（DSG）。自动变速器的前进挡为 D 挡，一般包含 4 个、6 个、7 个前进挡位，根据驾驶人的节气门开度和车辆的速度自动切换挡位。

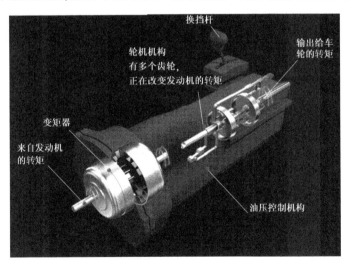

图 3-34　自动变速器

(二) 转向系统

转向系统主要用来改变或保持汽车的行驶方向（图 3-35）。目前，轿车常用的转向系统多为齿轮齿条式转向助力系统。

转向助力的类型有液压助力式和电动助力式两种（图 3-36）。由于电动助力式转向更灵敏和轻便，目前高级轿车常采用电动助力式转向系统。

第三章 汽车产品知识

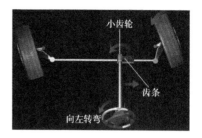

图 3-35　齿轮齿条式转向系统

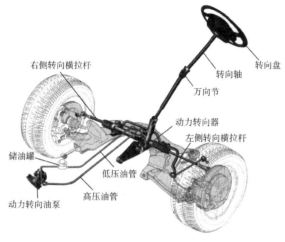

a) 液压助力式

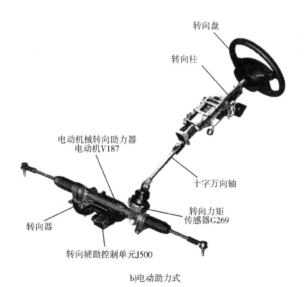

b) 电动助力式

图 3-36　转向助力的类型

（三）悬架

悬架一般由 3 个部分的零件构成（图 3-37）。

55

(1)弹簧:弹簧可以吸收行车时来自路面的振动。一般都使用螺旋弹簧。

(2)减振器:减振器是尽可能减弱弹簧伸缩引起的振动的"减衰"装置或"减振"装置。现在的减振装置几乎都是弹簧与减振器一体的。

(3)挂臂:是连接车身和轮胎的"胳膊"。根据挂臂的形状、数目和连接方式,可分为不同的悬架方式。横向稳定杆是悬架的一个辅助零件,大多用于独立式悬挂方式的悬架。它的作用是抑制由于左右轮胎动作不一致而引起的车体摇摆。

弹簧和减振器一体的装置称为"滑柱式减振器",在其下面安装轮胎的悬架方式称为"滑柱式悬架",用发明者的名字命名为"麦弗逊滑柱式悬架"。因为其结构简单、节省空间,被广泛采用。普通轿车一般采用麦弗逊式悬架(图3-38),高级轿车一般采用双横臂式悬架和多连杆式悬架。

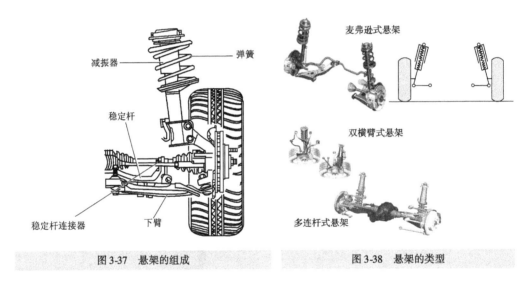

图3-37 悬架的组成　　　　　图3-38 悬架的类型

(四)制动系统

制动系统(图3-39)是汽车的重要主动安全系统。驾驶人根据汽车行驶状况,踩下制动踏板,以降低车辆的行驶速度,从而安全地使车辆减速或停止。汽车制动系统包括行车制动系统和驻车制动系统。目前轿车采用的是液压制动系统,大型汽车采用的是气压制定系统。

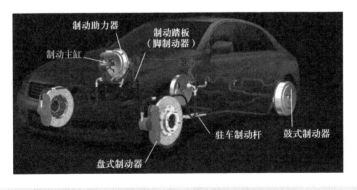 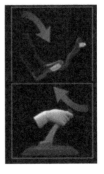

图3-39 制动系统

目前的制动系统都采用的是摩擦式的制动系统,常见的制动器有盘式制动器和鼓式制动器(图3-40)。

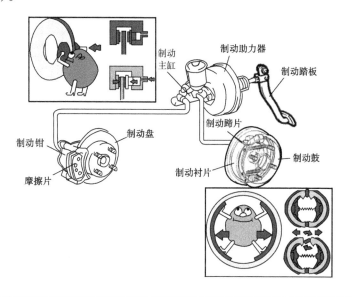

图3-40 制动器

盘式制动器是通过从左右两侧加紧与车轮相固定的制动盘来获得制动力。制动盘可以较快地散发掉由于摩擦而产生的热量,为了进一步提高散热效率,还在制动盘的四周设计了散热孔,称为通风式制动盘。

鼓式制动器是通过从与车轮轴相连的旋转的圆鼓由内向外挤压制动片来获得制动力。由于同时具有与回转方向相同和方向相反的制动片,因此制动力较高。但缺点是不易散热,而且有时还会进水。

轿车常采用的是前盘后鼓或前后都是盘式的布置。

四 车身

车身是汽车的骨架,目前主流轿车多采用单壳体车身。以往多采用坚固的框架作为汽车的基本骨架,把操作踏板、发动机等全部固定在这一部分,然后在上面覆盖车身。现在的轿车多没有框架,而是把车体自身作为基本框架,称为整体式车身,虽然汽车企业的生产率因此有所下降,但是可以减轻车身质量。以往的车身强度较低,但近年来随着车身的高强度化,尤其是激光焊接技术的成熟和安全车身的研发,使车身的强度以及汽车的安全性能不断提高,所以轿车大量采用这种整体式车身(图3-41)。梯形框架是指用梯子状的框架作为车身的基本骨架,越野型4WD和货车多采用这种车身结构。

五 车身电气

汽车上的电气设备有很多,电气设备对于提高车辆的操作方便性起到了很大的作用。

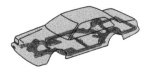

a) 整体式车身　　　　　　　　b) 大梁式车身

图 3-41　车身的类型

1 灯光

汽车的灯光包括前照灯（远光灯和近光灯）、前后雾灯、尾灯、转向灯、制动灯等设备（图 3-42）。

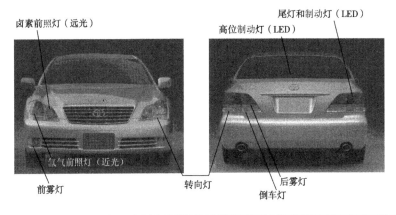

图 3-42　汽车的灯光

2 仪表板

常用的仪表板有中央仪表板和荧光式仪表板两种（图 3-43）。

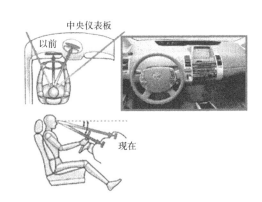

图 3-43　仪表板

中央仪表板可以减少行驶过程中驾驶人视线的移动。其位置不在驾驶席的正前方，由中央仪表组设计而成。

第三章 汽车产品知识

荧光式仪表板具有优异的视觉效果,其仪表板上的文字及指针均可发光,不仅色泽匀称便于观察,而且给人以空间感。其通过荧光管等发光显示工作状态,数据显示分普通指针与数码仪表板两种,可供用户挑选。

3 多功能液晶显示屏

汽车采用多功能液晶显示屏后,可以更方便地为驾驶人提供丰富的信息,包括卫星导航系统、倒车引导系统、娱乐系统、蓝牙系统、空调及音响调节系统等(图3-44)。

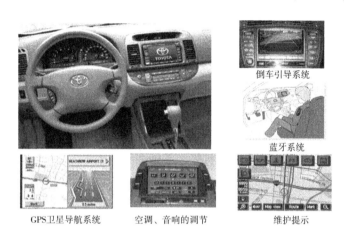

图3-44　多功能液晶显示屏

4 其他电气设备

随着科技的发展,汽车上出现了更多的电气设备。比如智能进入系统、座椅位置记忆功能、按键式点火开关、车窗防夹功能等设备(图3-45)。这些设备既提高了车辆的档次,也给人们带来更多的方便和驾驶乐趣。

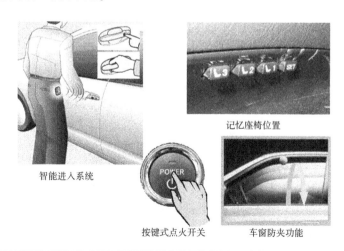

图3-45　先进的电气设备

第三节　汽车产品介绍要点

汽车产品的介绍要点主要包括：设计理念、产品规格、推销要点、竞争分析四个方面。每款新车上市前，厂家和经销商都会针对该车型对汽车销售顾问进行产品知识的培训。

一、汽车产品的设计理念

1. 车型的设计理念

每一款车都有自己的品牌历史和车型历史，在汽车市场竞争日益激烈的今天，每一款车的市场定位也更加清晰，了解这些车型背后的知识能更好地掌握汽车产品的内涵。

比如全新宝马7系（图3-46）标志着一个崭新豪华轿车时代的到来。优雅和拥有领袖风范的外观设计、豪华而兼具创新的内饰、独特的驾乘体验、高标准安全性以及出色的燃油经济性，使全新宝马7系为同级车市场确立了更高的新标准。

图3-46　BMW7系

另外，丰田十二代皇冠外形动感，内饰豪华、典雅，动静合一。追求和谐的统一，和谐为道，欲达则达（图3-47）。

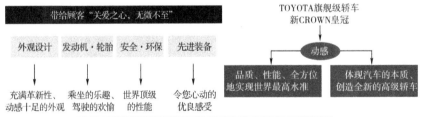

图3-47　皇冠的设计理念

2 车系的概念

每个汽车品牌的汽车都有针对细分市场的产品系列(图3-48),比如奥迪品牌就有A1、A2、A3、A4、A5、A6、A8等车系,丰田品牌也有很多车系。了解这些产品系列的目标人群,对于汽车销售是很有帮助的。

Audi A4L
Audi A5
Audi A6
Audi A8
Audi Q7
Audi TT
Audi R8

图3-48 车系的概念

二 产品规格

汽车产品规格主要包括:车型型号、车身尺寸及质量、发动机(图3-49)、制动、悬架、驱动方式、外观、内饰、视野、座椅、安全(图3-50)、操控系统、空调、音响及电子导航系统等内容。每款车都会有各自的型录,型录详细记录了该款的详细参数及各种规格。对于这些规格,汽车销售顾问只有非常熟悉才能熟练地给客户进行讲解,尤其是同一款车可能会有不同的配置,销售顾问要将这些对比情况详细地给客户介绍清楚。另外,对产品规格的了解,还要求汽车销售顾问必须具备一定的汽车专业知识,读者可以通过其他材料提高汽车技术方面的知识。

■发动机		
型号		3GH
类型		V形6缸顶置双凸轮轴电喷24气门(Dual VVT-i)
排气量	L	2.995
最大功率	kW/(r/min)	170/6200
最大转矩	N·m/(r/min)	300/4400
最高车速	km/h	235
缸径×行程	mm×mm	φ87.5×83.0
压缩比		10.5
燃油供给装置		EFI(电子控制式燃料喷射装置)
变速器类型		手自一体式6挡自动变速器(6Super ECT)
油箱容积	L	70
使用的燃料		95号以上汽油
综合消耗	L/100km	9.4
■制动、悬架、驱动方式		
制动系统(前/后)		通风盘式/实体盘式
悬架系统(前/后)		双叉杆式悬架/多点连杆式悬架
驱动方式		前置后驱

图3-49 发动机的规格

■安全							
ABS(带 EBD)	●	●	●	●	●	●	●
制动辅助系统	●	●	●	●	●	●	●
车身稳定性控制系统(VSC)	●	●	●	●	●	●	●
牵引力控制系统(TRC)	●	●	●	●	●	●	●
HAC 上下坡辅助控制系统					●	●	●
前排二级式及护膝部双 SRS 空气囊	●	●	●	●	●	●	●
侧部 SRS 空气囊及窗帘式 SRS 空气囊	—	—	—	—	●	●	●
全座 ELR 三点式安全带 (前排及后排左右为预紧限力式带限幅器)	●	●	●	●	●	●	●
童椅固定装置	●	●	●		●	●	
轮胎气压警告系统	●	●	●		●	●	
发动机锁止系统(带声音警告)	●	●	●	●	●	●	●

图 3-50　安全配置的规格

三、汽车产品介绍

汽车产品的介绍要点一般包括外观、内饰、行驶性能、安全环保性能、高科技配置、舒适配置、个人化装置等内容。下面以丰田皇冠十二代车型为例进行简单的说明。

1　汽车外观介绍

外观介绍主要包括车辆造型、全车尺寸、流线型设计、颜色等,还包括一些有特色的外观设置,比如发动机罩、前组合大灯、前格栅、腰线和肩线、车轮和轮胎、防蹭条、天窗等。如丰田皇冠的外观充满革新性,高品位且动感十足(图 3-51)。

(1)车辆前方的外观介绍:主要包括前格栅、前照灯、前窗玻璃清洗装置、前格栅(图 3-52)等。

图 3-51　车辆外观

图 3-52　车辆前方的外观

介绍话术:具有皇冠标志的前格栅设计具有极强的表现力。通过精巧的工艺使传统的格栅尽显细致,性格与韵味。精心设计的前照灯造型为传统的皇冠外形平添了几分动感。同时近光灯为标准配备的氙气照灯。大型前照灯与发动机舱盖,翼子板和前保险杠曲线完美融合,个性洋溢,呼之欲出。前窗玻璃清洗装置位于发动机舱盖下方。一眼望去,其顺滑的表面分外美观。

(2)车辆侧部的外观介绍:主要包括外侧车门把手、侧面转向灯、轮胎与铝制轮毂、车身侧凸缘线条等(图3-53)。

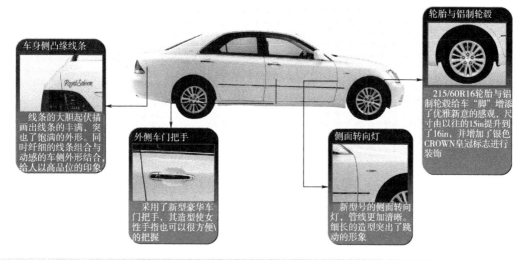

图3-53 车辆侧部的外观

介绍话术:外侧车门把手采用了新型豪华车门把手,其造型使女性手指也可以很方便的把握。新型号的侧面转向灯,光线更加清晰。细长的造型突出了跳动的形象。215/60R16的轮胎与铝制轮毂给车"脚"也增添优雅新意的新型铝制轮毂,尺寸由以往的15in提升到了16in,并增加了银色皇冠标志进行装饰。车身侧凸缘线条的大胆起伏,突出了饱满的外形。同时纤细的线条组合与动感的车侧外形相结合,给人以高品位的印象。

(3)车辆尾部的外观介绍:主要包括一体式组合尾灯、双排气管、行李舱等(图3-54)。

图3-54 车辆后部的外观

介绍话术:一体式组合尾灯将通透平滑的外透镜与凹凸形状的内透镜组合起来,体现了层次感、豪华感。当灯亮时,LED 释放出更为亮丽优雅的光辉。采用双排气管的后部造型,不禁让人联想到令人激昂飞驰的感受。配备了智能钥匙起动系统的车辆,只要随身携带智能钥匙,轻轻一按开关即可打开行李舱。

(4)车身尺寸介绍:包括车长、车宽、车高、轴距、轮距、最小转弯半径等参数(图 3-55)。

图 3-55　车身尺寸介绍

介绍话术:较长的轴距及宽轮距,可使车轮的配置在最靠近车体的四个角的位置上,从而确保了直线行驶时的高度稳定性。由于加长了轴距,使前后座椅间的距离增加。后排座椅上的客人可以自如地移动膝盖,腿部空间也大大增加了。增加了后侧车门的开门面积及开启的角度,使得后排座椅上的乘员上、下车更方便。由于装配了质量较小的 V6 发动机和铝制发动机舱盖,可合理分配前后质量。

(5)行李舱介绍:主要包括容积介绍、铰链、警示牌等内容(图 3-56)。

介绍话术:车上的行李舱空间虽然与以前相同,但由于采用了双重链环式的铰链,大大提高了空间利用率。另外,在车上的行李舱地毯下,装备了方便的工具箱(三角停止显示板,千斤顶把手和小器物收藏箱)。三角停止警示板由于是反射板,在紧急或夜间

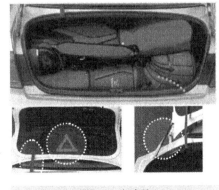

图 3-56　行李舱

时,只要打开车上的行李舱门,就可以提醒后面的车辆注意。具有奢华感的宽幅卷回带装备了新开发的薄型宽幅卷回带回收装置。与行李不发生干扰的双重链环式铰链装置不会进入到行李舱内,所以不会伤及物品。

2 汽车内饰介绍

汽车内饰的介绍主要是突出舒适和操作的便利及高科技性,如座椅的电动可调节、多功能转向盘、真皮内饰、自发光仪表板、便利的储物盒、空调等。如皇冠汽车的内饰就体现了以人为本,高级质感的效果(图3-57)。

图3-57 汽车内饰

(1)驾驶室。

主要介绍做工的工艺。

介绍话术:整个驾驶室尽量缩小部件间缝隙、应用高度精巧的加工工艺,追求皇冠特有的品质感,去除特有助手席安全气囊的明线,各部分接合更平滑;减小杯架与烟灰缸外围的缝隙;仪表板与转向装置橡胶罩之间采用无缝隙构造(防止向下调整时出现的缝隙),使车门打开部分更美观,为牢固起见采用双面缝制工艺(图3-58),体现了全面的高精度、高品质感。

图3-58 驾驶室的做工

(2)组合式仪表板。

组合式仪表板介绍内容有材质、做工、操作性能等(图3-59)。

介绍话术:组合式仪表板配备了高品质顶级的波纹枫木材质。让您尽享至高豪华感受。重新按功能对中控台的开关进行了设置,提高了行驶时的操作性能。

(3)转向盘。

转向盘的介绍内容有真皮包裹,多功能转向盘、电动调节转向盘等内容(图3-60)。

介绍话术:用真皮包裹的转向盘把手的断面接近于一个平面,更易抓握,提高了操作性。

可电动调整转向盘的上下、前后位置,而且能够在起动开关按钮置于 ON 或 OFF,或是拔出智能钥匙时进行自动调整。在新型仪表板、中控台两侧都安装了具有一定缓冲作用的软垫,即使膝盖意外碰撞时也会感觉良好。握住转向盘时可以进行各种功能的开关操作,即使在行驶中也可轻松实现。

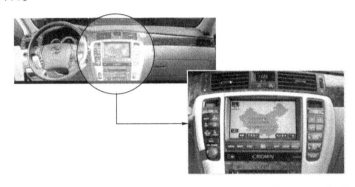

图 3-59　组合式仪表板

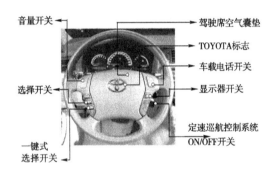

图 3-60　转向盘

(4)仪表板。

仪表板介绍内容有照明、形状、颜色、信息显示等内容(图 3-61)。

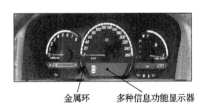

图 3-61　仪表板

介绍话术:高亮度、辨识性能良好的自发光式仪表板,全部光源都采用 LED 照明,辨识性能十分出色。速度表中采用了金属环。多种信息功能显示器可以显示外部气温、续航里程、瞬间油耗、平均油耗、各种警示及轮胎气压警告。

(5)变速器。

重点介绍变速器类型,操作手柄设计等内容(图 3-62)。

介绍话术:易于操纵的变速杆,小巧的手柄,共同组成了拥有高品位的变速挡。

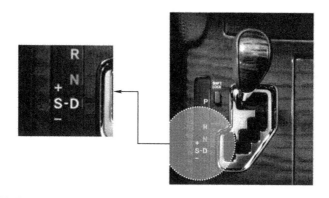

图 3-62 变速器操作手柄

（6）储物盒。

主要介绍硬笔袋、杂物箱、杯架、眼镜盒等（图 3-63）。

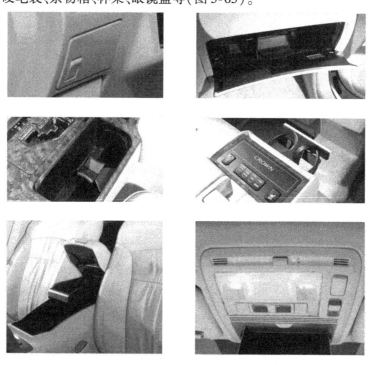

图 3-63 储物盒

介绍话术：硬币袋采用了触按的开启方式，可以方便地取出硬币。大型杂物箱设置了可放置车检证等物品的支架。前杯架除了增加容量以外，在开启的时候，由于杯盖的伸出部分可被压低，可方便地放置杯子。后杯架放置在后部中央扶手的前端。由于采用接触式开启方式，使杯架不占用中央扶手的使用空间。滑动旋转盒盖及双层滑动托架，形成了方便实用的多功能小储物盒。顶式操控台集收藏、照明等丰富多彩功能于一体，方便又美观。

3 汽车行驶性能介绍

主要突出车辆的驱动方式、发动机情况、变速器情况、悬架情况、最高车速及加速情况。

如皇冠采用了 FR 的驱动方式,配备了 V 形排列 6 缸发动机、手自一体 6 速自动变速器,双叉杆独立悬架,造就了其优异的行驶性能(图 3-64)。

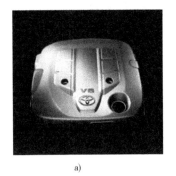

a)　　　　　　　　　　b)　　　　　　　　c)

图 3-64　行驶性能介绍要点

(1)发动机介绍。

主要介绍性能特点、参数、科技配备等情况(图 3-65)。

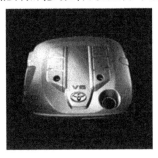

图 3-65　发动机介绍

介绍话术:集动力强劲、低油耗、高环保性能于一身的新型 3.0L V6 双 VVT-i 发动机,采用先进的 DUAL VVT-i(进排气门双向正时智能可变系统)技术,大大灵活了发动机的进排气控制,获得了强大动力和燃油经济性并且保证了极高的环保性能。90%以上的最大转矩会在转速 2000r/min 与最大功率转速范围内产生,从而保证了轻松便捷的日常操控,强劲的加速和超车性能,可体现出极其优异的行驶性能。最高输出功率 170kW,最高输出转矩 300N·m,百公里耗油(综合耗油)9.4L。

(2)变速器介绍。

主要介绍自动变速器的挡位,与发动机的匹配,燃油经济性,控制功能等(图 3-66)。

介绍话术:驾驶操作性能大幅提升的手自

图 3-66　变速器介绍

一体式 6 挡自动变速器,通过宽域和接近跑车的齿轮比设定,在确保了强劲动力的同时实现了高速行驶时优良的燃油经济性。同时具备空挡控制功能,确保在短时间停车时,可使变速器保持空挡状态,从而降低停车时的燃料费用。减速时的降挡控制,在减速时进行降挡控制,加大了切断燃油装置的使用范围。变矩器锁止控制装置,在加速节气门关闭时扩大了工作领域。锁止控制装置,与以前仅控制变速比最高的阶段相比,工作范围得以扩大。降低变速器内的损耗,采用了在实际使用温度范围内,可降低黏度的新自动变速器油。

(3)悬架系统。

主要介绍悬架的类型和特点(图3-67)。

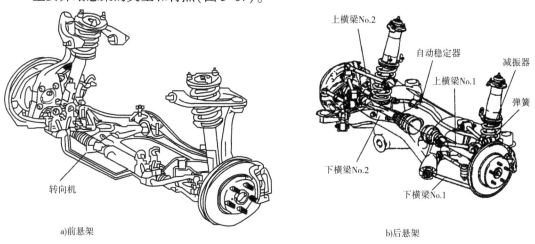

a)前悬架　　b)后悬架

图3-67　悬架系统

介绍话术:新开发的双叉杆式前悬架,通过在前方配置的转向装置齿轮箱,有效地保证了汽车直线行驶时的稳定性。在下部叉杆上采用了液封轴套,可消除因路面不平而产生的噪声,平衡地通过。具有优秀直线行驶稳定性和乘坐舒适性的新型悬架系统。新开发的多点连杆式后悬架,5个连杆使后轮与路面的更吻合。有效地抑制了加、减速度时的车辆姿态的变化。通过加强悬架系统的刚性、优化配置连接装置,从而在各种路况下都获得了良好的操控性能。

(4)转向系统。

主要介绍助力的类型及特点,如图3-68所示。

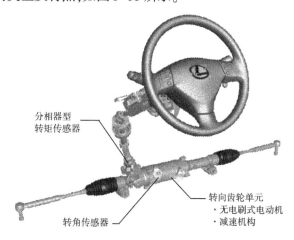

图3-68　电动助力转向

转向系统采用电动动力转向装置,在任何情况下,皆可获得理想的驾驶感觉。功率损耗较低,对提高燃油经济性也起到一定作用。操作灵活的同时还可以降低油耗。配置在转向轴上的电动机为转向操作提供助力。利用车速感应功能,可使驾驶时获得与车速相应的最舒适的路感。只有需要助力时,才会消耗电力,这种设定有助于提高燃油经济性。

4 汽车的安全及环保介绍

汽车的安全性是消费者很关心的内容,各个汽车厂家在安全方面也采用了很多的措施,常见的安全措施分为主动安全和被动安全。主动安全又称积极安全,是事故未发生前进行预先防范的各种安全设施。被动安全指一旦发生交通事故,为了保护驾驶人、行人的安全,或者为了将伤害减少到最低限度而采取的安全措施。

下面主要介绍主动安全设施,如 ABS、EBD、ESP 等,被动安全系统如安全带、高吸能式车身等。如皇冠的主动安全配备有 VSC,高吸能式车身(图3-69),确保了其有高性能的安全保护。环保方面往往介绍车型使用材料等内容。

(1)带 EBD 和 BA 的 ABS。

ABS 是紧急制动时,防止车轮抱死的装置(图3-70)。车轮转速感应器可以感应到车轮被抱死,同时在瞬间启动点制动装置反复制动,从而缩短制动距离。因为在踩制动踏板的同时还可以转向,所以对于躲避障碍物很有帮助。

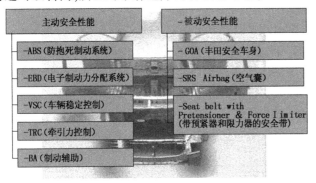

图 3-69 安全系统介绍要点

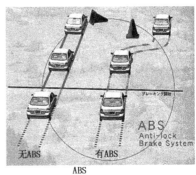

图 3-70 ABS

EBD 是电子制动力分配系统,当汽车紧急制动时,该系统可以自动调节通向四个车轮的制动压力,与 ABS 配合更能提高制动时的行车安全(图3-71)。BA 是制动辅助系统,当紧急制动时,驾驶人会迅速踩下制动踏板,然后由于操作或力量的原因,部分驾驶人踩下制动踏板的力可能不足以提高最佳的制动力,此时 BA 能够帮助增加制动力,确保制动时的安全。

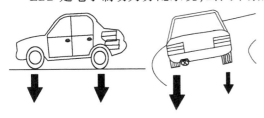

图 3-71 带 EBD 的 ABS

(2)车辆稳定性系统。

车辆稳定性系统丰田称为 VSC(图3-72),大众一般称为 ESP。与 ABS 等其他主动安全系统相比,VSC 拥有三大特点。

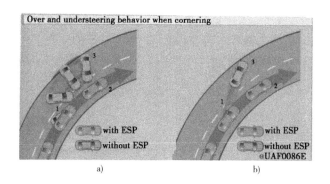

图 3-72　VSC

①实时监控：VSC 能够实时监控驾驶人的操控动作（转向、制动和加速等）、路面信息、汽车运动状态，并不断向发动机和制动系统发出指令。

②主动干预：ABS 等安全技术主要是对驾驶人的动作起干预作用，但不能调控发动机。VSC 则可以通过主动调控发动机节气门，以调整发动机的转速，并调整每个轮子的驱动力和制动力，来修正汽车的过度转向和转向不足。

③事先提醒：当驾驶人操作不当或路面异常时，VSC 会用警告灯警示驾驶人。

（3）倒车雷达系统。

该系统通过安装在车辆前后的声呐探查设备可以检查车辆周围的情况，尤其是倒车时可以提醒驾驶人注意车辆周围的距离，确保了车辆的安全（图 3-73）。

（4）雷达控制的自动巡航系统。

当车辆进入自动巡航状态时，该系统可以通过安装在车辆前端的雷达自动调节车辆的行驶速度，确保了行车的安全车距（图 3-74）。

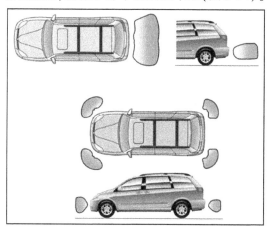

图 3-73　雷达系统

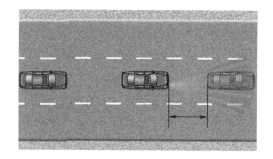

图 3-74　雷达控制的自动巡航系统

（5）高位制动灯和雾灯。

如果发生交通堵塞或者是在高速公路上行驶时，前面的车辆制动时不仅需要警示第二辆车辆，还需要唤起其他后续车辆的注意，这时就需要把后制动灯放置在一个比较高的位置上，以便后续车辆即使穿过前面车辆的车窗也能看得到，这就是高位制动灯的作用（图

3-75)。安装在车辆尾部的雾灯,采用鲜艳的红色,比后制动灯更加明亮,在暴雨或者浓雾等前方视线较差时用来向后续车辆标示自身位置,确保了行车的安全。

a)高位制动灯　　　　　b)前后雾灯

图3-75　高位制动灯和雾灯

(6)安全车身。

一旦发生交通事故,不仅需要保障驾驶人的安全,同时也需要确保行人和对方车辆的人员安全。防撞安全车身的基本思路是通过前后车身一定程度上的损坏变形来吸收、缓和冲撞产生的冲击力。驾驶室部分则是通过具有高强度的坚固构造来保障驾驶人的空间和安全(图3-76)。

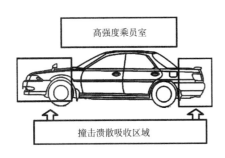 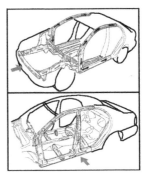

图3-76　安全车身

(7)预紧限力式安全带。

安全带是车上一个重要的被动安全措施,销售人员一定要注意提醒客户系安全带。目前车辆广泛采用了三点预紧限力式安全带(图3-77)。安全带预紧装置不仅可以预先收紧安全带使之与身体保持密切接触,而且还可以在发生冲撞的同时进行感应并像安全气囊一样立即点火使安全带收紧。如果发生冲撞时冲击力过大,那么安全带预紧就会过度收紧安全带,反

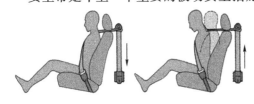

图3-77　预紧限力式安全带

而会因为过大的收缩力使人体受到伤害。因此,限力装置的作用就是在安全带收缩力过大时适当地进行缓和。冲撞发生时,通过预紧不仅可以提高安全带的使用效果,还可以通过纠正驾驶人的姿势提高安全气囊的使用效果。此时如果安全带过紧超过一定限度时,就会通过限力装置进行一定的缓和,防止对人肩部的损伤。从冲撞发生到安全带预紧→安全气囊打开→安全带限力装置完成整个工作过程只需20s的时间。所以养成系安全带的习惯对于

提高安全是非常重要的。

（8）辅助保护装置（SRS）。

辅助保护装置（SRS）又称气囊（图3-78）。当车祸发生时,驾驶人的头部、胸部常常会撞击在转向盘和内饰物上,造成2次损伤。虽然安全带可以预防此类伤害的发生,但是为了做到进一步的安全,又在转向盘和副驾驶人的座位前部设置了一个类似气球的袋子,发生冲撞时会立即感应并打开气囊,从而对驾驶人的头部和胸部进行保护。值得注意的是,气囊一定要与安全带配合使用才能发挥安全作用,如果事故发生时没有系安全带,气囊的作用并不明显,所以气囊是辅助保护装置,安全气囊的说法是不准确的。

另外,需要提醒的是气囊的触发和引爆是需要条件的,通常与碰撞时的相对速度及碰撞的部位有关。

（9）制动踏板回缩和转向柱溃缩装置。

当车辆发生正面冲撞时,车辆发动机等部位有时会侵入驾驶室内,制动脚踏板也会向后伤害到驾驶人的腿部。为了预防此类伤害的发生,防止制动踏板在车辆头部被撞时后移加装了一个安全装置（图3-79）。

图3-78　辅助保护装置（SRS）

当车辆发生撞击时由于惯性作用驾驶人会快速前倾撞向转向盘,通过转向柱溃缩装置可以缓冲转向盘对驾驶人胸部的冲击,较好地保护驾驶人的安全（图3-80）。

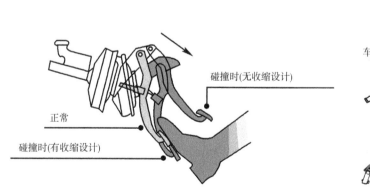
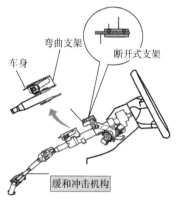

图3-79　制动踏板回缩　　　　　　　图3-80　转向柱溃缩装置

5 世界高水平的尖端技术和舒适装备

每款车都会有自己独到的尖端技术和舒适装备,这些配备要重点给客户进行说明和介绍。如皇冠轿车采用了一键启动式发动机和倒车诱导装置,充分体现出其世界高水平的尖端技术。

四 竞争分析

由于汽车市场的竞争，同一个价格区间内会有不同品牌的车型参与竞争，由此形成了竞品车的概念，对于汽车销售顾问来讲知己知彼则百战不殆，在进行竞品车分析时要本着客观、公正的态度进行，不恶意贬低竞争对手，也不刻意夸大自己。只要把自己销售品牌的车型优势讲出来就可以了。

下面以竞争激烈的中级车型为例进行竞品的简单分析。

1 外观对比

同一个价格区间的竞品车型在外观上会有各自的特点，通过外观的不同风格可以比较出两款车给人的印象。如广汽丰田的凯美瑞轿车的前脸采用了盾形前格栅，一汽大众的迈腾轿车采用了V形前脸(图3-81)，给人的感觉是不一样的。

a)盾形格栅(风阻系数0.29)　　　　b)V形前脸(风阻系数0.28)

图3-81　外观元素的对比

2 发动机的对比

同一个价格区间的不同品牌车辆其发动机的配置及参数也会不一样，通过比较发动机的参数和技术可以给客户在动力性能方面一个比较的选择。如丰田的凯美瑞轿车其发动机采用了双VVT-i技术，而一汽大众的迈腾轿车其发动机采用了TSI技术(图3-82)。

a)双VVT-i技术　　　　b)TSI技术

图3-82　发动机技术的对比

3 变速器的对比

各品牌车辆的行驶性能可以通过其配备的变速器来进行说明,如凯美瑞轿车的变速器采用了手自一体 5 速阶梯式,迈腾轿车的变速器采用了手自一体 6 速直通式(图 3-83)。通过变速器的挡位数目比较及变速器的技术参数可以比较出变速器的性能。

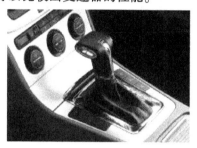

a)5速阶梯式(手自一体)　　　　　　b)6速直通式(手自一体)

图 3-83　变速器的对比

4 悬架的对比

悬架的结构往往能体现车辆的行驶稳定性,可以通过悬架的类型,比较车辆的行驶性能及平顺性能。如凯美瑞轿车的后悬架采用了双连杆式设计,迈腾轿车的后悬架采用了四连杆的设计,客户可以针对这种配置得出自己的比较和结论(图 3-84)。

a)后-双连杆　　　　　　b)后-四连杆

图 3-84　悬架的对比

5 安全车身的对比

客户购车时一般都会很关注车辆的安全问题,通过对车身安全技术的比较可以帮助客户在竞品车之间进行区分。如凯美瑞轿车的车身采用了丰田独有的 GOA 车身,而迈腾轿车的车身获得了五星安全车身称号。通过对车身结构的对比可以比较车身的安全性能(图3-85)。

a)GOA车身

b)五星安全车身

图3-85 车身的对比

五、综合训练

任选一款中级车,进行车型规格的说明,并针对其竞品车型进行对比分析。根据本章提出的竞品比较内容列出其与竞品的对比表。

第四章 顾问式汽车销售流程

学习目标

通过本章的学习,你应能:
1. 叙述顾问式汽车销售的标准流程;
2. 掌握顾问式汽车销售各流程的环节及实施标准;
3. 分析顾问式汽车销售各流程的实施要点和应对措施;
4. 正确完成按照标准完成顾问式汽车销售流程的各环节。

第一节 汽车销售流程概述

随着汽车行业竞争的加剧,汽车市场逐渐由卖方市场转向买方市场,客户在购买车辆的过程中会越来越看重服务。汽车销售过程是一个比较复杂的过程,对销售过程的控制将会对提高客户的购车满意度起到决定性的作用。因此,各个品牌的主机厂都推出了属于自己品牌的汽车销售服务流程及标准,立足于将无形的服务进行有形化和可控化,逐渐提高客户对自己品牌的满意度。

一 销售流程标准执行的意义

在当今市场形势下,依靠传统的销售模式,很难取得与过去同样或更好的销售业绩。客户对购买产品过程中厂家所提供的服务越来越看重,另外,客户对自己品牌的忠诚度取决于销售顾问对客户的服务质量。通过销售流程的标准执行,可以统一品牌的形象和服务标准,使客户享受到高品质的购车服务,进而促进客户对汽车品牌的认知和忠诚。

流程是确保工作达到预期效果的手段和基础,流程为销售及售后业务的进行提供了正确的行为规范和业务标准,同时也为管理提供了详尽的检查要点。正确理解并严格执行流程对提升经销店的管理水平和提高销售顾问的销售能力有着很大的作用。

二、销售标准执行的目标

在汽车销售的流程中,每个流程都有很多执行标准,这些标准的执行目标主要有:将销售服务标准贯彻于实际购买和服务流程中,以加强客户满意度;提升客户忠诚度和经销店对客户的维系能力;建设强有力的汽车和经销店品牌,促进销售利润的增长等。

三、销售流程的步骤

根据自己的品牌文化和产品特点,不同的汽车品牌会有各自的销售流程和标准,常见的汽车品牌销售流程和标准如下。

1 一汽丰田经销店的销售流程和标准

一汽丰田经销店的销售流程和标准共分8个步骤,如图4-1所示,其核心是围绕客户满意度展开的。其销售理念是CS(客户满意度)活动量与销售业绩是成正比的;提高CS,使企业经营可持续发展;以"客户第一"概念为本,"关键时刻"为纲。

一汽丰田奉行的是"产品+服务"的销售策略(图4-2),销售流程中,通过对流程及工作标准的制定,要求销售顾问严格执行流程的各个标准,以此提高销售过程中的服务质量,建立客户对销售顾问和服务人员的信赖,增加对产品的信心。

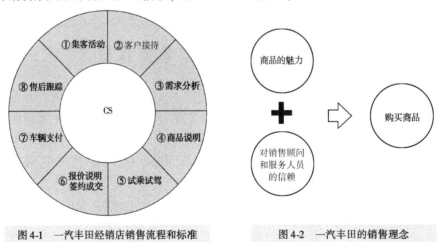

图4-1 一汽丰田经销店销售流程和标准　　图4-2 一汽丰田的销售理念

2 东风日产经销店的销售步骤

东风日产经销店的销售步骤共分9个步骤,如图4-3所示。该销售流程围绕消除客户的疑虑、建立客户的信心、着手建立长期客户关系展开销售,流程中各个步骤通过采取关键行为对销售带来的促进作用来体现流程的好处;同时,将销售顾问在销售过程中的表现和客户期望之间的落差产生的实际表现差距作为改善点,以此增加客户的满意度,进而促进销售。

3 沃尔沃(VOLVO)的标准销售流程

沃尔沃的标准销售流程共分为 8 个步骤,如图 4-4 所示,分别是寻找潜在客户、初次联系和需求认定、产品展示和试驾、贴旧换新估价和报价、达成交易和下订单、订单跟进和交车准备、客户交付、交付跟进和后续联系。

4 北京现代经销店标准销售流程

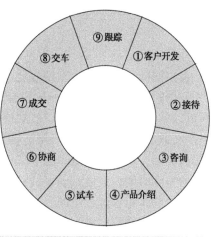

图 4-3 东风日产的销售步骤

北京现代经销店标准销售流程共分 9 个步骤,如图 4-5 所示,分别是潜在客户开发、准备、接待、需求分析、车辆介绍、试乘试驾、报价成交、交车、售后跟踪。整个流程围绕"客户关怀"展开销售,也称为"客户关怀"的销售流程。

图 4-4 沃尔沃的标准销售流程

通过以上不同汽车品牌的销售流程分析,不难发现各个汽车品牌都把顾问式客户服务融进到销售的过程中。虽然不同品牌的流程步骤不太一样,但都涉及了比如寻找客户、客户的接待、需求分析、商品说明、试乘试驾、报价成交、交车、售后跟踪等内容。根据不同品牌销售流程的共同特点形成一个顾问式的展厅销售流程,并针对该流程展开说明(图 4-6)。目前,各汽车厂商的展厅汽车销售基本上是按照流程执行的,当然流程没有严格的顺序,重要的是每个环节有很多执行的要点和标准。整个流程正是目前汽车销售的全部内容,对即将或正在从事汽车销售的人来讲具有很好的参考意义。

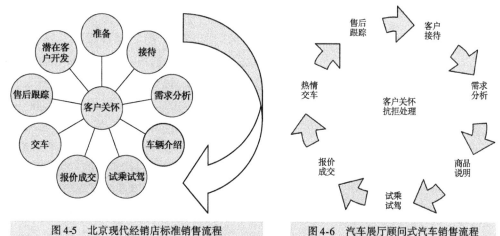

图 4-5 北京现代经销店标准销售流程   图 4-6 汽车展厅顾问式汽车销售流程

第二节 客户接待

客户接待环节贯穿汽车销售流程的整个过程,并且汽车销售由客户接待开始。当客户进入展厅时,销售顾问只有一次机会来建立良好的第一印象。最初的几分钟、最初的几句话,可以使销售顾问的销售成功,同样也可能使销售顾问的销售失败;为此接待要有弹性,掌握分寸,以适合客户的方式来接近客户;接近客户时,销售顾问要与客户建立起友谊及良好信赖的关系。销售顾问是否能够在第一时间给客户留下良好且深刻的印象,是否能够与客户在最短的时间内建立互动、信赖的关系,对整个销售的成功起到至关重要的作用,本节将重点谈论汽车销售过程中的客户接待环节。

销售顾问遇到的最大的障碍是当其问客户"有什么可以帮到你吗"时,客户回答"我只是随便看看"。这个对话在汽车销售中常常发生,如果销售顾问还记得"汽车销售中的四个心理原则"的第一条,那么销售顾问就会明白这是客户为他们所做的事情寻找借口,这通常都发生在销售的最初阶段。多年的汽车经销店的运营经验告诉我们,接待客户是个大问题,然而,总是被忽视。接待客户是最基本的,又极其重要的,我们必须做好这方面的工作,并成为这方面的专家。

一 客户接待概述

当客户走进经销店内时,客户的感觉如何?客户对于销售顾问及买车的态度如何?客户会感到陌生,这时销售顾问要主动上前与客户寒暄,要让客户感到销售顾问就是客户要找的那个人,要向客户非常善意诚恳地介绍公司,重点在于销售顾问要问客户此时的需求,问客户的背景,问客户对公司的感觉,问客户要买车的情况,让客户感受到你尊重客户,你理解客户,并且,客户会很快地愿意和你成为朋友,这是顾问式销售的一个关键。客户接待可由专门的接待人员完成,也可由销售顾问完成,不同的经销店安排不一样,但不管是谁都要让客户感觉到热情的服务。

1 客户到经销店的心态及应对

根据舒适区概念的特点,初次到店的客户会感到很焦虑,所以销售顾问首先要让客户从焦虑区转化到担心区,再由担心区转化到舒适区。这就要求销售顾问琢磨什么才是客户的舒适区,客户是想先坐下来和客户聊聊,还是想先去看看车,甚至客户想先试驾?此时,客户特别希望销售顾问能有礼貌的对待客户,能及时关注客户的需求、不要给客户太大的压力(图4-7);了解客户的心理需求后,销售顾问就要热情地接待客户,以此扩大客户的舒适区。

图4-7　客户来店时的期望

2 来店客户的期待与应对

客户到汽车经销店看车时,希望经销店的汽车销售顾问能有礼貌地对待客户,及时关注客户的需求,不要给客户太多的压力,来店客户的期待大致有:

(1)客户希望不被任何人打扰地自由参观展示车。针对这种内心需求,销售顾问不要给客户太多的压力,不要紧跟客户,要和客户保持适当的距离,并随时关注客户的动向,如果客户需要帮助则快速走向前去询问客户的需求。

(2)客户希望能安心而舒适地参观车辆。针对客户这种需求,销售顾问要将展车准备好,所有的车门都能打开,车辆处于有电的状态,便于客户尝试车辆的各种操作,如仪表板、座椅调节、电动天窗、汽车音响等,切忌不让客户动车辆或者车门不开。

(3)客户选择汽车时,希望能在得到适合的建议和引导下进行商谈。针对客户这种需求,销售顾问要切实起到顾问的作用,而不是简单生硬地推销。应根据客户的需求,给予有针对性的建议,在获得客户认可的情况下,再引导客户进行价格或合同的商谈。

(4)客户希望销售服务人员能提供专业的汽车信息。针对客户的这种需求销售顾问要在平时多积累相关的汽车知识,给客户提供建议时要体现出销售顾问的专业性,并用自己的专业和丰富的知识获得客户的认可。

(5)客户其他的期望:客户一进门就有人问候他;客户一进店就有人接待他而无须等待;当客户有疑问时能得到耐心的帮助,就算他是随便看看也同样被重视;客户一进店就能得到热情的欢迎,让客户感到自己备受重视和关注;当客户再次来店时,销售顾问能直接叫出客户的姓氏,而且还要熟知客户以前的来访经历;销售顾问能主动递交名片给客户;销售顾问能认真对待客户的需求和喜好,并为客户调整其工作方式(行为、进度);在客户再次来访时,销售顾问能主动提问和确认他的需求和喜好是否有变化。

另外,对于注重人际交往的情感关系导向类型的客户,客户期望花时间与经销商员工增进了解,并进行更多更细的需求交流;对于注重价值的性价比导向类型客户,客户对车辆或配置的需求常与成本效益有关;对于注重技术应用的车辆性能导向型的客户,客户期望销售过程中销售顾问能早些提到车辆,期待有更多时间与销售顾问探讨汽车技术、创新与特点。针对以上客户的期望,销售顾问要因人而异,采取不同的接待方式。

3 客户接待流程的目的

整个客户接待流程是初次接触客户和贯穿整个销售过程的互动和沟通过程,通过该流程的实施要注意达到以下目的:控制销售进程;打消客户最初的借口;专业地进行自我介绍、询问客户的姓名,并用它称呼客户;帮助客户记住销售顾问的名字;尽早让客户感到放松;消除客户的紧张情绪,让客户轻松地告诉销售顾问来经销店的目的;让销售顾问顺利地开展工作。除此外还需要注意:

(1)要时刻牢记充分展现汽车品牌形象和"客户第一"的服务理念。
(2)要从建立客户的信心入手,为销售服务奠定基础。
(3)通过专业热情服务消除客户的疑虑,为引导客户需求做好准备。
(4)通过良好的沟通,争取客户能再次来店。

4 客户接待的基本流程

客户接待环节的基本流程如图4-8所示。

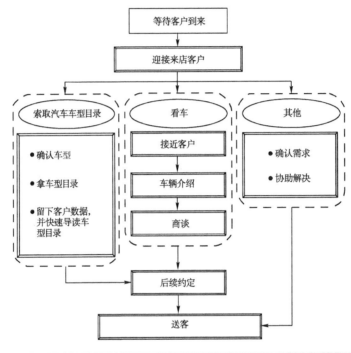

图4-8 客户接待的流程

通过该流程可看出,接待环节贯穿整个销售过程,通过接待环节的细节实施,可以让客户感到热情的服务,进而增加好感,促进销售。

5 客户接待的标准

(1)微笑:微笑是具有感染力的,是打破僵局的最佳工具。当你对陌生人微笑时,客户也会以微笑回应。因此,也为销售顾问随后的销售工作创造了良好的开端。

(2)迎接客户:主动与客户握手。通过销售顾问的手来感觉您的客户,向客户传递温暖的感觉——销售顾问在此为客户提供帮助。

(3)自我介绍:以自己为荣,并为销售顾问所代表的品牌而自豪。通过递送名片让客户知道你是谁。

(4)询问客户姓名:询问客户的姓名,并用它称呼客户。

客户接待流程的主要环节及工作要点

1 客户接待的准备

客户接待环节准备的越充分,客户产生的抗拒就会越少。一个经销店在销售环节的准备工作主要包括 7 项内容：

(1) 销售顾问穿着经销店指定的制服,保持整洁,佩戴名牌(图 4-9)。

(2) 每日早会销售顾问应互检仪容仪表和着装规范。

(3) 销售顾问从办公室进入展厅前应在穿衣镜前自检仪容仪表和着装。

(4) 每位销售顾问都应配备自己的销售工具夹,并把常见的销售工具放于工具夹内,与客户商谈时随身携带。图 4-10 就是丰田公司汽车经销店为销售顾问统一配备的销售工具夹。

(5) 每日早会销售顾问应自行检查销售工具夹内的资料,及时更新。

(6) 每日早会销售经理或销售主管设定排班顺序,制定排班表。

(7) 接待人员在接待台站立接待,值班销售顾问在展厅等候来店客户。

图 4-9　汽车销售顾问的衣着标准

2 等待客户到来

当准备工作就绪后,销售顾问就应以饱满的工作热情等待客户到店了。值得注意的是

图 4-10　销售工具夹

等待客户到来并不是只在等待客户上门,而是当客户进入到店内前,销售人员就已经有充分的准备,这样才能使客户得到满意的接待与服务。为了确保客户到来时能享受热情的接待和服务,销售顾问在等待客户到来的间隙,应注意开展展厅的清洁维护与展示车辆的整理,同时注意相关资料的整理和相关人员的服装及礼仪。销售顾问在等候期间还要时刻留意来店客户的到达,等候时要四处观察,即使坐在值班柜台,或位于展厅的入口、屋外及停

车场,也要细心留意,这样可以快速获取客户信息、客户喜欢的车型以及其他一些话题。

3 客户来店时

客户来店时是接待的关键环节,应该给予充分的重视。客户来店后,销售顾问要尽可能和每一个来访者在 2min 内进行谈话,主动向客户提供服务。让客户了解销售顾问可以随时提供咨询服务。说服并打消客户的任何疑虑或无目的性。也就是说,如果在一开始便给予客户足够的关注和重视,那么客户就会向销售顾问敞开心扉,没有任何禁忌。销售顾问应该仔细观察客户进入展厅时的情况,一般来说,客户是等待销售顾问前来问候。但是如果客户不需要销售顾问提供帮助,销售顾问走近并问候客户的时候,客户将明确告诉销售顾问。如果销售顾问已经在和一个或几个客户交谈(面对面或电话交谈),请用适当的手势和面部表

情向客户致以问候,当谈话结束时,请径直走向你的客户。如果展厅门口有接待柜台,相关人员应该把客户领向应该与之服务的人员。

对于第一次到店的客户或是销售顾问不熟悉的客户,销售顾问应公开姓名,建立积极的营销气氛。因为对于一个成功的谈判,销售顾问需要一个注意力集中的谈判伙伴。销售顾问接近客户的方法以及销售顾问说的第一句话,将决定销售顾问的客户是否有兴趣继续听下去,以及客户是否会告诉销售顾问客户的愿望和兴趣。也就是说,这几秒的谈话对客户来说是一种"经验"。客户一般会无意识地把这种"经验"和头脑中已先入为主的印象进行比较。人们一般对谈话时先说的几句话较为敏感,这样,很快便对对方形成以情感为基础的判断(反感、同情、不信任等)。人们的这种反应有其渊源,在史前时代,它是事关生死的问题,当一个陌生人出现在你面前时,你必须在几秒内确定他是敌是友。一般来说,人们认为诸如衣着、面部表情、手势、姿态、语调、语音等谈话开始时所注意的东西是"不重要的",但是,这里想提醒一下销售顾问,这种先入为主的印象将决定客户接下来谈话的态度。它将对谈判气氛有促进或破坏作用,所以也就决定了销售顾问谈判成功的机会。对于到店的客户销售顾问应该让客户感觉到客户受到了特别的注意。例如销售顾问应以笑脸来迎接,保持目视接触。因为微笑可以影响销售顾问的嗓音、个人魅力,以及情绪等。所以应主动与客户握手,并把自己的姓名告诉对方,询问客户的姓名,以便于在谈话中称呼对方,并在此时递上自己的名片。另外,保持外表干净整洁也是非常重要的,因为它是销售顾问的标志之一。

具体做法如下。

图4-11 客户进店时打招呼

当接待或值班人员发现有客户进入展厅时,要快速至展厅门外迎接,通过点头、微笑等肢体语言让客户感觉到销售顾问已看到了他,体现出主动招呼客户的服务意识(图4-11);同时应立刻精神十足地高喊"欢迎光临",其余在场人员也应即附和"欢迎光临",也可根据店内的风格自创独特的欢迎模式;再由接待或值班人员上前打招呼迎接客户;客户进入展厅后,顺势引导到接待处。

来店的客户有可能并不仅限于有可能购买的客户,进店维修的客户也有,与公司往来的人员也有,还有其他各类人。针对来店客户销售顾问必须要问明来因,然后与相关负责人确认,确保来店客户的接待能落实。

销售顾问在接待时要随身携带名片夹,并在第一时间向客户介绍自己,递上名片,请教客户的称谓:"您好,我是这里的销售顾问小李,这是我的名片,请问您怎么称呼?"如图4-12所示。

如果客户在大门外,销售顾问要主动抬手开启自动门,引导客户进入展厅;客户进入展厅后,经销店的所有员工在接近客户至3m内时都应主动问候来店的客户:"您好,欢迎光临!"如果是雨天客户开车前来,销售顾问应主动拿雨伞出门迎接客户。

在接待过程中销售顾问要主动询问客户来访的目的,尽可能多的获取客户的相关需求信息,在询问客户信息后要按客户意愿进行,请客户自由参观,同时明确告知客户:"您好,您可自由地参观车辆,有任何需要您都可随时招呼我!"

4 客户想自己参观车辆时

当客户想独自参观车辆时,销售顾问要注意与客户保持 5m 的距离,不要让客户感到压力,同时在客户目光所及的范围内,关注客户的动向和兴趣点(图 4-13)。

图 4-12　销售顾问的自我介绍　　　　图 4-13　客户自己参观车辆时

如果客户表示有问题询问时,销售顾问应主动趋前解答;当销售顾问发现客户对汽车商品有兴趣时,也应主动趋前询问:"您好,您看我可以为您介绍一下这款车吗?"

5 客户希望与销售顾问商谈时

当客户希望与销售人员商谈时,销售顾问要立即邀请客户入座。销售顾问要尽可能延长客户在店里停留的时间,请客户在洽谈间就座,同时向客户提供可选择的免费饮料:"这里有免费的饮料,请问您需要点什么?"同时座位安排要朝向客户可观赏感兴趣的车辆。

当给客户安排妥当后,销售顾问在征求客户同意后入座于客户右侧,并保持适当的身体距离;如果客户不是一个人,销售顾问还要关注客户的同伴,不能忽略客户的同行者。

销售顾问与客户开始谈话应尽量获取对方更多的信息,从而更快获得对方来访的意图。因为人们一般以问题为切入点进入谈话,而且销售顾问的问题越直截了当,就越能掌握谈话的主动权。为了更多的获得客户愿望和兴趣方面的信息,销售顾问应该给客户提供表达此事的机会,并鼓励和提示对方所谈的问题,因此尽量避免谈话被打断。无论如何,销售顾问以问题为切入点开始了谈话,并运用这种方式简便而快捷地了解客户到访的意图。在谈话中应避免缺乏想象力的、狭隘的或者容易中断谈话的问题。例如:我能帮助您吗?找到您喜欢的了吗?我想您就是来看一下吧?而应该以开放式的问题提问:我能帮您做点什么吗?我怎么帮您呢?是什么原因使您来到销售展厅?您对什么车型特别感兴趣呢?您想得到哪方面的信息?

6 客户离开时

当客户表示要离开时,销售顾问要提醒客户清点随身携带的物品,送客户至展厅门外,感谢客户的惠顾,热情欢迎客户再次来店。销售顾问还要保持微笑、目送客户离去(至少 5s 时间)。如果客户开车前来,销售顾问则要陪同客户到车辆旁,帮助客户打开车门并提醒注意周围车辆(图4-14)。

图4-14 感谢客户来店

7 客户离去后

客户离去后,销售顾问要尽快整理客户的相关信息,填写《来店(电)客户登记表》,如图4-15所示。

来店(电)客户登记表

___年___月___日

	客户姓名	电话	地址	进店—离去(来电)时间	销售人员	拟购车型	客户信息来源	意向级别	接待经过	追踪后级别	结案情形
店(电)				—							
店(电)				—							
店(电)				—							
店(电)				—							
店(电)				—							
店(电)				—							
店(电)				—							
店(电)				—							
店(电)				—							
店(电)				—							
店(电)				—							

销售部长

图4-15 来店(电)客户登记表

8 若暂时无销售顾问可服务客户时

如果暂时没有销售顾问可服务客户时,接待人员要在客户填完资料后,首先为客户提供饮品;可以让客户留在等待区中,儿童可以在儿童区玩耍,接待人员需要告诉客户销售顾问约多长时间后可为其服务;也可以按照客户的需要,给出相关的产品目录,并作简单介绍;如果客户想先观看汽车产品,可让客户自行在展厅内参观。

值得注意的是,在接待过程中千万不要让客户做无谓的等待,因为等待会令人感到挫折、泄气、烦恼、焦虑、生气、浪费时间及金钱；客户对服务的满意度会在慢慢增长的等待时间里逐渐降低，每位客户都应立即得到服务，即使展厅内真的很忙或人手不够，也不要冷落客户，可以用眼神、微笑、手势告诉客户你已看到他了，以此得到客户的谅解，切记一旦客户觉得失望，事后再追补是很困难的。

三、客户接待技巧原则

1 客户接待环节，要注意把握以下工作重点

（1）刚进店时要表示欢迎，但不能给客户太大压力，要给予充分的时间自由行动。
（2）要让客户在店内滞留的时间相对延长，有助于以后的销售。
（3）对索取车型型录的客户要给予积极回应。

2 客户接待的基本动作

客户接待的基本环节有打招呼、递名片、寒暄、倒水、请坐，也可称为接待的5件套。客户到店的基本动机有索取车型型录、看车、找人、其他。不论是哪种情况，销售顾问和接待人员都要热忱招呼并确认客户的来意，同时注意用语的规范性。下面是一些经销店接待过程中常用语的范例：

"欢迎光临，请慢慢参观""欢迎光临""是，知道了""请您稍后""让您久等了，真不好意思""实在很对不起""非常感谢"。

3 客户接待的细节处理

接待过程中有一些需要注意的细节：
（1）先向客户问候后，再行礼（先语后礼），笑脸迎接。
（2）15°行礼，行礼时，眼睛仍需注视对方表示尊重。
（3）客户来店，不论是否购车，应立即问候，务必使其留下最佳印象，建立展厅优良形象。
（4）如在接听电话中，不一定要中断，但应立刻站起来，以笑脸对客户致意。
（5）为使展厅气氛更活跃，在展厅的所有销售顾问均应一同起立向客户问好。
（6）如有小孩陪同家长前来，除了也要向小朋友问候外，还必须蹲下，以拉近彼此的距离；或请同事协助照看；或带到游戏区。
（7）迎接客户时要始终保持微笑，并利用表情、声调、身体语言等表现出积极主动的态度；从座位上站起来走近客户。
（8）要礼貌、友好的和每一位来访者打招呼。
（9）自我介绍要清楚地说出自己的全名。
（10）询问每个人的姓名，用心记下每个人的姓名，听到后就使用他们的姓名相称呼。
（11）要及时主动热情地询问客户需要什么帮助，请客户就座并递送茶水。
（12）要尝试询问，语气做到客气、无压力，用内部资料卡请客户留下资料。

上面的每一项细节都需要专项的练习才可以做到,可以针对每一项进行专门的训练。

四 面对客户时的欢迎话术

在欢迎客户时,可能会遇到下面的情况,接待人员要注意学会用适当的话术应对。

例如,当客户说"我只是想看看"时,销售顾问的应对应该是向客户提供帮助,同时应用下面的话术:"好,大部分客户第一次来时都是想先看看。您想看哪种产品?目前××卖得不错,很受欢迎。您可以参考看看!"当客户说"我不需要帮助"时,销售顾问的应对应该是请客户随意观赏,递给客户一张名片,客户需要时再提供帮助,应对话术是:"没关系,我就在展厅,随便看吧,这是我的名片,如果有什么问题,我很乐意为您解答。我等一下再来看看能为您提供什么样的服务。"当客户说"我只是想知道最低的价格"时,销售顾问的应对是对客户的要求做出回答,表明顾问在此就是为客户服务的,态度要积极,表现要专业。应对话术是:"我很乐意为您提供最优惠的价格。只是,不同的规格会导致价格上的差异。是否能多给我一些您感兴趣产品的讯息?"

五 接近客户的技巧

销售顾问是否能够在第一时间给客户留下良好且深刻的印象,是否能够与客户在最短的时间内建立互动、信赖的关系,取决于销售顾问接近客户时的训练和技巧。现在先让销售顾问来做个热身,让销售顾问从内心深处告诉自己:为我自己而骄傲吧!

为我自身、为我的职业、为我的工作环境而骄傲,不要为现在的处境和不足之处而自卑,这样你从心里才会有胆量和勇气去接近客户。

下面几个问题的回答可以帮助销售顾问提高接近客户的技巧:

与客户见面前销售顾问应该做好哪些准备?一般情况下与客户寒暄、招呼的时间大约多久?刚见面的寒暄招呼有多重要?当客户走进店内时,客户的感觉如何?客户对于销售顾问及买车的态度如何?在寒暄招呼的阶段销售顾问应该完成哪些事情?销售顾问用哪一种态度能够让客户站在销售顾问一边?针对上述问题要不断地进行实践和提高。

下面是接近客户的两个重要练习。

1 开场白的训练

接近客户时的开场白很重要,销售顾问可以尝试着写10句以上良好的开场白,并请其他人评价你的开场白给他们的感受,如此多的练习后你的开场白将会深深吸引你的客户。

如果客户给销售顾问一个不好的回答、消极的回答、难看的脸色,销售顾问如何应付?

首先要理解客户,同时也可以进行发问,比如问客户想要什么车?是给谁买的?自己用还是公司用?通过这样的情景训练可以提高自己的开场白能力。

2 成功接近客户的训练

在初次沟通中,销售顾问应该清楚,这是客户从陌生开始沟通的,一般不要先说与车有关的事情。为了降低客户的戒备,缩短双方的距离,建立互动,可以先谈谈刚结束的车展,还可以谈任何让客户感觉舒服的事情,不要过于功利,不要涉及以成交为导向的任何话题。还可以聊一下客户开的车,或是客户开的车的车牌,"您的车牌号码是特选的吧"等。所有这些话题的目的就是为了向汽车话题的转换。

下面是成功接近客户的一些建议:

(1) 接近客户前一定要做好准备工作,如:销售资料、销售工具、个人仪表、事先规划好的各种问题等。

(2) 适当的礼貌、弯腰、欠身或鞠躬,并迅速接近客户,拉近距离。

(3) 绝佳的开场白:平常至少想出10句以上良好的开场白。例如:"今天有一个好消息,您知道吗?"

(4) 态度要真诚,服务要热情,适当的接近、握手,拉近距离。

(5) 自我介绍,奉上名片,自我宣传,创造自我形象,创造一个轻松的气氛,但不要过分急躁。

(6) 请教对方贵姓大名,并时时尊称之,最好是写下来。

(7) 发问:问一些能鼓励客户说话的问题。例如:爱好、工作、兴趣、时事新闻、喜欢的明星,建立谈话基础与气氛。

(8) 不断地赞美客户。

(9) 以友善的、诚意的、自信的态度来从事所有工作。

(10) 不要通过贬低别人抬高自己,不要打击任何人、任何事。

(11) 赠送一些小礼物。

(12) 确认客户有你的名片,并记得你。

六 客户接待的情景训练

刘先生平时开桑塔纳2000轿车,但该车属于刘先生公司商务用车,自己周末不方便使用,购买新车会有更自由的时间安排周末出游。周日上午刘先生和刘太太一起来店看车。根据此情景按照客户接待的流程及相关标准和知识完成客户接待流程。

(1) 写出客户接待的流程。

(2) 根据情景设置列举接待的要点。

(3) 根据写出的接待环节及要点完成客户接待的情景演练。

第三节 需求分析

需求分析是销售程序中非常重要的一环。一般的汽车销售顾问普遍认为客户知道他们想要什么。因此,销售顾问不再向客户询问任何问题,销售顾问只是让客户说出对哪些车感兴趣。想当然地认为客户已经对他们的需要做出了决定，销售顾问就放弃了引导的角色。其实有很多客户在进入展厅时，根本不知道他们真正的需求，所以销售人员要多提问。需求分析也叫确定客户需求或者评估客户需求，根据销售的三要素可知，需求是构成销售的第一要素，如果不了解客户的真实购买需求，不根据客户的需求有针对性地进行销售，销售的成交机会就不会太大。

一、需求分析概述

销售顾问了解所有产品的状况、装备情况和价格等，但是不一定了解客户需要什么。没有对客户需求的准确分析，销售顾问就不可能达成一笔好的交易。对需求分析的问题主要涉及下列几方面：购买愿望、购买时间（购买可行性）、现有车辆状况、个人状况。

1. 对客户进行需求分析的意义

客户往往希望销售顾问根据他的需求，有针对性地进行商品介绍，内心希望销售顾问能明了他的需求（图4-16），所以销售顾问要善于通过引导和提问的方式让客户将自己真正的需求表达出来，以利于为推荐、介绍合适的产品作准备。

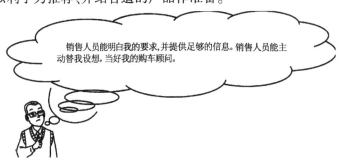

图4-16　客户对需求分析的期望

2. 需求分析的目的

需求分析就是要了解客户的需求，通过适当地提问，鼓励客户发言，使客户感受到"被尊重"，充分自主地表达他/她的需求。详细的需求分析是满足客户需求的基础，也是保证产品介绍有针对性的前提。

具体的目的有以下四点：
(1) 明确客户的真正需求，并提供专业的解决方案。
(2) 收集详尽的客户信息，建立准确的客户档案。
(3) 在客户心中建立专业、热忱的顾问形象。
(4) 通过寒暄建立起与客户的融洽关系。

3. 需求分析的执行方法

需求分析是销售顾问的基本功，主要通过提问和倾听来获得客户的购车和用车信息，常用的执行方法如下：

（1）通过提问与倾听了解客户信息，尤其是购车的重要信息。

（2）通过类似《来店客户调查问卷》等销售工具收集客户信息。

（3）详细地记录客户信息，并登录到客户信息卡，建立档案。

（4）总结客户的需求信息，并推荐合适的商品。

4 需求分析的基本过程

需求分析的基本工作，如图4-17所示，主要包括询问客户需求、聆听客户需求、观察客户反应、记录客户需要、确认客户需求等环节。

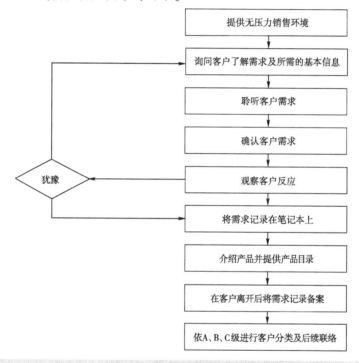

图4-17 需求分析的基本过程

二、需求分析主要环节的应对

1 提供无压力交谈环境

引导客户至适当的洽谈区，让客户感觉自在，并提供饮料。在桌面上，销售顾问应放置最新版产品目录供客户参考。以上动作的完成也可根据迎接客户"五件套"的基本流程来处理，同时在客户踏进展厅后的一系列心态及心理变化都值得销售顾问深入研究，能够清楚地了解客户的心态变化，并作适当处理，能使接下来的销售工作事半功倍。

客户可能产生的心理状态有：焦虑、担心、舒适。销售顾问应根据前面学过的舒适区概念进行积极应对。

2 收集客户信息

销售顾问要善于从寒暄开始,找到与客户的公共话题,创造轻松的沟通氛围(图 4-18)。同时要尽可能多地了解客户的需要。如客户对产品的需求如何,如品牌、性能、外观、舒适度、车内配置、安全性等;客户的购买预算为多少,购买动机是什么;客户目前所拥有的产品、换产品的原因与预算;其他有关客户个人与职业方面的资讯等。

通过寒暄收集客户的个人信息和购车信息,例如姓名、电话、通信方式、家庭情况、业余爱好等;目标车型、购车日期、购车用途等;需求分析以形成完整的客户信息卡。利用《来店客户调查问卷》收集并记录客户信息(图 4-19)。

图 4-18 与客户的寒暄

（"您看到我们刊登的广告了吗?"）

```
                    来店客户调查问卷
                              ____年____月____日

• 你是如何知道本店的?
A.报刊广告    B.网站介绍    C.电视广播    D.户外广告
E.DM(直邮)    F.DH(宣传单页)    G.偶然路过    H.朋友介绍

• 您感兴趣的车型是 _____
A.威驰    B.花冠    C.锐志    D.皇冠    E.普锐斯
F.国产SUV _____    G.进口车 _____
H.其他 _____

• 您选购车辆最重视的标准是什么?
A.价格    B.外形    C.动力    D.安全    E.经济性    F.舒适性
G.售后服务    H.其他 _____

• 您考虑在多长时间内购车?
A.1个月内    B.3个月内    C.半年内    D.1年内    E.其他

您现在驾驶的车型是 _____
- - - - - - - - - - - - - - - - - - - -
姓名:_____
电话:_____
E-mail 信箱:_____
```

图 4-19 来店客户调查问卷

3 分析客户需求

在与客户沟通过程中,销售顾问要和客户保持 1m 的面谈距离,并随时与客户保持眼神接触,保持热情态度,多使用开放式的问题进行提问,并主动引导,让客户畅所欲言;适时使用刺探与封闭式的提问方式,引导客户正确表达需求。

销售顾问还可针对客户的同伴进行一些引导性的对话,同时要留心倾听客户谈话,了解客户真正的需求;在适当的时机做出正面的响应,并不时微笑、点头、不断鼓励客户发表意见;不时地引导客户对车辆需求进行说明,并提供正确想法和信息以供参考;征得客户允许后,销售顾问应将谈话内容填写至自己的销售笔记本中。并在适当的时机总结与客户谈话的主要内容,寻求客户的确认,如图4-20所示。

如果确定了客户的需求并获得了客户的认可,销售顾问则要根据客户需求主动推荐合适的汽车商品,并适当进行说明,如图4-21所示。

图4-20 确认客户需求

图4-21 主动推荐商品

4 聆听客户的需要

销售顾问要做一个好的倾听者,优秀的销售顾问都是主动让客户多说,自己少说。客户在说的过程其实就是在表达需求的过程,销售顾问要鼓励客户多说,并适时肯定客户的说法,同时用眼神和客户进行交流。尽量让客户说出想法,在话语中找出客户的需求,并以正确的聆听态度来进行销售。销售顾问应以亲切的态度提出开放性问题,以评估客户的需求。销售顾问应重复客户的需求,取得客户的认同,以确定了解了客户的真正需要。

在聆听客户的需求时,销售顾问还要依照客户的身体语言来观察并相应调整自己的行动对策:如果客户的反应是"红灯",则销售顾问要停止原先的话题并调整商谈的角度及内容;如果客户的反应是"黄灯",则销售顾问要放慢节奏,提出问题并确认自己的了解是否正确;如果客户的反应是"绿灯",则销售顾问可以继续正在进行的话题及沟通方式。

另外,在征得客户同意的前提下销售顾问可以将客户的需要记录在笔记本内,待客户离去后,再登录在客户资料档案上。为了确定已完全了解客户的需要,可利用客户资料档案作为检查表,检查表主要内容有:客户资料、偏好产品、适合的配备与配件、客户经济状况与购买预算、付款方式、客户其他资料。

5 确定客户需求时

销售顾问应分析客户的不同需求,充分解决及回复客户所提出问题;当客户表达的信息不清楚或模糊时,销售顾问应及时澄清;当销售顾问无法回答客户提问时,应保持冷静,切勿提供给客户不确定信息,可请其他同事或主管协助;要善于协助客户整理需求,并适当总结确定客户需求,根据需求推荐可选购的车型;如果发现有重要需求信息(如大客户)应及时上报销售经理,请求协助。

6 需求分析主要环节的行动要点

需求分析的行动主要包括提问、倾听、观察、调整、建议等。其要点如下:

(1)提问:提问要围绕客户,理解客户的需求;主动帮助客户,表明你的兴趣;从客户方面收集有益的信息。

(2)倾听:倾听要注意客户的话语;尽力理解客户的需求。

(3)观察:要注意观察客户的话语问题、行为动作、身体语言等,尽可能多地了解客户。

(4)调整:根据对客户的了解,改进自身的工作方法和行为方式。

(5)建议:利用了解到的一切情况,进一步理解客户的真正需求,然后提供建议。

三 需求分析的主要方法

1 了解构成需求的五个层次

需求分表面需求和深层次需求,客户说出来的往往是表面的需求,就像冰山一角一样(表面需求),其实客户的更大需求或者让其做出购买决定的需求往往是冰山下面的需求(深层次需求),这就是客户需求的冰山理论。在进行需求分析之前,销售顾问首先要理解构成需求的五个方面:客户的目标和愿望、客户的困难和难题、客户的解决方案、客户购买的产品或服务、客户对产品或服务的要求和标准。销售顾问在进行需求分析要更加关注客户的目标和愿望、客户的困难和难题,不要在客户购买的产品或服务上进行纠缠,这也是需求分析的意义和价值所在。

需求分析主要通过提问和倾听的方法来执行。

2 提问的技巧

提问是需求分析的重要手段,良好的提问方式可以消除客户的警惕,并切中客户的真实意愿。提问常见的方式有开放式和封闭式。开放式提问的目的是用来收集信息,用"谁、什么、何时、何地、为什么、如何"等字句来进行提问。封闭式提问的目的是用来确认信息,从逻辑上来说,此类问题可以用"是"或"不是"来回答。

提问时有一定的顺序建议:

(1)一般性问题:过去或现在,"您过去开过什么车?"

(2)辨识性问题:现在或未来,"您现在希望买一辆什么样的车?"

(3)连接性问题:未来,"您觉得2.0L的发动机怎样?"

汽车销售过程中常见的提问可参考以下句子:"为了能够向您提供积极的建议,我需要尽可能准确地了解您的意愿,我可以问您几个问题吗?""您在车型、发动机和装备方面有什么要求?""您最想了解的问题是什么?""您现在用的是什么样的车?""关于您现在所开的车,您能给我提供什么建议?""您的职业是什么?""您现在所开的车的用途是什么?""您何时决定的?""您何时需要您的新车?""您想您的新车的平均里程将会是多少?""您主要是用于短途行程还是用于长途行驶?""您一般是自己开车还是经常搭载乘客?""您经常开车搭载小型物件还是大型或较多的行李物品?""您计划花多少钱买车?""新车主要是用来做什么的?""新车主要是私人还是家用?""哪些设备是必需的?""您对现在驾驶的车哪些方面最满意?""您以前是否驾驶过我们品牌的汽车?""您参加过什么体育运动吗?""为什么要为它额外支付费用呢?"

专业的销售顾问应该学会使用封闭式的问句来获得客户的赞同。例如:"×××先生,这真是一个非常好的功能,不是吗?""×××先生,这对你很重要,不是吗?""×××先生,这难道不是物有所值吗?""×××先生,这感觉非常舒服,不是吗?""×××先生,这是个很棒的系统,是吗?"

3 倾听的技巧

美国知名主持人林克莱特一天访问一位小朋友,问他说:"你长大后想要当什么呀?"小朋友天真地回答:"嗯,我要当飞行员!"林克莱特接着问:"如果有一天,你的飞机飞到太平洋上空,所有发动机都熄火了,你会怎么办?"小朋友想了想:"我会先告诉坐在飞机上的人系好安全带,然后,挂上我的降落伞跳出去。"当时在场的观众笑得东倒西歪,林克莱特继续注视着这个孩子,想看他是不是自作聪明的家伙。没想到,接着孩子的两行热泪夺眶而出,这才使得林克莱特发觉这个孩子的悲悯之情,远非笔墨所能形容。于是林克莱特问他说:"为什么要这么做?"小孩的答案透露出一个孩子真挚的想法:"我要回去拿燃料,我还要回来!""我还要回来!"你听到别人说话时,你真的听懂他说的意思了吗?你听懂了吗?如果不懂,就请听别人说完吧,这就是听的艺术。所以汽车销售人员在需求分析时要做一个好的倾听者:听话不要听一半、不要把自己的意思,投射到别人所说的话上头。要通过展示积极式倾听的技巧来了解客户需求。

优秀的汽车销售顾问一定是一个善于倾听的人,传统意义认为销售顾问要能说,其实应该是销售顾问少说,让客户多说,只有客户多说了,销售顾问才能更多的获得客户的信息。与客户进行交谈时要尽量做到停止谈话、亲近客户,使客户放松下来、让客户感到正在听他们讲话、清除所有令人分心的事情、表示理解、保持耐心、不要争论或批评。

在积极倾听的过程中要善于运用探查的方法确认客户的信息:
(1)展开法:"您可以进一步谈谈您对发动机性能的看法吗?"
(2)澄清法:"您对时尚汽车的定义是什么?"
(3)重复法:"就是说您认为四轮驱动是没有必要的。"
(4)总结法:"好,您对车的要求是功率大,外观时尚,还有其他要求吗?"

4 确定客户购买的动机

虽然销售顾问对自己所有的产品、装备及价格了如指掌,但是对于面前的客户,却了解不多。在向客户提供建议前,销售顾问需要针对客户的主观要求进行准确的需求分析。也就是要了解客户的购买心理,满足其情绪及直觉要求。知道了这些,销售顾问就可以适时地调整自己,根据其需求,提出合适的建议。例如:车辆的安全性能对于曾经发生碰撞事故的人来说将是其购车时重点考虑的因素。

了解客户的主观要求是销售的关键。知道了这些可能会使你卖出档次更高的车,动力更强劲的发动机,或者更多的特殊装备。这些一般不是客户提出的,销售顾问必须能发现这些,然后才知道如何准确地满足客户的需要。所以对客户客观准确的分析将会给你提供更多帮助,但是也应该注意以下一些问题"车辆具备什么样的条件客户才会买它?""客户决定购车的最重要的原因是什么?""对于新车,客户更强调它的什么功能?""客户当时因为什么而购买了现在所用的车辆?""车辆的经济性能对客户来说有多重要?""客户为什么对此品牌如此感兴趣?""客户对车辆有什么样的安全性能要求?""客户认为如何能使销售顾问成为更强有力的合作伙伴?""客户的家庭对于新车强调什么?""客户曾经和汽车销售人员打过交道吗?""客户为什么换了另外一家经销商?""客户为什么要更换品牌?""购买一辆新车会对客户哪方面带来方便?"直到你认为你已经知道了客户的所有必要信息,你才能开始下一步的商品介绍工作。

上述问题都是由 W 开头(英文),因此销售顾问称之为 W 型问题,或开放式、渗透式问题,因为对方不能简单地用"是"或"不是"来回答你。开放式的问题会使你获得关于对方更多的信息。如果销售顾问的客户迟疑不定,这时,你可以向他提供建议,例如提供一些选择性的信息,使他尽可能做出决定:"您是侧重车辆的动力性能还是更注重车辆的舒适性能?""您认为车辆的经济性能和驾驶性能,哪个更重要?""您是喜欢深色的还是亮色的?"

四 沟通技巧

前面探讨了在寻求了解客户需求的途径中所需要做的工作,然而要切实完成以上的工作,需要销售人员有良好的沟通技巧。

在介绍沟通技巧前,销售人员先想一个问题:请大家回想一下你为何喜欢某人,他有何特点吗?你为何讨厌某人,他有何特点吗?什么样的特点使人喜欢?什么样的特点使人讨厌?你又具备何种使客户喜欢的可以达成沟通效果的特点呢?每一个人都有他的特点,如何将特点充分发挥出它的价值,让客户决定向他购买,这就是一个销售顾问的功力所在。以下介绍一些个人特点,也是进行良好沟通的基石。

1 良好沟通的基石

(1)专业知识:能帮助你使客户完全了解及享受产品利益。
(2)年资经验:能使客户享受到最佳的服务,为其迅速解决各种问题。
(3)学历学识:能使客户接受好的服务,能够为其解决各种问题,使客户感觉很有面子。
(4)诚实信用:能让客户不受欺骗与蒙蔽,提供可靠的服务与资讯,遵守对客户的承诺,使客户放心。
(5)乐观积极:能够使客户在你的影响下感觉快乐,在轻松愉悦的环境下得到迅速热诚的服务。
(6)友善、信心:能使客户感觉温暖、和谐、安心,更增加客户的信心。
(7)你的姓氏:能使客户感觉你是他的同宗,自己人,不会害他,会有乡亲的感觉,客户会得到更多安全感。

(8)信仰、价值观:能使客户觉得有共同理念,销售人员都不是坏人。

(9)过去良好的记录:能证明自己的优点,有能力提供使客户满意的服务。

(10)良好的人际关系:能带给客户更多意外的好处。以上提到的个人特点能够让客户对你产生好感,而不排斥,这是进行良好沟通的基石。

2 沟通的概念

对不同行业、不同的人,沟通这两个字也有不同的意义,学者专家可以讲一大堆理论来对其进行阐述;在这里销售顾问只以一位汽车销售顾问的角度来探讨沟通。沟通是经由言语、文字、动作、姿态来进行观念及资讯交换的过程。销售顾问在了解客户需求中,必须具备的4种沟通技巧是控制、倾听、发问、克服抗拒。

(1)控制:控制是一种沟通技巧,也是一种态度,基本上,它表示你承担起完成销售的责任,确保销售工作按照你所预定的计划来进行。

(2)倾听:倾听不只是说你听到对方的话,更重要的是你理解了话里的含义,对方的企图、用意,真正懂了对方的心。

在下列销售过程中,如果你不仔细听,你可能会遗漏一些重要的信息。在刚见面时:姓名、来此原因、喜好……在探讨客户的需要时:现在开什么车?喜欢哪些点、讨厌哪些点?动机?在介绍产品时,如果你滔滔不绝而不给对方说话的机会:客户的抗拒点、喜爱汽车的某一特点、购买动机的强度?在成交时:客户的购买策略,购买型号,抗拒的真假?

倾听很重要,以下因素可能妨碍你的倾听:急于向客户解说、害怕客户的拒绝、面对客户过于兴奋和紧张而忘了倾听客户在说什么、受到外在环境的影响(别人在说话、噪声等)、心中只想着下一个销售步骤、心中急着把交易完成。除此之外,什么是良好的倾听习惯?什么是良好的倾听技巧?如果客户滔滔不绝偏离了主题,你要怎么处理?这些问题的回答都需要销售人员在工作中进行实践和积累。

(3)发问:发问是询问及作推论,以引导客户告诉我们需要的信息。

(4)克服抗拒:提供客户一些资讯,以消除客户既有的抗拒,使客户满意,并对购买销售人员的产品仍然感兴趣。

3 抗拒的处理

如果没有抗拒反而会变得更难销售,有句话叫作销售从拒绝开始。所以客户的抗拒可以促进销售,销售人员不应该惧怕抗拒。

(1)抗拒的类型及应对的方法。

拖延:"我还要回去考虑考虑""我还没决定"。此种抗拒的原因在于客户"不了解",由于"不了解"导致需求"不强烈";借口打发:"我要回去问问夫人",要用发问的技巧了解背后真正的原因,"这么重要的事问一下夫人很必要,我想问一下买车是给夫人用吗?";挑剔:所有的挑剔都是故意的,客户越挑剔就越提升他杀价的空间;逃避:没有信心,对产品没兴趣,或是对销售顾问没有信心;沉默:这是一种天性,要用引导性的问句来让客户说话,同时也可以不断地赞美;冷漠:由于你说话的方式、强调与客户不合,可能是你的家乡口音,这需要在你与他接触的过程中不断检讨自己;改变话题:要用引导性的问句将客户的话题拉回来;情绪性反应:吵架,坚持自己的意见,这些都属于情绪性的反应,这时销售顾问要转移客户的注意力,赞美和表示歉意;辩论:天性,对你对产品不满。

(2)克服客户抗拒的常见方法。

克服客户抗拒的方法有预期客户的抗拒并事先做好应对准备;保持冷静不要紧张,甚至可以巧妙避开;审慎提出回答,不要瞎猜客户的心思,乱答一通;表示了解客户的立场、感觉,并接受客户的感觉;以积极的态度回答,并发问找出客户抗拒的真正原因;再次强调产品、公司、个人的优点、价值、利益;将不利点巧妙地变成有利点。

(3)处理抗拒的要诀。

在处理客户抗拒的建议时,不可以退缩或辩论;不能表现出情绪化或急于解释;先要接受对方的感觉;问问客户为什么;听听客户怎么说;确认,必要时再加以解释。

下面是一些常见的客户抗拒,请你试着处理一下:你们的车没有我喜欢的颜色;我很喜欢你们的车,但是我要到6月份才有钱;等我考上驾照再来考虑;我没有钱,我也不喜欢分期付款;我还要比较其他品牌的车;你能送我×××配件吗?

4 同理心的概念

同理心可以认为是"同步化法则",也称为"认同法则",就是让客户觉得销售顾问跟他是站在同一阵线上的。当客户觉得你跟他是同类时,你们之间的距离就大大的拉近了,这正是销售顾问的目标。因为这样的一种认同方式,在不知不觉中找出了对方与自己共同的地方,再经由这些共同点,不断开发,创造出自己与客户的良好关系,从而拉近客户与销售顾问之间的距离。这种认同的同步化法则,实在是沟通上一个非常强而有力的武器。它是古今中外大家所共同善用的一种方法,因此希望各位汽车销售顾问一定要充分把握此法则,善加利用,使自己成为沟通高手。实施同步化法则的一些具体做法:在衣着上,应穿与对方相似的衣服或风格接近;在言谈上,与对方讲话的声调、语气、速度同步化;在举止上,模仿对方的动作;在兴趣上,对方所喜欢的,你也尝试去喜欢;在思想上,对于对方的价值观和思维方式尽量去认同;在信仰上,不要批评,不要反对,尽量找出与自己的共同点;其他方面,例如有共同的朋友、姓氏、乡亲、同学、学校、师长、同事等。总之,在多方面都尽量找出共同点,来加以同步化,拉近双方的感情和距离。

五 推荐适合的车辆

销售顾问对客户的需求已经有了较深入的了解,现在应该可以顺利地向客户提出建议了。也许销售人员应该这么理解——买车并不是客户的工作,但卖车却是我们的工作,这是最好的解释方法。在向客户进行车辆说明时该说些什么呢?"先生,非常感谢您告诉我这些。我的工作就是帮助您买到一辆自己喜欢满意的汽车。就您刚才所说的,实际上我们有好几款车型都能满足您的要求。让我们一起去看看,您有什么想法或者意见尽管提。来,这边请……""我在这行干得时间不太长,还在学习。请允许我向您推荐几款车型,您有什么想法或要求尽管告诉我。来,您这边请……"向客户推荐合适的车辆时,下面的建议你可

以采纳:

根据客户的描述,从最接近客户要求的车辆介绍起;按从低价位到高价位的顺序介绍;根据客户的需求,重点突出每一辆车的特性;若有推广的活动,应该就在这时候告诉客户,并告知客户如何可以获得这些利益;观察客户的反应并开始提问;要让客户乐于给你反馈意见;客户无论男女都要给予同等关注,或同等对待所有参与购车的客户;不要说得太多;避免过分亲热;细心地展示、讲解和聆听;观察客户的肢体语言和反应。

第四节 汽车商品说明

在了解客户需求之后,销售顾问应看准机会,以客户的利益为依据,将汽车产品优势介绍给客户。由于商品说明过程是针对客户真正的需求而进行的,所以往往能切入客户的心,不至于隔靴搔痒,让客户觉得是在浪费时间。而在作汽车产品介绍时,应遵守一定的程序及规定,以期获得最大的成效。在整个过程中,销售人员应不断注意客户的反应,并根据客户的需求随时准备作适当的调整。

一、商品说明概述

产品介绍是一个工具,专业的销售人员可以依靠它扫除客户心中存在的所有关于产品的疑问,同时又能赢得客户的信任和对产品的信心,这些对于客户下决心购买是十分重要的。出色的产品介绍不仅会让客户饶有兴趣地观看,甚至是汽车销售同行也会觉得有兴趣的。如果你的产品介绍和服务都超越了客户的期望,你就会赢得这份销售。

销售顾问应能够解释每款车型的装备及其功能,并能够为客户演示。实际上,无须在这方面给予过多介绍,不言而喻,每个销售顾问都应称职。坚实的产品知识是以客户为导向的方针的基础。尽管并不是每个客户都需要这种咨询,但是,对产品的了解还是必需的。而且最终会因此使你与客户建立良好的关系。这样,销售顾问就会思路清晰思维敏捷,而不必惧怕回答客户所提的问题。而且,给客户的印象是销售顾问对产品宽广的知识面,从而得到客户的加倍信任。一名优秀的汽车销售顾问应当能够说出汽车产品特点及优势,因为他首先了解这些产品特点并能够用客户理解的话语说给客户听。

1 客户对汽车商品说明的期待

销售顾问在对客户进行需求分析后,一个重要的环节就是要专业地向客户进行车辆的介绍。现实中大多数销售顾问不了解客户对该环节的期待,因而遭到了客户的抗拒。实际上,客户在汽车展厅看车时,希望销售顾问能以"他"能理解的方式介绍汽车,能告诉他这款车为什么适合他,不要欺骗他,也不要强迫他购买汽车。针对客户的这种期待,销售顾问要能准确、专业地回应客户所关心的问题(图4-22)。

2 汽车商品说明的意义

汽车商品说明环节非常重要,是销售顾问向客户展示车辆最好的时机。现实中汽车销售顾问往往只有较短的时间为客户介绍车辆的特性和配备,因此,如何针对客户真正的关注点进行产品介绍就非常重要了。对于汽车销售顾问来说,要真正做到这点,需要掌握扎实的汽车产品知识,充分了解汽车产品的特性,此外,还需掌握一定的技巧,唯有如此,介绍的时候才能针对客户的需求,给客户留下深刻的印象,提高成交率。

图 4-22　客户对汽车商品说明的期待

通过商品说明可以再次确定你将要展示的车辆正是适合客户需求的;可以展示产品的内在价值,并体现出它是物有所值的;可以让客户知道他们所花的钱最后真正换来了什么;可以给客户以充分的理由,证明他们已经找到了最合适的车辆,那样他们就不用再去其他地方选购了;可以展示销售顾问的专业素质,让他们知道销售顾问了解自己的产品,也十分清楚自己所说的每一句话;为客户营造拥有的欲望。

3 汽车商品说明的目的

车辆介绍是销售流程的关键步骤,通过这一步骤,销售顾问可以展示自己的专业知识,激发客户的购买兴趣。专业的车辆介绍,可以建立客户对于汽车品牌产品的信任,也可以建立客户对于销售顾问的信任。

具体目的有两个方面:
(1)专业地说明商品的特点与针对客户的利益,建立客户信心。
(2)解决客户可能的购买障碍,激发客户的购买欲望。

4 汽车商品说明的执行办法

要想执行好汽车商品说明环节,销售顾问要注意以下 4 点:
(1)做好商品说明的准备工作,勤加练习。
(2)充分利用各种销售工具,例如商品资料、展示车辆等。
(3)在进行汽车商品说明时要针对客户需求,熟练话术的相关技巧。
(4)让客户互动地参与到说明过程中来,关注客户的兴趣点。

5 汽车商品说明的基本流程

汽车商品说明的基本流程如图 4-23 所示,从图中可以看出,在整个商品说明环节,销售人员一定要把握客户的需求,有针对性地进行产品优势的展示和回答客户的问题,增加客户对汽车产品的信心,以此获得客户的认可。

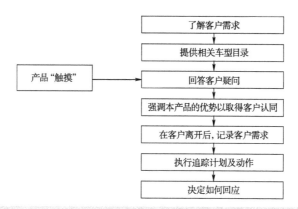

图 4-23　产品说明基本流程

汽车商品说明的主要环节

汽车商品说明的主要环节有六个,分别是:商品说明的准备、展车设置、洽谈桌旁的商品说明、展车旁的商品说明、回答客户的疑问、商品说明结束。

1 商品说明的准备

汽车销售顾问要做好汽车商品说明的准备工作,具体要求如下:
(1)掌握所服务汽车品牌的商品知识,能够熟练进行六方位(图4-24)商品说明。
(2)充分了解汽车竞品信息,掌握自身服务品牌商品的对比优势。
(3)准备主要的商品和竞品车资料,便于向客户展示说明。
(4)展厅内资料架上每一车型准备10页以上的商品单页,并随时补足,便于客户取阅。

2 展车设置

经销店展厅内的展车是重要的销售工具,销售人员要学会充分地利用展车进行销售,展车的相关设置要点如下:
(1)展车摆放按相关规范执行,包括展车数量、型号、位置、照明、车辆信息牌等。
(2)展车前后均有车牌(前后牌),指示车辆名称、型号(图4-25)。

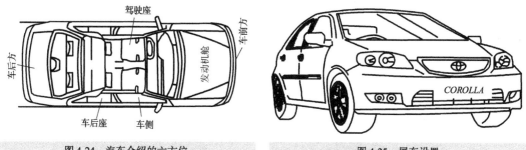

图 4-24　汽车介绍的六方位　　　　　图 4-25　展车设置

(3)保持展车全车洁净,轮胎上蜡,轮毂中央品牌车标摆正,轮胎下放置轮胎垫。

(4)展车不上锁,车窗关闭,配备天窗的车型则打开遮阳内饰板。

(5)展车内座椅、饰板等的塑胶保护膜要全部去除,放置精品脚垫。

(6)展车转向盘调整至较高位置,座椅头枕调整至最低位置,驾驶座椅向后调,椅背与椅垫105°角,与副驾驶座椅背角度对齐一致。

(7)展车时钟与音响系统预先设定,选择信号清晰的电台,并准备3组不同风格的音乐光盘备用。

3 洽谈桌旁的商品说明

在洽谈桌旁进行商品说明时有3个注意要点:
(1)要充分利用商品型录、小册子和销售工具夹内的商品资料进行辅助说明(图4-26)。
(2)注意客户饮料的供应和续杯。
(3)客户要面对展车,便于随时看到车辆。

图4-26 洽谈桌旁的商品说明

4 展车旁的商品说明

销售顾问依据客户的需要,建议最适合的产品,并解说让客户认同。销售顾问应让客户多提问题,增加互动性,以对话方式与客户交谈。销售顾问需清晰地解释产品的特点与优点,并尽力让客户认同,在告诉客户价格之前,销售顾问应就客户选择的产品,提供最佳建议。

当销售顾问有机会在展车旁为客户进行商品说明时,应注意以下几点:

(1)要从客户最关心的部分和配备开始说明,以激发客户的兴趣。
(2)要创造机会鼓励客户动手触摸或操作有关配备(图4-27)。
(3)要随时注意客户反应,不断寻求客户的观感与认同,引导客户提问。
(4)如果客户在展车内,销售顾问的视线不要高于客户的视线(图4-28)。
(5)销售顾问指示车辆配备时动作要专业、规范。
(6)销售顾问在说明过程中要爱护车辆,切勿随意触碰车辆漆面。
(7)若有多组客户看车,要请求支援。

图4-27 展车内的说明

图4-28 展车旁的商品说明

5 回答客户的疑问

销售顾问进行商品说明时,客户往往会提出很多问题,针对客户的疑问,销售人员要注意以下两点:

(1)首先要强调自身汽车商品的优势,但要避免恶意贬低竞争产品。

(2)若销售顾问遇到疑难问题,可请其他同事配合,正确回答客户的问题,切忌回答错误的内容或随意应付客户。

6 商品说明结束时,销售顾问要把握的要点

(1)针对客户需求,口头总结商品特点与客户利益。

(2)在商品目录上注明重点说明的配备,作为商品说明的总结文件。

(3)在转交车型目录时,写下销售顾问的联系方式或附上名片(图4-29)。

(4)主动邀请客户试乘试驾。

(5)在客户离开展厅后,要及时整理和清洁展车,恢复展车原状。

如果客户不想购买,销售顾问则需要把原因记录在本上,同时应继续与客户交谈,其交谈内容应包括:更深入的产品介绍;尝试成交;拟订追踪计划等。

图4-29 商品说明结束时

三、汽车商品说明的六方位绕车法

六方位绕车法是汽车商品说明的一个重要方法,也是目前各个汽车品牌经销商展厅销售都在用的商品说明方法。六个方位包括:车前方(左前方)、驾驶室、车后座、车后方、车侧方、发动机舱(图4-30)。每个方位可以说明不同的商品重点,销售顾问自我练习时可以把汽车的商品知识要点按照方位进行分类。但实际工作中六个方位没有一定的顺序要求,应以客户的需求为出发点,客户需要销售顾问讲什么就要按照客户的要求进行讲解,要把六方位的要点融合进去。

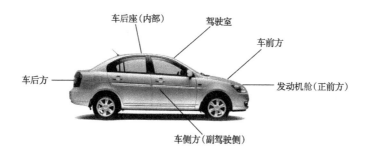

图4-30 六方位绕车法示意图

六方位绕车注意要点如下：

(1) 每个方位都有一个最佳的站位点，销售顾问要根据客户的特点主动引导。

(2) 每个方位都有最适合介绍的内容，要展示给客户。

(3) 方位没有顺序，也不是一次非要介绍六个方位，而是根据客户需要进行。

(4) 每个方位都有一定的介绍话术，要多积累和总结。

举例说明如下。

1 车前方

车前方没有具体的位置，要结合车型特点、客户身高特点及客户感兴趣的点选择合适的位置，一般情况下销售顾问在车辆左前照灯前80cm左右，面对客户，同时邀请客户在离车辆正前方45°角，2~3m的距离；进行局部介绍时，销售顾问需要五指并拢，手心向上引导客户进行观看，必要时销售顾问可微微躬身。

车前方的介绍要点主要有：整车造型设计、车头前端设计、前照灯、前格栅设计、车标志设计、风窗玻璃清洗装置等。重点介绍：外观、风格以及气流动力性等。

话术举例：

销售顾问应五指并拢，指向发动机罩和前照灯，面对客户进行详细解说（图4-31）。

采用了开创式的设计理念，配合平滑的发动机罩和锐利的虎眼式前照灯，使它的前部看起来更有冲击力，传递着一种锐不可当的气势；前风窗玻璃的清洗喷嘴隐藏在发动机罩下面，不仅看上去美观，而且在功能上也有效降低了风阻系数，减少了油耗。这是奔驰、宝马等高档车所具有的配置。

2 驾驶室

进行驾驶室说明时，销售顾问打开驾驶室车门，站在车辆B柱位置前为客户介绍转向盘、变速器；要引导客户进入驾驶室，销售顾问以标准蹲姿为客户操作座椅（图4-32）；蹲着或者在得到客户允许后，坐到副驾驶席继续介绍其他功能。

图4-31 车前介绍

图4-32 驾驶室介绍位置

驾驶室的介绍要点较多（图4-33），主要有：宽敞的车内空间、高精度高品质感的内饰设计、前排电动调节座椅、驾驶席最佳位置记忆及自动调节系统、提高舒适感的前头枕、真皮包裹转向盘、电动调节转向盘、新型动力转向装置、转向盘操控按钮、组合式仪表板、自发光式仪表板、多功能信息显示器、带蓝牙功能的多媒体 DVD 语音导航系统、测间距声呐、倒车诱导装置、高级音响系统、左右独立式新型自动空调、空气清新器、等离子发生器、硬币袋、大型杂物箱、杯架(前/后)、中央小储物盒、顶式操控台、带有顶篷照明的遮光罩、智能钥匙起动系统、手自一体式自动变速器(操控手柄)、可加热和可折叠的电动后视镜、防紫外线设计和低反射的风窗玻璃、扩散式风窗玻璃清洗装置、安全带警告装置、前排二级式及护膝部双 SRS 空气囊、侧部 SRS 空气囊及窗帘式 SRS 空气囊、制动踏板后退防止结构、头部冲击缓装置等。

话术举例：

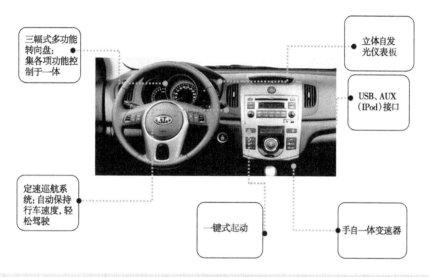

图 4-33 驾驶室介绍要点

先生,您看销售顾问的车钥匙和别的车不一样吧！这把钥匙有很多人性化的功能,集开门、关门、开启行李舱与电子寻车于一体。免去了寻找钥匙的烦恼,使您的用车生活更加方便。

它的转向盘采用了集控化设计,在转向盘上配备了音响系统操控按键和定速巡航控制。不但操作更便捷,实现了开车的时候视线零转移,也提高了驾车时的安全性。这是三筒式立体仪表板,它采用了全汉化的信息显示,同时在开启背景光时,采用了分段式设计,先亮指针,再亮数字,最后是背景光,非常绚丽,同时也达到了良好的人机互动效果。

3 车后方

销售顾问站在车辆左后方的位置进行介绍,距离车辆后保险杠 50cm 左右的距离；邀请客户在车辆右后方或正中的位置观看。车后方的介绍要点主要有：组合尾灯、排气管、倒车雷达及倒车影像监视器、开启便捷的行李舱等。

话术举例：

先生,您看,尾部的设计造型延续了车头的风格,通过楔形的后尾灯设计,使整车看起来更加的硬朗;隐藏式的天线,有效降低风阻和风噪,体现了车辆的高科技感;高质感的倒车雷达,感应面积大。当探测到障碍物时,会立即进行声音提示,精确度高,大大提高了您驻车的方便性和安全性;它的行李舱非常的宽大,容积达到了415L,满足了您储物的需要。同时还带有扰流设计,在车辆高速行驶时产生了下压力,保证了车辆行驶的稳定性和安全性(图4-34)。

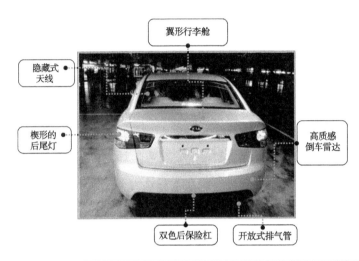

图4-34 车后方介绍要点

4 车后座

车后座主要介绍后部空间及一些有特色的装置,销售顾问可在展车内或展车外介绍,但一定要邀约客户进入展车内参观。同时积极鼓励客户更多地体验车辆,激发客户的想象,促进他产生希望拥有该款车的冲动。

车后座的介绍要点主要有:后排电动调节座椅、后排中央扶手处的控制板、车载冰箱、可移动式后排座椅阅读灯、后排空调出风口、后部空调、后窗电动式遮阳幕、后座侧窗帘、预紧限力式后排左右座椅安全带、后排座椅安全带调节器、后排左右座椅、童椅及顶部绳索固定装置等。

话术举例:

先生,您可以到销售人员的车后座坐一下,感受一下它的后排空间。作为家用轿车,腿部空间还是很宽敞的,它的轴距是在同级车中是最长的,腿部空间设计也是最合理的,感觉还是很适合的吧。

您看,它的后排配备了三条安全带,充分体现了它的人性化设计理念。一般在高速公路上行驶,为了安全起见,销售人员还是建议后排的乘客系紧安全带。先生,它的后排地板采用了扁平化设计,使后排乘客获得了更充裕的腿部空间,即使乘坐3个人也不会太拥挤,这也是在同级车中最出色的设计(图4-35)。

第四章　顾问式汽车销售流程

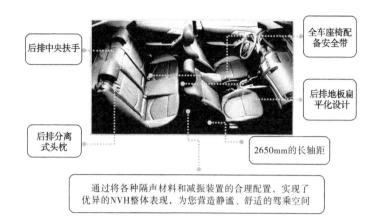

图 4-35　车后座介绍要点

5 车侧方

车侧方介绍时有两个位置,一般情况下在一侧介绍外观和特色装置,在另一侧介绍车辆的安全配备。车侧面介绍时应在车辆侧面进行;将客户邀请至 B 柱外 60~100cm 的位置观看车辆(图 4-36)。

车侧方介绍要点主要有:车侧线条、侧面转向灯、外侧车门把手、轮胎与轮毂、宽大车内空间、优良的行驶性能设计、最小转弯半径、前后悬架、轻质及高强度车体、静肃车身、防抱死制动系统、电子制动力分配装置、车身稳定性控制系统、牵引力控制系统、上下坡辅助控制系统、冲撞吸能式车身、减轻对行人伤害的车身、吸收冲击结构所隐藏的人性化设计、再生材料的应用、无线门锁遥控装置、智能钥匙启动系统等。

图 4-36　车侧方介绍位置

话术举例:

车身采用了全新优化的高刚度、高张性车身,大大提高了车内乘员的安全性,NHTSA(美国高速公路安全管理局)碰撞测试结果为五星安全。它的侧面则是简洁、充满力量的腰线。腰线设计的很高,完全是高档轿车的设计,如奔驰 S、雷克萨斯 LS 等豪华车都是这样。这样的设计不仅使整车看起来更加动感时尚,而且大大降低了风阻系数,从而降低了油耗。外后视镜设计非常的特别,集成了转向灯功能,不但美观,使转向灯高度更为合理,可视性更强,增加了安全性(图 4-37)。

6 发动机舱

对等待的客户说"请稍候",销售人员离开车辆前端来到驾驶室旁;打开车门,拉动发动机舱盖锁定释放杆;关上驾驶室门,返回车辆前端,用双手打开发动机罩。发动机舱主要介绍发动机及汽车的动力性能和行驶性能。

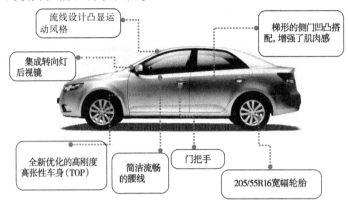

图4-37　车侧方介绍要点

发动机舱的介绍要点主要有:发动机罩、发动机参数及性能、发动机舱减振、降噪、隔热设计、变速器等。

话术举例:

第一,采用了最新的伽马发动机,技术先进、可靠,动力强劲,同时油耗更低。它的功率达到了同级车中最高的124马力(1匹=735W),转矩更是达到了惊人的155N·m。百公里加速是同级车中最快的,能带给您更强的推背感;第二,发动机缸体采用了全铝材质,散热效果更好,质量更轻,有效地降低了车辆的油耗;第三,它的排放达到了欧Ⅳ标准,污染更小,更加环保(图4-38)。

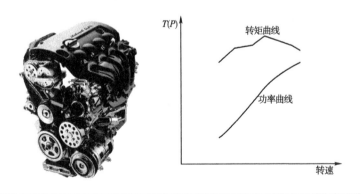

图4-38　发动机舱的介绍

六方位绕车介绍只是一个指导性的方法和工具,关键是销售顾问要对车辆的各个要点及参数非常熟悉,同时针对客户的需求和关注点进行商品说明。进行商品说明时,销售顾问要保持微笑,主动、热情地为客户提供服务;在介绍过程中使用规范的站姿、走姿、蹲姿、坐姿;在介绍的时候不要忘记使用"您看""您请""请问您"等文明礼貌用语;在为客户做指引、介绍时,手臂伸出,五指并拢,自然和谐;开关车门时要注意动作力度,加强练习;客户进入展车内时,销售顾问应用手掌挡在车门框下(掌心向下,五指并拢)保护客户;爱护展车,尤其要预防车漆被客户不慎刮伤的现象出现;保持展车内外的清洁及车内饰物的整齐。如果客户手持香烟、饮料、食品等容易破坏车内清洁的物品,销售顾问应礼貌地制止其进入展车参观。

四 产品的特性、优点与利益

在产品介绍这一流程中,并非单一乏味的介绍一种产品,而是将这种产品的特性进行详细说明,将由特性决定的优点,以及这样的优点所能带给客户的利益介绍给客户,才是促进成交的有利途径。

1 产品知识

在客户接待一节中,销售人员再三强调了沟通技巧的重要性,也一再地诉说在销售过程中,态度的影响力,以及站在客户的立场去了解他,体会客户的感觉。但是这些技巧、态度,却可能都派不上用场,如果销售人员不了解产品的性能,将不知道在倾听后要如何回答,将不知道提问的重点和方向,更无法克服客户的抗拒及质疑,如果销售人员想控制局面,承担起销售的责任,就必须有扎实的产品知识。

对以下5个问题的思考和回答是帮助销售人员提高产品知识的有效途径:产品知识有什么重要性?你如何获得产品知识?你需要了解多少产品知识?你对竞争产品应有多少了解?为什么?如果你知道车辆的特性、特点,你要如何利用它?

2 产品的特性

作为一名专业销售人员,所具备的最基本技巧,就是产品技巧(product skill),一个销售员必须要对所要销售的商品,有相当深入地了解,才能够称得上专业,否则只能说是送货员。

但是所谓深入地了解,究竟要了解到什么程度呢?一个汽车销售人员是不是要对汽车发动机的结构、变速器的结构、汽车的风阻系数原理、齿轮的同步原理都要具有专业性的知识呢?

当然,有这种专业性的知识作基础,再来从事销售工作,一定是最为理想,但是事实上却很难做得到,因为具有这样专业知识的人,在研究开发部门或是在生产部门工作,对公司可能产生的贡献要比在业务部门来得大,而要求销售人员达到专家级专业的水准,恐怕也非短时间内可以培养的,如果以这种标准来要求销售人员,势必会无可用之人。

可是,如果销售人员对于产品的了解,仅止于泛泛的程度,恐怕也不行。一个汽车销售员对他所销售的汽车,如果只说得出一些汽车的配备,汽车的常识,而说不出该产品与其他产品不同的地方,必然难以说服客户。

为此专业销售人员必须立足于产品的专业知识之上,但是,所谓专业知识并不一定要高深到变成工程上的专业,但也不可以肤浅到仅止于空泛的常识。专业销售必须要了解产品的特性、优点与利益。

客户要买的不是产品,而是解决问题。客户虽然买了这件产品,但是他们要通过这个产品,来解决他们的某些问题,或是满足某种需要,他们买的是产品所具备的解决问题的能力或是满足需要的能力,也就是产品的用处或好处。

销售人员买一辆汽车可能是作为代步工具,也可能是为了炫耀自己的财富,满足自己的虚荣心。销售人员买了一支普通的圆珠笔,是为了书写。但是当销售人员买一支杜邦的K金笔,就不只是为书写,可能还为了表现自己的品位。

客户购买某种商品,都会有一种需要或问题藏在后面作为购买的理由,如果产品具有满足这种需求或解决这种问题的能力,就有被购买的机会和可能性。销售人员就是要扮演一种桥梁的角色,把商品的满足需求的能力或解决问题的能力传达给客户,让客户动心。

这种满足需求的能力或解决问题的能力对客户而言,是好处,也就是利益;就产品而言,就是产品的特性和优点。

(1)特性的意义:每一种产品都有很多的属性。这些属性有些是跟其他竞争品相同的,销售人员称之为通性;有些则是本产品所独有的,销售人员就称之为特性。销售人员在销售时,就是要说明产品有哪些不一样的特性。

一个电视机的销售员,如果推销时尽说些电视机的影像清楚、画面稳定、色彩自然等,恐怕很难让客户动心,因为这些只是电视机的通性,但是,如果推销员说这部电视机具有直角画面、电脑选台等属性,这些属性就不是所有品种的电视机所共有的,这就是特性。

所以特性就是一些产品所独有,别的竞争产品所没有的属性,它可能是外表造型,也可能是包装,甚至可能只是产品的一个特征或命名(如南美咖啡)。

(2)优点的意义:优点是在说明特性所具有的用途或功能。优点是针对特性来阐述其内涵、解说其功用的。换句话说,优点回答了这种特性有什么用处的问题。例如:电子燃油喷射系统的优点是使汽油燃烧得更完全,汽车流线型设计可以使阻风系数减小等,这些都说明了特性所具有的特殊功用和目的,也就是所谓的优点。

(3)利益的意义:利益是产品的特性和优点所能带给客户的好处。

客户购买商品是为了获得利益,因此,销售人员必须把产品的特性和优点,转化成客户听得懂的语言,转化成客户关心的焦点,那就是能带给我什么利益。

利益必须建立在客户的需求之上,从客户的立场来考虑。客户的需求很多,根据心理学家马斯洛的需求理论,人类的需求可分成以下五个层次:生理需求、安全需求、归属与爱的需求、尊重的需求、自我实现的需求。销售人员在进行利益说明时要把产品带来的利益与客户的这些需求结合上。

五 产品说明的FAB话术法则

FAB话术法则是销售理论中一个很重要的话术法则,它提供了一个向客户介绍商品的话术逻辑,通过该法则可以将产品的特点、功能和客户获得的利益结合起来,促进客户对汽车产品的购买。

1 FAB法则介绍

FAB法则,即属性、优点、益处的法则,FAB对应的是三个英文单词:Feature、Advantage和Benefit,按照这样的顺序来介绍,就是说服性演讲的结构,它达到的效果是让客户相信你的产品是最好的,FAB法则是销售技巧中最常用的一种说服技巧。

(1)属性(Feature):人们经常把它翻译成特征或特点,而且很多销售人员至今还把它翻译成特征或特点。特征，顾名思义就是区别于竞争对手的地方。当你介绍产品且与竞争对手的产品进行比较时，就会让客户产生一定的抵触情绪。原因是什么？因为在销售的FAB中不应把Feature翻译成特征或特点，而应翻译成属性，即你的产品所包含的客观现实，所具有的属性。比如，讲台是木头做的，木头做的就是产品所包含的某项客观现实和属性。

（2）作用（Advantage）：很多销售人员顾名思义地把它翻译成了优点，优点就是你们比竞争对手好的方面，这自然会让客户产生更大的抵触情绪，因为你们所面临的竞争对手非常多，相似的产品也很多，你们的产品不可能比所有的产品都好。现实中的每一种产品都有各自的特征，当你们说产品的某个功能比竞争对手好的时候，客户就会产生非常大的抵触情绪。实际上，在销售中把Advantage翻译成作用会更好一些，作用就是能够给客户带来的用处。

（3）益处（Benefit）：就是给客户带来的利益。比如，讲台是木头做的，而木头做的给客户带来的益处就是非常轻便。

FAB应该这样解释，这个讲台是木头做的，搬起来很轻便，所以使用非常方便。这样的结构，是说服性的演讲的结构，只有这样的结构才能让客户觉得你的产品满足了他的需求，并且愿意购买你的产品。

FAB销售技巧简单说来就是：销售人员的产品是F的，它可以A，让您使用时有B的益处。简单吗？真是够简单的，但是要能够灵活运用，却也是需要花费一些工夫来练习的。

F、A、B三个环节是环环相扣的，产品首先会具备F的属性，从而具有A的作用，这样也就可以带给客户B的益处。

2 FAB法则应用说明

（1）什么是属性？一只猫非常饿了，想大吃一顿。这时销售人员推过来一摞钱，但是这只猫没有任何反应——这一摞钱只是一个属性（Feature）。

（2）什么是作用？猫躺在地上非常饿了，销售人员过来说："猫先生，我这儿有一摞钱，可以买很多鱼。"买鱼就是这些钱的作用（Advantage）。但是猫仍然没有反应。

（3）什么是益处？猫非常饿了，想大吃一顿。销售人员过来说："猫先生请看，我这儿有一摞钱，能买很多鱼，这样你就可以大吃一顿了。"话刚说完，这只猫就飞快地扑向了这摞钱——这就是一个完整的FAB的顺序。FAB的含义分别在上边三例中作了解释，但要更深层次地理解FAB，销售人员需要知道FAB的前提条件，那就是——需求。

请看下例：

什么是需求？猫吃饱喝足了，这时销售人员继续说："猫先生，我这儿有一摞钱。"猫肯定没有反应。销售人员又说："这些钱能买很多鱼，你可以大吃一顿。"但是猫仍然没有反应。原因很简单，它的需求变了。它不想再吃东西了，而是想见它的朋友了。

由此可见，需求是FAB的基础，没有了需求，无论是FAB还是什么销售技巧，一切都将无从谈起，销售过程实际上就是在发现、把握和满足客户需求的过程。所以现在也有人将FAB法则发展为NFAB法则，其中的N就代表了客户的需求。

3 如何应用FAB法则

FAB是一个容易理解的概念，但它并没有被很好地运用，其中一个重要原因，就是在运用过程中容易产生困惑。最常见的是销售人员分不出特点和作用的差别是什么。为了解决这些困惑,需要回到 FAB 的本源,来了解当初 IBM 为什么提出这种 FAB 的训练模式。FAB 一项最重要的功能就是在销售展示过程中,实现从产品到客户利益的挂钩,从而使客户更好地理解你的产品。区分 F、A 并不重要,重要的是如何让客户听懂你的展示。建议对 FAB 的概念进行深层次理解,把它变成专家语言、傻瓜语言、客户价值。专家语言用于和技术客户沟通,傻瓜语言用于和非技术客户沟通,客户价值则用于和所有客户沟通。通过把 FAB 转化成专家语言、傻瓜语言和客户价值,可以很容易地把 FAB 的概念运用到销售过程中去。这样销售人员既可以用这三种语言诠释产品的基础功能,也可以用它诠释你的产品的竞争优势。实现了这种转化之后,FAB 应用起来就变得很容易了。

4 FAB 法则在汽车销售中的应用

在将 FAB 法则应用到汽车销售的过程中,销售人员要经常性地问自己 3 个问题:客户掏钱,是冲着商品还是商品能带给自己的利益?介绍商品的时候要把重点放在特点还是特点带来的利益?怎么给客户留下深刻的印象,创造有冲击力的介绍方式和话术?其中的第 3 个问题销售人员称之为冲击,这样 FAB 的法则就发展成了 NFABI 法则,其中的 I(Impact)表示冲击的意思。

比如客户很关心行车安全的问题,此时销售顾问可以向客户介绍车辆配备的 ABS 系统。

您好,通过刚才的沟通我发现您非常关心家人的安全问题(N)。咱们这款车配备了先进的 ABS(F)。这个系统能够防止汽车在湿滑路面紧急制动时车轮的抱死,从而防止了车辆的侧滑(A)。您购买了配备这种 ABS 设备的车辆,在雨天行驶时将会大大提升行车的安全(B)。这样好的安全设备,能充分体现您对家人的关爱,您还不决定购买一辆(I)?

六 克服客户不同意见的话术

当客户有不同意见时,表示客户想了解更多的信息。对销售顾问来说,则有机会向客户提供更多的信息。解决客户的顾虑对所有和客户打交道的员工来说都是一个非常具有挑战而关键的任务。CPR 方法是一个经过实践证明了的有效话术框架,它可以有效地把一个问题变成一个创造欣喜的机会。

CPR 方法分三个步骤:说明、复述、解决。

1 说明

说明环节是指当客户有疑虑时,销售顾问要请客户清楚地说明他疑虑所在。通过开放式提问,可以帮助销售顾问正确理解客户的疑虑,并表现出销售顾问对客户的关心。销售顾问千万不能带着辩解的语气质问客户。要积极倾听客户的回答,因为客户的疑虑或许并不是你认为的那样。在这一步,销售顾问可以使用与产品展示阶段类似的一些开放式问题。比如:"请问能否告诉我您为什么会这么觉得?""您所说的是指……?""能否解释一下……?"利用这些提问来更有效地确定客户这些疑虑的根源所在。

2 复述

复述是指销售顾问完全理解客户的担心之后再复述客户的疑虑,用销售顾问自己的话复述客户的疑虑,这样通过另一个人的声音,客户把他们的疑虑表达了出来。使客户重新评估他们的担忧,进行修改或确认。复述客户疑虑的一大好处是:你可以换一种更有利于你做出回应的方法。这样做可以很好地解决原本可能会阻碍成交的一些疑虑。复述时,使用与在积极倾听时使用的相同的语句进行确认:"我听您的意思是……""如果我没有理解错的话……""也就是说……"你对客户疑虑的进行复述时,应使用以上三种语句中的一种。

3 解决

上述两个步骤的执行能为销售顾问赢得时间和所需信息,从而能更好解决客户的反对意见。销售顾问运用所掌握的品牌知识和产品知识、客户的购买动机和竞争对手的情况来组织自己的回答,为客户提供解答。回复客户前最好先表示认同客户疑虑中所表达的观点。用下列语句开始回答:"我感谢您对……的关注;我理解您为什么会对……有所顾虑……"通过对客户观点的赞同,客户会觉得你是站在他们一边的。因而让你接下来所说的话都具有更高的可信度。消除客户的顾虑,可以以这样的话语来收尾:"我理解您的感受,我们不妨来比较一下雅阁和×竞争车型。您可以看到,这款车和他们相比是占优势的。"

七 竞品比较的话术

任何时候如果客户想把你销售的品牌和竞争车型进行比较时,销售顾问都可以采用一定的方法来应对,经过实践,ACE 方法是比较好的方法,通过该方法来应对竞品比较可以让客户意识到你所销售的车型可以创造同样的价值,甚至更多。

ACE 方法有三个环节:认可、比较、提升。

1 认可

认可就是说认可客户的判断。销售顾问认同客户的观点,承认竞争车型或品牌的确有一些优点,如:"在这一级别的车型中,××车的空间确实比较大。"如果记住了客户的需求,也许可以找出你所售车型相比所说的竞争车型的优势所在,比如:"考虑到您的喜好,我相信这款车型很好地体现了您的个人风格。"

2 比较

从客户利益出发,进行有利于自己品牌的相关比较。我们的品牌与其他车型可以在以下方面进行比较:车辆本身(配置、规格、评分等)、厂商(支持、声誉、历史等)、经销商(声誉、经营年数、服务项目、营业时间等)、相关产品和服务(质保、客户便利性项目等)、销售顾问(经验、培训等)。

3 提升

"提升"的意思是说更为深入地讲解前面所进行的比较,并特别突出自己车型的竞争优势所在。比如:"如果您仔细考虑您关心的那些因素,你会发现我们车的优势很明显。众所周知这款车的安全性更为可靠。根据您前面提到的,这些对于您而言都非常的重要。"

八 运用正面的销售词汇

在商品说明时,要注意正确运用正面的销售词汇,可以唤起客户的兴趣并帮助他们树立信心。常见的正面的销售词汇有:全新的、加速性能、令人仰慕的、可以从容拥有、买的值得、美观的、舒适的、尖端科技、电脑控制的、经久耐用的、独特的、环保的、经济的、高效的、非同凡响的、优秀的、易操作的、原装的、纯正的、远远胜于、有保证的、有乐趣的、大功率的、高性能、创新的、高级别的、高智能的、创新的、有趣的、新潮的、寿命长的、全新改良了的、维护费用低的、经验证的、流行的、有保障、高品质的、可循环再造的、胜人一筹的、时尚的、结实的、成功的、肯定的、制动力、安全性能增强的、大转矩、不马虎的、高档、有价值、多用途的、紧跟时代潮流的、没错。

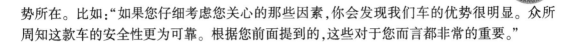

第五节 试乘试驾

展厅内的产品说明是一种静态的产品展示,汽车的许多性能必须通过客户的亲自体验才能打动客户,为此试乘试驾是最好的让客户感知车辆性能的手段,也是动态介绍车辆性能的最佳措施,通过让客户试乘和试驾可以感知车辆的优越性能,以此促进车辆的销售。

一 试乘试驾概述

1 客户对试乘试驾的期望

对于客户来说,试驾是在购买车辆前一定要有的一步,此外,在不起动车辆的情况下,有很多功能是无法解释和展示的。试乘试驾是车辆的动态说明,也是汽车销售过程中的一个重要环节,通过该环节客户可以动态地了解车辆的性能,增加客户对车辆的信心。该环节客户希望可以比较自由地进行试乘试驾,可以对感兴趣的车辆有更多的了解和体验,试乘试驾时能充分体验到车辆的特点,销售顾问也能作有针对性的说明(图4-39)。具体的期望有以下几点:

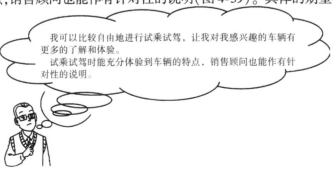

图4-39 客户对试乘试驾的期望

(1)经销店能真正将试乘试驾作为标准流程的一部分,认真贯彻执行。

(2)试乘试驾执行力度不打折扣,规划合理的试乘试驾路线。

(3)加强对陪驾人员的培训,在试驾过程中,主动提供介绍,帮助用户增加对车辆的了解,提高购车兴趣。

2 试乘试驾的意义

从销售满意度调查的结果分析,在试乘试驾这个步骤多数未能达到客户满意,其主要原因是销售顾问多数未能主动邀约客户进行试乘试驾。而试乘试驾其实是车辆介绍的延伸,让客户能充分感受拥有车辆的场景或体验,最终达成成交的关键一步。千万不要将试乘试驾变成一种可有可无的制式流程,应该想到这是汽车销售顾问促进成交的砝码。

3 试乘试驾的目的

试乘试驾是车辆介绍的延伸,也是让客户亲身体验汽车产品性能的最好时机。客户通过切身体会和驾驶感受,加上销售顾问把握时机动态介绍,可加深其对汽车产品的认同,从而增强购买信心,激发购买欲望。通过试乘试驾的动态介绍,可以建立客户对汽车产品的信心,激发其购买欲望,收集更多的客户信息,为促进销售作准备。

4 试乘试驾的执行方法

基于试乘试驾的重要性,销售顾问要严格执行流程的要求,完善试乘试驾的流程和车辆等准备工作;销售顾问在客户试乘时要充分展示车辆特性,并作说明;让客户有时间自己体验车辆的动态特性;适时询问客户的订约意向,收集客户信息。

二、试乘试驾的主要环节

试乘试驾主要有四个环节,分别是试乘试驾的准备、试乘试驾前、试乘试驾时、试乘试驾后,下面分别介绍。

1 试乘试驾的准备

在进行试乘试驾前,必须要做好相应的各项准备工作。确认试乘试驾车是否已预约或安排且车辆清洁、车况良好;每位参与试驾的销售顾问都须能熟练驾驶、了解试驾车辆的车型特性,且须有驾照,试乘试驾之前要熟悉客户资料。

试乘试驾的准备主要包括车辆及其文件的准备、路线规划的准备、相关人员的准备。

1)车辆及其文件的准备

(1)汽车经销店必须准备专门的试乘试驾用车,尤其是汽车主机厂要求的车型。

(2)试乘试驾车由专人管理,保证车况处于最佳状态,油箱内有1/2箱燃油。

(3)试乘试驾车应定期美容,保持整洁,停放于规定的专用停车区域内。

(4)试乘试驾车证照齐全,并有保险。

2) 路线规划的准备

合理地规划路线可以更好地向客户展现车辆的综合性能,同时也可保证行车的安全,避免不必要的麻烦。试乘试驾路线应事先规划,以"保证安全"为首要原则。路线规划时应注意以下两点:

(1) 按照车型特性规划试乘试驾路线,确保路线能够展现车辆的性能,同时考虑避开交通拥挤路段。

(2) 随车放置《欢迎参加试乘试驾活动》文件,附有相应的行车路线图。

3) 人员的准备

试乘试驾一定要确保客户和车辆的安全,所以对相关人员要有严格的要求,要提前准备好。主要有以下3点:

(1) 销售顾问必须具有合法的驾驶执照。

(2) 若销售顾问驾驶技术不熟练,则请其他合格的销售顾问进行试乘试驾,自己陪同。

(3) 客户必须携带自身驾驶证,并且复印留存后方可允许试驾。

2 试乘试驾前

试乘试驾环节是动态的车辆展示,销售顾问在汽车展厅介绍完车辆后要及时的邀请客户进行试乘试驾,并将试乘试驾的相关事宜向客户进行简单的说明。

所以试乘试驾前销售顾问应该做两件事情:试乘试驾的邀约和试乘试驾的概述。

1) 试乘试驾的邀约

邀约主要注意以下3点:

(1) 商品说明后销售顾问要主动邀请客户进行试乘试驾(图4-40)。

图4-40 试乘试驾的邀约

(2) 销售顾问要适时地安排小型试乘试驾活动,积极邀请客户参加。

(3) 在展厅或停车场显眼处设置"欢迎您试乘试驾"的指示牌(图4-41)。

2) 试乘试驾的概述

将试乘试驾的流程及注意事项事先告知客户可以消除客户的紧张,更好地体验车辆的性能，概述主要应该包含以下4个要点：

(1)向客户说明试乘试驾流程，重点说明销售顾问先行驾驶的必要性。

(2)向客户说明试乘试驾路线，请客户严格遵守(图4-42)。

图4-41 试乘试驾指示牌　　　　图4-42 试乘试驾路线说明

(3)查验客户的驾驶证并复印存档，签署安全协议与相关文件(《试乘试驾记录表》)。

(4)向客户简要说明车辆的主要配备和操作方法。

3 试乘试驾时

试乘试驾时主要包括客户的试乘环节、换手环节和试驾环节三部分。

1)客户试乘环节

(1)试乘试驾过程应由销售顾问先驾驶，让客户熟悉车内各项配备。

(2)销售顾问先帮客户开启车门，然后快步回到驾驶座位上，主动系好安全带，确认客户是否坐好并系上安全带，提醒安全事项。

(3)若有多人参加试乘试驾，则请其他客户坐在车辆后排座位；同时关注客户同伴，询问其乘坐位置是否舒适，并主动帮助其调整椅背或后座扶手，使其乘坐感觉舒适。

(4)设定好车内空调及音响，同时在进行设定时逐一跟客户解释说明。

(5)销售顾问将车辆驶出专用停车区域，示范驾驶。

(6)销售顾问应依据车辆特性，在不同的路段进行动态产品介绍，说明其车辆主要性能及特点(图4-43)。

图4-43 车辆的动态说明

2)换手环节

车辆到达规划的行驶路线后，销售顾问可在安全的路段靠边停车，让客户进入试驾环节，这期间的换手需要注意以下事项：

(1)应选择适当的安全地点进行换手。
(2)在客户的视线范围内换到副驾驶座。
(3)简单介绍车辆操作,变速杆一定要介绍,确认客户已对操作熟悉。
(4)换手时销售顾问应协助客户调整座椅、后视镜等配备,确认客户乘坐舒适并系好安全带,同时再次提醒客户安全驾驶事项,起动车辆,开始驾驶。
(5)准备不同种类的音乐光盘供客户选择,试听音响系统。

3)客户试驾时

客户试驾时往往比较兴奋,销售顾问在不打扰客户安全行车的情况下可适时提醒客户尝试车辆的不同性能,同时提醒客户注意驾驶安全。

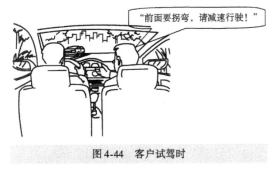

图4-44 客户试驾时

(1)客户试车过程中,以精简交谈为原则,不分散客户驾驶注意力,确保行车安全,让客户静心体会驾驶乐趣。
(2)客户试驾时应播放合适的音乐,音量大小适中。
(3)适当指引路线,点明体验感觉(图4-44)。
(4)不失时机地称赞客户的驾驶技术。
(5)销售顾问仔细倾听客户的谈话,观察客户的驾驶方式,发现更多的客户需求。
(6)若客户有明显的危险驾驶动作或感觉客户对驾驶非常生疏(图4-44),及时果断地请客户在安全地点停车;向客户解释安全驾驶的重要性,获得谅解;改试驾为试乘,由销售顾问驾驶返回展厅。

4 试乘试驾后

当客户已按照规划的路线试驾后,销售顾问要结合客户试乘试驾的感受适时的跟进,以促使客户确认购买。需要注意以下事项:

(1)销售顾问要确认客户已有足够时间来体验车辆性能,不排除客户再度试乘试驾的可能性,现实中往往有些销售顾问急于结束客户的试乘环节,造成了客户的不满。
(2)销售顾问协助客户将车辆停放于指定区域,并引导客户回到洽谈桌旁。
(3)销售顾问要适当称赞客户的驾驶技术,通过赞美提升客户对车辆喜爱程度。
(4)销售顾问必须针对客户特别感兴趣的配备再次加以说明,并引导客户回忆美好的试驾体验。
(5)针对客户试驾时产生的疑虑,应立即给予客观合理的说明。
(6)利用客户试驾后,对产品的热度尚未退却,引导客户进入报价商谈阶段,自然促进成交,对暂时未成交的客户,利用留下的相关信息,与其一同填写《试乘试驾意见表》(表4-1),并与其保持联系。
(7)待客户离去后,填写客户信息表,注明客户的驾驶特性和关注点。

试乘试驾意见表

表 4-1

试乘试驾车型：_____　　　　　　　　　　　　　_____年_____月_____日

1. 请您就以下项目对试乘试驾车型给出您的意见：

项目					
起动、起步	□好	□较好	□一般	□差	□很差
加速性能	□好	□较好	□一般	□差	□很差
转弯性能	□好	□较好	□一般	□差	□很差
制动性能	□好	□较好	□一般	□差	□很差
行驶操控性	□好	□较好	□一般	□差	□很差
驾驶视野	□好	□较好	□一般	□差	□很差
乘坐舒适性	□好	□较好	□一般	□差	□很差
静谧性	□好	□较好	□一般	□差	□很差
音响效果	□好	□较好	□一般	□差	□很差
空调效果	□好	□较好	□一般	□差	□很差
操控便利性	□好	□较好	□一般	□差	□很差
内部空间	□好	□较好	□一般	□差	□很差
内饰工艺	□好	□较好	□一般	□差	□很差
上下车便利性	□好	□较好	□一般	□差	□很差
外形尺寸	□好	□较好	□一般	□差	□很差
外部造型	□好	□较好	□一般	□差	□很差

2. 您对陪同试驾人员的满意程度？

□很满意　　□满意　　□一般　　□不满意　　□很不满意

3. 您对经销店试乘试驾服务的满意程度？

□很满意　　□满意　　□一般　　□不满意　　□很不满意

4. 您的其他宝贵意见和建议：

_____

姓名：_____　　　　　地址：_____

电话：_____　　　　　E-mail：_____

三 试乘试驾的要点

1 以客户的需求为中心

试乘试驾环节一定要以客户的需求为中心,具体要点如下:
(1)在确认客户有足够的时间体验车辆及其特色后,再说明车辆的特色和好处。
(2)在试乘试驾过程中不要和客户提及价格。
(3)强调或突出在车辆展示时所介绍的特色和好处。
(4)确认车辆是否符合客户的需求。
(5)指出那些立刻就能激起客户兴趣的内部配备和特征。
(6)在客户试驾过程中,如果客户没有提出问题,销售顾问尽量不要讲话,让客户自己充分体会车辆的特性。

2 令人满意的试乘试驾要点

销售顾问每次都应根据车辆动态方面的特有强项以及每位客户的特别需求,对试乘试驾进行量身定制。研究表明,下列要点能够增加客户对试驾的满意度:
(1)主动提供试乘试驾机会。
(2)在试乘试驾过程中,选择常见类型的路面。
(3)试乘试驾过程不应太仓促,以 15~20min 为宜。

3 试乘试驾的安全注意事项

(1)在开始行驶时,确认车内每个人的安全带都已系好。
(2)将车开出经销店后,应选择安全的地方和客户交换驾驶。
(3)在客户试驾的过程中,如果销售顾问预见到任何危险,应坚决要求客户将车停于安全地点,改试驾为试乘。

4 试乘试驾的执行技巧

在执行试乘试驾环节时下面的技巧要注意应用:
(1)永远不要询问他/她是否想进行试驾。
(2)直接去做就可以了,如果你之前的工作都很到位,你有理由认为客户是乐于进行试驾的。
(3)由销售人员先驾驶,并向客户示范一些在未起动车辆时无法讲解的特征。
(4)按照计划好的路线行驶。
(5)在开到一半路程的时候,停在一个安全的地方,然后关闭发动机。
(6)将钥匙交给客户。
(7)帮助客户调整驾驶座椅。

(8) 在返回路上保持安静,让客户在意识上形成拥有感。

(9) 再次确认车辆的优点和好处。只在必要的时候才说话,客户有问题才回答。

试乘试驾是一个展现车辆众多卓越特色的极好机会,也有很多的注意事项,销售顾问要充分利用好这个环节,同时注意以上要点。

 第六节　报价和签约

在通过需求分析和商品说明后,客户会对车辆基本满意,接下来就是达成购买协议的重要环节,即报价和签约。此阶段是所有销售流程中重要的一环,在客户愿意签订之前,销售顾问如何把握机会,看现场状况,提出有利于双方的条件,将会是有效成交的基础。而一般的销售顾问对该环节最感头痛,并且最容易功败垂成。所以,本节以销售达成协议过程中一些实际案例或话术,提供销售顾问做参考,强化销售顾问成交的信心,并创造高成交率。

一、报价签约概述

客户的异议或抗拒往往是在将要拥有产品时和必须要付出代价时产生的,因此,报价成交过程中,销售人员的专业素养和必须成交的信念是必要的条件。

1 客户对报价成交的期望

客户希望销售顾问能给他足够的时间作决定,不要给他太大的压力;能对他进行全面的说明,能让客户了解购车过程的关键信息;签约后能保持与客户的联络,并及时告知车辆信息(图4-45)。

图4-45　客户对报价成交的期望

2 报价成交的目的

报价商谈是在销售顾问和客户建立充分信任后再展开的,通常关系到销售能否顺利成交,同时,客户的异议也会出现在这个阶段,因此,销售顾问应该详细解说所有相关文件,并考虑到客户的实际需求和他/她所关心的问题。让客户了解购车细节,促进购买成交,同时做好客户的购车顾问,提升客户满意度。

3 报价商谈室标准

报价商谈时最好在规范的商谈室进行,同时要确保在每一个销售商谈室的桌面上永远放着一份销售合同;商谈室内不应有任何私人物品;商谈室内要放置车辆宣传手册;商谈室内不应有任何食物。

4 报价成交的执行方法

报价成交的执行方法主要有:
(1)根据客户需求,制作《商谈文件》,并详细说明。
(2)详细解释相关文件和流程,回答客户问题。
(3)制作合同书并取得上司认可,与客户签约。
(4)安排交车日期,跟踪余款处理,与客户保持联络。

5 报价的时机

当销售顾问确定自己已注意并完成了以下的注意事项时,才可较为正式地对客户进行报价,这时的报价才更有把握。
(1)客户到达展厅后,销售顾问以十分专业的水准迎接他们的到来。
(2)销售顾问与客户交换了名片,并在随后的两个多小时中始终使用姓氏尊称客户。
(3)与客户一起花时间看了那些可能满足客户需求的车型。
(4)销售顾问从中选出一款适合客户的车辆。
(5)销售顾问陪同客户一同参观售后服务部门,使他们对经销店的环境更加熟悉。
(6)销售顾问详尽地介绍了这款车辆的每个细节。
(7)销售顾问认真地回答了所有关于这款车辆的问题。
(8)销售顾问陪同客户进行了一次有意义的试驾。
(9)销售顾问已确定客户对车辆感到十分的满意。

6 议价的注意事项

销售顾问在对客户进行报价时,客户势必会进行议价,下面是一些议价的建议。
(1)销售顾问要从心里允许每一位客户就车辆讨价还价。
(2)销售顾问要充分说明车辆的价值。
(3)当客户说"不"时,销售顾问要追究其原因。
(4)当客户说"好"时,销售顾问要建议客户购买。
(5)销售顾问不要急躁,要合理地解释一下你所做出的每一个让步。

(6)折扣的多少并不重要,重要的是销售顾问给予折扣的频率和方式。
(7)销售顾问要不断提醒自己,作为一名销售顾问应有的位置。
(8)销售顾问通过提醒客户这辆汽车的好处,引起客户感情上的共鸣。
(9)销售顾问要保持冷静和沉着。
(10)销售顾问要避免与其他经销店及他们所给出的优惠进行比较。
(11)销售顾问要不断向客户表明他从你经销店购车的好处。
(12)销售顾问不要说的太多。
(13)销售顾问要相信"沉默"的力量。
(14)销售顾问要明白客户也会有自己的开价和成交价。
(15)销售顾问开价要高,不要为赚取利润而感到愧疚不安。
(16)销售顾问要尽量得到客户的真正应允及签名认可。
(17)销售顾问要尽量得到客户相当数目的订金。
(18)销售顾问要力争为客户、自己和经销商创造三赢的局面。
(19)销售顾问要学会享受其中的乐趣,不要急躁。

7 报价成交的流程

在整个报价成交的流程中,首先还是要确认客户的需求,然后在客户感觉舒服的区域讨论原先记录的客户需求,销售顾问应扮演建议者的角色,对来访的客户给予同等的注意与对待。报价成交的基本流程如图4-46所示,报价成交的关键是取得客户的确认。

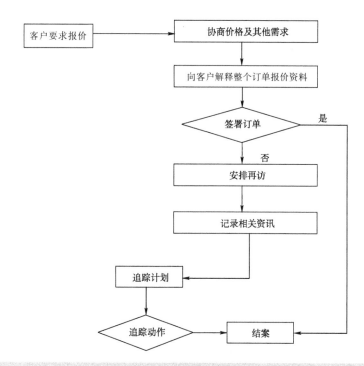

图4-46 报价成交的流程

销售顾问在确认客户的需求后向客户解释为什么购买本产品是最好的选择,告诉客户有关本产品的注意事项。另外,销售顾问应先查询库存状况,提供给客户参考,完整的订单资料主要包括:

(1)价格:各产品价格,其他配备价格。
(2)付款方式:提供最符合客户条件的付款方法。
(3)产品保证:销售顾问向客户解释一般产品的保证范围。
(4)维修服务:销售顾问应介绍维修服务,说明用车的省心和放心。
(5)说明成交价格:告诉客户最后的成交价格。

如果客户不签订订单,销售人员应确实了解异议,以及未能克服的根本原因,安排再访机会;将此原因记录在客户资料档案中;若经数次联络皆未能有进一步的结果,则由销售经理决定下一步的动作。

客户签订订单时往往会有一些影响签约的心理状况,了解并尽量避免这些可以促进客户的签约,根据调查显示出客户在签约时的担心主要有:是否对自己有利感到没有把握;害怕被销售人员利用;谈判时感觉不舒服;对其他公司销售顾问感到不好意思;对订单内容不了解;感觉不确定,害怕,感受压力和困惑。所以在达成协议之前销售顾问要克服客户这些会影响签约的感觉。

二 报价前异议的处理

在达成协议的阶段,异议处理是一个重要环节。能够妥善处理并解决客户的异议,或是能够了解到客户出现异议的更深层次的原因并加以解决,得到客户的满意,那么对销售顾问进行价格谈判是非常有利的。

1 客户常见的异议项目

(1)产品方面:包括产品的规格、品质、已售出的数目等。
(2)商业条款:包括付款条件、方式、价格、交车日期等。
(3)服务方面:包括售后服务人员的专业知识及技术、服务态度、维护能力、客户反应等。

2 欢迎异议

销售顾问不应惧怕客户的异议,因为每个异议都是销售的绝好机会,客户如果没有异议就表示客户没有购买欲、对你的产品没有兴趣,所以销售顾问应该对客户的异议持欢迎的汽车营销态度。

3 处理异议需要注意的事项

销售顾问在处理客户异议时要注意的要点是:不要打断客户的说话;让客户清楚表达意见;不要争辩;保持冷静;转换异议为询问。

三 报价成交的主要环节

报价成交是整个销售流程中很关键的环节,主要包括报价成交的准备、说明汽车商品的价格、制作合同、签约与订金手续、履约与余款处理、若交车有延误时、当客户决定不成交时的环节。

1 报价前的准备

(1)确保销售顾问有一整套完整的材料以完成这笔交易。所有的必备文件应用一个写有客户姓名的信封封装。同时准备好所有必要的工具,如计算器、签字笔、价格信息和利率表。

(2)了解其他品牌店的竞争情况,了解潜在客户基本信息,确定客户正确的姓名、工作、家庭地址和联系电话。确定谁是名义上的购买者以及由谁支付款项。

(3)注意收集其他有关的一些信息,包括:具有影响力的人、重要事件(出生、周年纪念)、入学情况、最近住所的变化、居住条件的变化等。

2 说明汽车商品的价格

报价商谈是在销售顾问和客户建立充分信任后展开的,通常关系到销售能否顺利成交,同时,客户的异议也会出现在这个阶段,因此销售顾问应该详细解释所有相关文件,并考虑客户的实际需求和他/她所关心的问题。同时要注意报价相关技巧的应用,比如三明治式的报价技巧(图4-47):总结一些客户最关心的、适合客户的好处,这些好处针对的是客户的主要购买动机;明确地报出价格;强调一些可能会超出客户期望的、适合客户的好处。

客户对价格的商谈是很敏感的,在本环节中销售顾问要准备充分:

(1)请客户确认所选择的车型、保险、按揭、一条龙服务等代办手续的意向。

(2)根据客户需求拟订销售方案,制作《商谈文本》(表4-2)。

(3)对报价内容、付款方法及各种费用进行详尽易懂的说明,耐心回答客户的问题。

(4)说明销售价格时,再次总结商品的主要配备及客户利益。

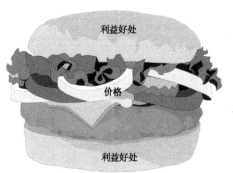

图4-47 三明治式的报价方法

(5)利用《上牌手续及费用清单》(表4-3),详细说明车辆购置程序和费用。

(6)必要时重复已作过的说明,并确认客户完全明白。

(7)让客户有充分的时间自主地审核销售方案(图4-48)。

商谈文本

表 4-2

购车订购人	新购/赠购/更换	名称（联系人）	署名/盖章		身份	
		地址		邮编	身份证号	
		出生年月	年　月　日	单位	TEL	FAX
		性别	职业/行业			E-mail

登记名义人	同预定人/非预定人	登记名称	署名/盖章		身份	
		地址		邮编	身份证号	
		出生年月	年　月　日	单位	TEL	FAX
		性别	职业/行业			E-mail

车名		型号	SFX	颜色	台数

应付款	金额（人民币）	百	十	万	千	百	十	元	角	分
	车辆价格									
	A. 厂家特别规格价格									
	B. 精品选购价格									
	C. 经销商提供选装价格									
	合计　　　①									
	D. 购置附加费用　②									
	E. 保险费　　　③									
	合计（①+②+③）I									

应付订购金　　　II										

余款	合计（I-II）									
	现付									
	按揭									

现付方法：　　1. 现金　　2. 汇票、支票　　3. 转账

D 购置附加费用明细	车辆购置附加税									
	车船税									
	上牌费用									
	其他 1（　　）									
	其他 2（　　）									
	购置附加费用合计									

E 保险明细	附加费	车辆损失险									
		第三者责任险									
		全车盗抢险									
		车上责任险									
		无过失责任险									
		玻璃单独破碎险									
		自燃损失险									
		不计免赔特约险									
		其他（　　）									
		保险费合计									

保险公司

选装、选购明细	商品名	商品编号	数量	金额
A				
		合计		
B				
		合计		
C				
		合计		

按揭利用明细	签约金融机构：	抵押方式：
		车辆
	期限	履约保险
	还款截止日：	
	利息代估	其他（　　）

其他

预定交车日期

销售部长/销售经理	销售员	TEL
	代码	

订购金付款确认	金额	（小写）				
		（大写）				
	到账日：	年　月　日				

上牌手续及费用清单　　　　　　　　　　　　　　　　表 4-3

顾客姓名：_____		联系电话：_____
上牌手续		费　用
(1) 行驶证	□	
(2) 登记证	□	
(3) 购车发票(两联)	□	
(4) 购置税发票及凭证	□	
(5) 环保绿色标志	□	
(6) 检字标志	□	
(7) 牌照及牌照号	□	
(8) 检测	□	
(9) 拓号	□	
(10) 停车	□	
(11) 复印	□	
(12)	□	
(13)	□	
(14)	□	
(15)	□	
总计：		
备注：		
*以上手续完备、费用结算完毕		
客户签收：_____　　　经办人：_____		
日　　期：_____		

3　制作合同

销售合同的制定要与客户一起,并正确填写相关的内容,主要注意的点如下：

(1) 请客户确认报价内容。

(2) 检查库存状况,合理安排交车时间,并取得客户认可。

(3) 制作合同,准确填写合同中的相关资料。

图 4-48　询问报价单

(4) 与销售部长就合同内容进行确认并得到其认可。

(5) 协助客户确认所有细节,请客户签字后交付其合同书副本,并致谢。

4 签约及订金手续

签约及订金手续的过程是整个销售环节中最关键的环节,销售顾问要集中精力。
(1)专心处理客户签约事宜,谢绝外界一切干扰,暂不接电话,表示对客户的尊重。
(2)协助客户确认所有细节,请客户签字后把合同书副本交给客户。
(3)销售人员带领客户前往财务部门,并确认往来发票。
(4)合同正式生效后,销售人员应将合同内容录入到经销商的销售管理系统中。

5 履约及余款处理

签约以后销售顾问不要冷落客户,相反更应该关注客户。需要注意以下几点:

图4-49 余款的处理

(1)销售顾问根据实际情况与客户约定交车时间。
(2)客户等车期间,保持与客户的联络,让客户及时了解车辆的准备情况。
(3)销售顾问确认配送车辆后,提前通知客户准备好余款(图4-49)。
(4)销售顾问进行余款交纳的跟踪确认,直至客户完成交纳款。
(5)签约后交车前销售顾问携带《驾驶人手册》拜访客户(图4-50)。

(6)保持与客户的联系,瞅准时机打个电话给客户(也可安排专人在签约后与客户联络)。
(7)若等车期间恰逢节日,邮寄一份小礼物表示心意(图4-51)。

图4-50 客户等车期间的处理

图4-51 客户等车时的关怀

6 交车有延误时

如果因故不能按约定的时间给客户交车时一定要注意下面的事项:
(1)第一时间通知客户,表示歉意。
(2)告知解决方案,取得客户认同。
(3)在等待交车期间,应与客户保持联络,让客户及时了解车辆的准备情况。

7 当客户决定不成交时

如果客户因故不决定成交时,销售顾问应注意以下事项:

(1)销售顾问应了解客户的疑虑,再逐一说明确认,同时应站在客户立场,不得对客户施加压力,应给客户足够的时间及空间考虑。

(2)销售顾问可根据客户需求,进行专业引导,解决客户的疑虑,再次总结并说明自己产品及服务的优点。

(3)销售顾问应根据客户的基本资料,制订后续跟踪计划。

(4)当客户选取其他品牌的产品时,销售顾问应婉转请求客户告知选择其他品牌的原因。

四 价格谈判

价格谈判的目的是让销售顾问确保所在本展厅的汽车价位,一旦价格降低,哪怕只是一次,那么,在以后的销售过程中就很难再提升到原来的价位。很多产品同样都面临客户杀价的问题,很少有不杀价的客户,而此问题产生后的尖锐程度其实与销售顾问前期的铺垫工作、与客户的磨合度是否到位有着密切的关系。

价格谈判在议价成交、达成协议的过程中起着至关重要的作用,一般而言,客户对轻易获得的让步永远持怀疑的态度,对合理且坚定的价位,较能产生认同。故在价格谈判中,除非已经非常确定市场行情,否则应先以建议售价为出发,再提供公司的促销价格,最后才考虑其他的让价或提供赠品的做法。

所以应付杀价的能力也成为销售顾问必备技能之一,应付杀价的手法相当多,对不同类型的人应有不同的对待的方式,那在众多的应付杀价的手法中,应该选择适当的做法来应付不同类型客户的杀价。

1 客户杀价心理

客户为什么会杀价呢?其实是有一些心理作用在作怪,销售顾问了解客户的杀价心理对于应对客户的杀价很有帮助,常见的客户杀价心理有:

(1)贪小便宜的心理:希望以比别人低的价格买到好东西。

(2)怀疑的心理:任何的价格,都怀疑其真实性。

(3)害怕吃亏的心理:害怕受骗,害怕买贵了。

(4)炫耀的心理:告诉别人,自己很会买东西,以较便宜价格买到相同产品。

(5)试探的心理:总是要杀一杀价,以探询底价。

(6)习惯性心理:谈到价格一定要杀一杀。

2 应付客户杀价的原则

在客户进行杀价时,销售顾问要把握以下两个原则:

(1)立场要坚定、态度要诚恳、语气要婉转。

(2)要有充分的耐性,千万不能让客户下谈判桌,拂袖而去。

3 应付客户杀价的方法

在实际的销售工作中,销售顾问积累了较多的行之有效的方法。但在具体实现这些应付杀价的手法前,销售顾问应先了解客户是否真正喜欢所推销的产品,喜欢的程度又是多少? 了解这些后才能让这些方法在整个价格谈判的过程中起主导作用。

(1)闪避法:先将一些敏感话题避开,谈些别的,不要就此针锋相对,要从价格转移到产品的价值上来。

例:"×××先生,您放心啦! 我们的价格肯定公道,您女儿昨天也来帮您看过了,觉得很满意啊,您看什么时候要交货呢?"

(2)赠品法:将价格问题转变为赠品问题。公司可先准备促销的大礼包。当然,很可能所有的4S店都会有大礼包,对客户来说没有多大吸引力。然而,大礼包也可以有不同的送法,如礼包中物品可根据客户需要重新搭配,可以送与汽车有关的,当然送一些与汽车无关的也无碍。主要在于销售顾问是否能够了解到客户喜欢怎样的东西。

例:"×××先生,价格您放心啦,这样啦,我送你×××东西你最需要的……"

(3)差异化法:强调自己的东西与别人不同。即使全世界的4S店的产品、赠品、加装的配件都一样,但是销售顾问的服务是超群的,硬件可以很容易地被模仿,软件却不能,服务中的一个微笑、一个动作都是不易被模仿的。一个客户想要购买一辆丰田车,并不是因为丰田的总裁是谁,而是因为丰田的品牌,丰田的质量,丰田的口碑;而要客户在你的展厅内购买汽车,你所要做的就是推销自己的专业,推销你的服务,展示你能够协助他买到最合适的汽车的能力。

例:"×××先生,我们的产品有×××不一样的地方。""×××先生,我们的公司有×××不一样的地方。""×××先生,我们的服务有×××不一样的地方。""×××先生,我送给您不一样的赠品。""×××先生,我们保证有×××。""×××先生,我们的赠品有×××不一样。"

(4)反问法:问客户不同的问题。

例:"×××先生,您为何觉得贵呢? ×××先生,您希望买品质还是买价格呢?""×××先生,您希望买到好的服务吗?""×××先生,您希望便宜多少呢?""×××先生,能告诉我,您杀价的理由吗?""×××先生,做生意不赚钱,您做吗?"

(5)立场互换法:通过角色互换,让客户感觉杀价的不合理。

例:"×××先生,如果您是我,您会怎么做?"

(6)哀兵政策:向客户说明销售顾问的辛苦和不容易。

例:"×××先生,您知道销售顾问卖出这种产品只有多少奖金吗?""×××先生,您知道产品售后,将来有多少服务工作要做吗?""×××先生,生意真难做呢,实在是没钱赚呢! ×××先生,给个跑路费吧!""×××先生,实在是尽了最大力量了,请给小弟一个业绩吧!"

(7)成本分析法:将产品的成本结构分析给客户听,如有销售顾问的奖金、公司的日常开销、运输费等各种费用,将这些成本分析给客户听,使客户了解这个价格的合理性。

(8)细分法:将所要求的折扣,以10年、5年或一定期限来分摊,成为每天一个小小的数额,降低客户的价值感。

例:客户要求便宜3000元,将其除以3年,每年为1000元。1000元除以12个月等于每月83元,再除以30天等于每天2.8元。告诉客户,每天2.8元即可享用绝佳的产品,实在太值得了。

(9)坚持原则法:不到最后关头,决不轻易降价,坚持下去。坚持的同时切记不要遗漏一点口风,比如"我是没有这样的权力",客户立即会感到可能经理可以有权力降价,则会要求见经理。而作为一名优秀的销售顾问应该让问题在自己这边就得以解决。

(10)让步法:很缓慢地,以小小的数额慢慢让步。需要非常具有耐心与体力,比如在很为难的情况下让步500元后,再继续与客户沟通,或保持一段沉默,让客户自己思考,这样的情况可以慢慢重复多次进行。

(11)推脱法:销售顾问将不能降价的理由推给别人。

例:"×××先生,公司的规定就是这样,说实在的我也很愿意算你便宜一些呢!可是这辆车从推出到现在一直都是这个价呢!"

(12)故事法:说个故事给客户听。"

例:"×××先生,昨天也有一位先生提到这个问题,他也觉得×××轮胎寿命不长,不过当时正好有另外一个客户在场,他就正在使用这种轮胎,感觉并没有像大家说的那样寿命短,反而觉得非常耐用!"

(13)证明法:拿出别的客户的合同书给他看。可以拿与他购买相同产品的客户的合同书,让他相信别人也是与他同样价格购买的,或是之所以其他人的价格便宜了一点,是因为其中更换了一个其他配件。

(14)总包法:以一个总价来包括所有客户需要的服务项目。

例:"×××先生,这样吧,总共4000元,我帮你从产品品质、出货到交货等通通弄好啦,其他再没有什么费用了!"

(15)转移法:要求客户购买别的形式或特价商品,转移其注意力。"

例:"×××先生,要算便宜一些,没有问题,但你买另一型的产品好吗?×××先生,相同型号的便宜一些的也有,您要不跟我到后面仓库去看一下。"

(16)压力法:给客户压力。便宜没好货,羊毛出在羊身上。或是能够现身说法,用自己曾经经历过的类似的事情来与之比较。

例:"×××先生,要便宜多少钱,我不敢说不可能啦!但是你也知道,特价商品只限展厅的,绝不退换,你不怕买到有瑕疵的产品吗?"

虽然上面介绍了可以应对客户杀价的方法,但实际工作中尽量不要给客户杀价的理由,想一想,在销售顾问的生活中,去肯德基吃份套餐,去咖啡店喝杯咖啡,去火车站买车票,你是否也会想要杀价呢?当然不会,是怎样的原因使销售顾问在这样的场所消费不会想到要去杀价;而去商场买个电器,或是去数码城买相机,就会自然地想要杀一杀价呢?是否能够让销售顾问的4S店成为客户不会想要杀价的地方呢?

4 价格没谈成的应对

现实销售中即使没有和客户谈成生意,销售顾问也要注意倾听对方所说的话;尽量给予最圆满的解释,使他满意;如果你说了某些话,就要证明给他看;即使是相同理由也要一再地说给他听;保证其他客户的待遇都没有他好;指出将会提供最完美的售后服务;说明其他有能力及受尊敬的人也是这样的选择;让他亲自去调查某些事情;向他保证未来交易的优待;让高级主管亲自出马使他更满意、更有信心;如果不是这个,请问是哪个;如果不是今天,请问是何时。总之让客户感觉到生意不在人情在的温暖服务。

五、未成交原因

现实的销售中,由于销售顾问的原因可导致客户未成交,下面是一些常见的导致客户不签约的原因:销售顾问过于爱谈话;当潜在客户说话时,销售顾问没有仔细聆听,也没有认真作记录;当潜在的销售机会出现时,销售顾问没有及时反应过来及把握;销售顾问没有能力分辨适当销售时机;销售顾问无法适当处理客户的拒绝或产品问题;自己不清楚产品的相关资讯,却只管向客户胡乱吹嘘;销售顾问把自己的偏见或价值观强加在客户身上;销售顾问不能有效理解购买信号,因此不能做出适当的反应;销售顾问只知用产品特性与价值来打动客户,却不懂得以客户需求为出发;销售顾问不会主动争取机会。针对这些原因,销售顾问要注意在工作实践中去体会和提高,这样才可以提高自己的成交率。

六、达成交易

如果销售顾问没有给出任何关于折扣的直接承诺或者对某种可能的结果进行暗示,那么以厂家建议零售价为议价起步并不困难。认为只有大打折扣才能打动客户采取购买行动,只是销售顾问一厢情愿的想法。如何才能更好地达成交易呢?下面的技巧可以参考:在报价并建议成交后保持沉默、等待客户的答案、递给客户一支钢笔、不要移开视线或者显得惴惴不安、用轻松的目光看着客户的眼睛、充分利用订货表。

第七节 车辆交付及售后跟踪

在完成销售过程中最困难的报价成交部分后,下一个会影响整体销售服务质量的是车辆交付流程。车辆交付流程就整个客户管理过程而言,是优质服务的开始。而在销售过后,销售顾问是否会接到投诉电话,交车流程的好坏则扮演了相当重要的角色。一个好的交车流程,除了需要经销商全员的配合外,销售顾问是否能以客户的立场,以大公无私的心态为客户把关则是体现销售顾问综合素养的时候,事实上交车环节是客户最兴奋最开心的时刻,销售顾问不应把成交作为销售的结束,而应该在交车环节兑现先前的服务承诺,让客户感到更满意的服务。

一、车辆交付的概述

交车是客户最兴奋的时刻,经过调查,车辆交付环节是经销店在销售过程中较薄弱的环节。为此,在交车开始时就要一一完成对客户的承诺。培养忠诚客户由此环节开始,为此本节的主要目的在于通过制定一系列的标准,介绍相应技巧,使得交车过程能激发客户的热情,提升客户满意度,令客户对交车过程留下难忘的印象,并为售后跟踪联系预作铺垫。

1 客户对车辆交付环节的期望

客户希望在约定的时间能将车辆完好无缺地交给他,销售顾问能切实履行对客户的承诺,针对客户最关心的车辆使用和服务问题,销售顾问能提供完善、专业的解决方案,并详细说明,解决客户的后顾之忧(图4-52)。针对客户的这些期望,销售顾问应加强对车辆交付环节的重视,并提高客户的满意度。

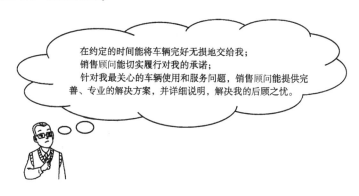

图4-52 客户对车辆交付环节的期望

2 车辆交付的目的

车辆交付环节作为销售流程的一个关键环节,主要是通过交车激发客户热情,感动客户,建立长期关系;为客户解决后顾之忧,建立销售顾问用车顾问的形象;加强客户对品牌的满意度。

3 车辆交付的执行方法

车辆交付的执行方法主要有下面5条:
(1)按经销店规范完成交车前的准备工作,做好交车前的预约工作。
(2)在交车过程中保持对客户的关注,热情友好。
(3)确保有足够时间说明车辆、文件和费用,回答客户疑问。
(4)建立客户与售后服务部门的联系。
(5)通过简短热烈的交车仪式激发客户热情。

二、车辆交付的主要环节

车辆交付环节主要有六个关键点,分别描述如下。

1 交车前的准备

(1)销售顾问委托售后服务部门进行 PDS 新车检查并签字确认。
(2)销售顾问再次确认客户的付款条件和付款情况,以及对客户的承诺事项。
(3)销售顾问电话联系客户,确认交车时间,并告知交车流程和所需时间,征得客户认可。
(4)展厅门口设置交车恭喜牌,交车区场地打扫干净,设置告示牌(图 4-53)。
(5)清洗车辆,保证车辆内外美观整洁,车内地板铺上保护纸垫。
(6)重点检查车窗、后视镜、烟灰缸、备用轮胎和工具,校正时钟,调整收音机频道等。若车辆配有 NAVI 系统,则设定经销店的位置。
(7)待交车辆油箱内加注 1/4 箱燃油。
(8)通知相关人员交车仪式的时间和客户信息,确认出席人员。

2 交车时的客户接待

由于销售顾问之前与客户已经建立了友好的关系,所以此时的接待工作应该更加热情。
(1)交车客户到达时,销售顾问预先到门口迎接,态度热情,如客户开车到达时,销售顾问应主动至停车场迎接。销售顾问在迎接客户时需保持面带微笑,并恭喜客户本日提车。
(2)恭喜客户,并立刻为客户挂上《交车贵宾证》(不同车型分别设定)(图 4-54)。

图 4-53 交车恭喜牌

图 4-54 交车贵宾证

(3)销售顾问可先邀请客户至交车区看一下新车,然后告知客户尚有手续要办,并引领客户至洽谈桌。
(4)每位员工见到戴有《交车贵宾证》的客户,立刻道喜祝贺。

3 费用说明及文件交付

费用说明及文件交付可能要花费客户一定的时间,销售顾问要提前给客户有一个说明,免得客户着急,同时注意下面的事项:

(1) 销售顾问将客户引导至洽谈桌,说明交车流程及所需时间。
(2) 出示《客户交车确认表》,并说明其用意。
(3) 解释各项费用的清算,上牌手续和票据交付。
(4) 解释车辆检查、维护的日程,重点介绍提醒首次维护的服务项目、公里数和免费维护项目。
(5) 利用《保修手册》说明保修内容和保修范围。
(6) 介绍售后服务项目、服务流程及 24h 服务热线。
(7) 移交有关物品、文件,如《用户手册》《保修手册》、购车发票、保险手续、行驶证、车辆钥匙等,并请客户确认。

4 车辆验收与操作说明

(1) 销售人员陪同交车客户进行车辆检查。
(2) 销售人员利用《新车交接确认表》用简单易懂的语言进行车辆说明(表4-4)。

新车交接确认表　　　　　　　　　　　　　　　　　　　　表4-4

从客户满意到客户感动

○ 新车说明一览	○ 车辆确认(外部)
□ 外观设计	□ 车辆外观清洁
□ 门窗开关及上锁的方法(车门儿童安全锁等)	□ 检查车身无划痕、污渍
□ 驾驶位置的调整方法(座椅、转向盘)	□ 检查玻璃无划痕、污渍
□ 安全带的使用方法	□ 检查轮胎、车轮无划痕、污渍
□ 外后视镜和内后视镜的调整方法	○ 车辆确认(内部)
□ 钥匙和起动程序	□ 清洁车辆(特别是烟灰缸、随车工具等)
□ 组合开关的操作方法(前照灯、雾灯、转向灯、紧急指示灯、刮水器、定速巡航控制等)	□ 安置车厢内脚踏垫(未订购时可用脚垫纸代替)
□ 前照灯清洗装置说明	□ 检查内饰颜色,无划痕、污渍
□ 仪表板及各项指示灯说明	□ 确认电动装置能正常工作
□ 变速器的操作方法	□ 确认随车附件和工具:备胎、卸胎工具、千斤顶、点烟器、烟灰缸等
□ 各类开关的操作方法和位置指示(发动机罩、行李舱盖、加油口盖)	□ 确认订购装备
□ DVD语音电子导航系统说明及演示(设回家路线)(若配备)	□ 设定收音机频道和时钟
	□ 确认DVD电子语音导航系统的运行状况
□ 空调系统操作说明	□ 确认燃油量(有1/4箱燃油)

(3) 销售人员利用《驾驶人手册》介绍如何使用新车。
(4) 销售人员利用《安全注意事项》进行安全说明。
(5) 协助客户确认所定购的精品、附属件,告知赠送的燃油量。
(6) 确认所有事项后,与客户核对《交车过程及文件确认表》(表4-5)和《新车交接确认

《表》,并请客户签名确认。

交车过程及文件确认表　　　　表 4-5

——从客户满意到客户感动——

交车前准备		车辆文件交付	
新车类型 □		定单号码 □	

交车前准备
- □ 交车前 3 日的电话预约
- □ 交车前 1 日电话预约,告知交车时间 (>45 min)
- □ 付款状况的确认
- □ 车辆 PDS 和车辆清洁确认
- □ 交车区和参与人员的确认

客户接待
- □ 迎接客户
- □ 交车内容概述

费用与文件说明
- □ 购车费用说明(合同)
- □ 开具发票和《出门证》
- □ 上牌手续和票据说明(上牌手续与费用清单)
- □ 关于保险的说明(保险单)
- □ 车辆维护说明(驾驶人手册,维护手册)
- □ 免费维护的说明(维护手册)
- □ 保修事项说明(保修手册)
- □ 售后服务说明

车辆验收与操作说明
- □ 车辆验收(新车点交表)
- □ 精品附件确认(新车订购单)
- □ 操作说明(新车点交表)
- □ 安全事项说明(安全注意事项)
- □ 告知 3 日内电话确认车辆使用状况

以上内容准确无误,验收完毕

车辆文件交付
- □ 发票
- □ 合格证
- □ 保险单
- □ 购置税
- □ 车船税
- □ 车检证明
- □ 驾驶人手册
- □ 维护手册
- □ 保修手册
- □ 维护注意事项
- □ 安全驾驶注意事项
- □ 车辆技术参数表
- □ 进口货物证明书
- □ 商检单
- □ 其他

销售人员	
销售部长	
车辆颜色	

交车时间	VIN	
始:	客户签名	
迄:		

5 交车仪式

手续办理和车辆检查完毕后,举行一个有意义的仪式可以给客户留下一个美好的记忆,同时也可增加客户对品牌的满意度,仪式的举行一定要用心、热情,不要应付客户,注意的要点如下:

(1)介绍销售部长、服务部长或其他人员与客户认识。在交车过程中,如何为服务部门创造服务,并有效地将客户适当地转移到服务部门,是销售顾问最大的责任。销售顾问与服务人员像是共生的两个个体。销售以服务为起点,而服务又为销售顾问创造二次销售的契机。在良性循环中,销售业绩的提升是指日可待的。其实,介绍服务部门相关人员给客户,有时反而会替销售顾问节省相当多宝贵的时间。由单人服务变成整体服务除了可以节省时间外,更创造了更多的服务契机。

(2)向客户赠送鲜花,拍摄纪念照,另外,可向客户及其家人赠送小礼物。

(3)经销店有空闲的工作人员列席交车仪式,鼓掌以示祝贺。

6 与客户告别

交车仪式完毕后,当客户离开经销店时,销售人员一定要与客户告别,并适时的留下客户的联络方式,切忌此时冷落客户,应注意的要点如下:

(1)销售顾问应确认与客户的联系方式,并简述后续跟踪内容。

(2)客户离开时,销售经理、售后经理、售后服务人员和销售顾问应在展厅门外列席送别客户,直到客户开着车远离其视线为止(图4-55)。

(3)客户离去后,销售顾问应及时整理客户资料。

(4)预估客户到达目的地的时间,致电确认安全到达(图4-56)。

图4-55 送别客户

图4-56 致电客户

三 车辆交付环节要点

在销售流程中,人们的心情是不一样的。一般来说,在成交时,销售顾问会感到最高兴。不过,只有在交车后,客户才能获得想要的车辆。显而易见,销售顾问的兴奋点和客户的兴奋点并不同步(图4-57)。

如果销售顾问希望让客户在车辆交付后感到兴奋,那么必须让客户感到对于交车销售顾问和他们一样兴奋。因此,交付活动既包括理性的层面,也包括感性的层面。理性的层面就是要保证提供完整的服务,而感性的层面就是要让客户感到兴奋,以建立和客户的长期业

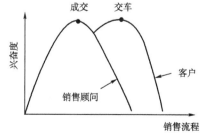

图4-57 兴奋点对比图

务关系。

四 售后跟踪

在交车后,客户一般都相当高兴。根据调查,他们内心有一股暗潮冲击思绪。当客户所担心的事项发生时,对客户忠诚度的影响则相当大。这时,应注意以下两个方面:一方面,客户担心在购车后会被销售顾问忘掉;在遇到产品故障或有疑问时不知道该与谁联系;与客户联系的销售顾问离职,而不再有人帮助客户解决问题和遵守承诺;对购买产品本身、价格或条款等感到后悔。另一方面,客户在购车后希望得到的价值是什么呢?购车后从不担心产品的质量问题;对成交前的承诺,销售顾问说到做到;能够及时地提供专业的售后服务,满足需求;安排合理的送货时间且迅速及时;履行退换货的承诺。

因此车辆交付后与客户之间的联系就变得非常重要,这就是售后跟踪的重要性。售后跟踪是保持客户忠诚的重要动作,也是收集客户购车情报、导入潜在客户开发的主要环节。优秀的销售顾问都拥有自己相对稳定的客户关系网络,并根据客户的重要等级确定与其保持沟通的频次,以维系一种相互信赖的关系,而这种关系正是销售顾问赖以成功的秘诀。

1 客户对售后跟踪的期望

客户购车之后,期望销售顾问还能适当地关心他,经销店还能提供持续的服务,让他能安心用车(图4-58)。针对客户的这种潜在心里期望,销售顾问要做好售后跟踪工作。

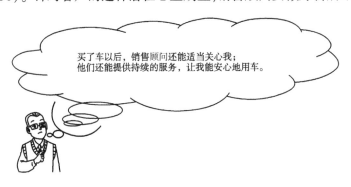

图4-58 客户对售后跟踪的期望

2 售后跟踪的目的

通过良好的售后跟踪活动可以维持销售人员与客户的联系,保持客户满意,提升客户服务水平,同时通过客户推介,也可以促进销售顾问的新车销售,增加销售业绩。

3 售后跟踪的主要流程

售后跟踪的主要流程如图4-59所示。

在整个售后跟踪中,打追踪电话是关键的一步,需要注意以下要点:追踪电话应在3~7

个工作日内打给客户;电话交谈时,应询问客户是否对产品与经销商提供的服务感到完全满意;在打追踪电话时,不可将电话转接给另一位员工;选择适当的时间打追踪电话;完成联络后,须马上记录。在 7 天内需打 3 次电话,分别在 1 天不同的时间,必要时亲自拜访;3 次电话均无法联络到客户时,则寄送追踪卡或明信片;若寄出卡片,则需记录。

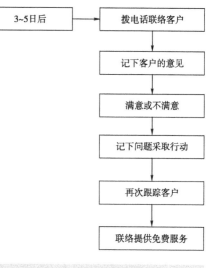

图 4-59 售后跟踪的流程

4 售后跟踪的主要环节

1) 售后跟踪的准备

(1) 查阅客户基本信息,确认重点内容,包括姓名、电话、购买车型及投诉等。

(2) 销售顾问在交车后 3 日内发给客户《感谢信》,并电话致谢,确认车辆使用情况。

(3) 联络后将客户信息在管理系统中进行登录,并归档保存。

(4) 销售顾问在交车后根据约定的时间与客户电话联系,询问车辆情况,通知免费车检,客户进行首保后,将客户信息卡转交售后服务部门管理。

2) 与客户关系的维系

销售顾问应制订客户跟踪管理计划。用电话、信件、短信或 E-mail 与客户保持联系,关心客户的用车情况;交车后每 3 个月应主动联系客户,了解其使用状况;每次跟踪后将用户信息填入客户信息管理卡,及时更新;主动请客户提供可能的潜在客户购买信息;若有相关促销活动,主动热情地邀请客户参加。

5 售后跟踪结果的处理

在售后跟踪中,如果客户完全满意,销售顾问需将追踪电话的结果进行记录,并告知客户会寄出问卷,同时提醒客户进行免费检查和进行首次维护。

如果客户不完全满意,销售顾问则需将客户的意见记录在客户资料档案中。记录内容需为客户所述,并在客户资料档案上标示出不完全满意;销售顾问必须提供解决方法以达到客户完全满意,解决方法需记录在客户资料档案上;若无法立即在电话中提出改善方法,销售顾问必须结束通话,承诺客户一定会尽快回电。

针对客户的不满意,销售顾问应提供解决方法,让客户完全满意。销售顾问需负责提出,监督矫正行动;依据主题,销售顾问讨论可能的矫正方法,让客户完全满意;决定好解决方法后,销售顾问再次联络客户,提供解决方法,让客户满意;将解决方法与客户意见记录在客户档案中。

第八节 电话销售沟通

在汽车销售过程中,销售顾问经常会接到客户打来的电话,良好的电话沟通和电话接待效果能提高客户对经销店的满意度,进而促进销售量的提高。电话使用及电话礼仪在第二章中已进行过详细的描述,本节仅就电话接待作简单的介绍。

一、电话接待的流程

经销店在前台都有专人接听电话,客户打电话到展厅主要是询问有关车的相关信息,或者是其他事宜,良好的接待过程可以增加客户对经销店的好感。客户来电的接待流程如图4-60所示。

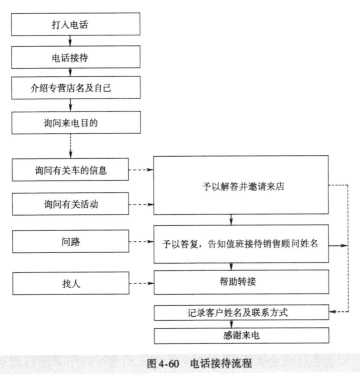

图 4-60 电话接待流程

二、电话接待的主要环节及标准

1 来电处理

展厅接待人员要在第一时间接听电话,铃响3声之内定要接听;避免来电打扰正在与客户交谈的销售顾问;若接待人员正与客户讲话,则由支援人员回答电话。

2 回答来电

在回答客户的来电时要报出经销商名称;报出自己姓名;进行问候;声音要清楚,需面带微笑;语气热诚亲切,活泼生动;内容可以是:"早上好,这里是×××公司,我是×××,有需要效劳的地方吗?"让客户充分地表达需求;边听边记下谈话内容摘要(尤其是数字),并登记《来店(电)客户登记表》。

3 客户不同需求的应对(图4-60)

1)客户来电是电话找人

(1)将电话转到恰当的人。

(2)告知客户要找的人的电话将予转接。

(3)如果被访者正忙,就询问客户是否愿意等一下,但不能让客户等待超过10s,否则应转回来和他谈话,并问他是否可以再等一等。

(4)记录信息,如果被访者不在,就询问客户怎么给他回电话。

(5)若在附近则用手遮住话筒,再请被访者来接听。

2)如果客户来电是询问相关事宜

(1)认真清晰地回答问题,若无法回答时则请客户稍等,向同事问清答案后再回答,或请同事代为回答。

(2)客户咨询车的价格、配置等相关问题时,一定要非常流利、专业地回答。

(3)如客户电话是咨询售后服务的,应尽可能地帮助解决,不能解决的应让客户留下联系电话,并马上交给售后服务部负责跟进。同时,销售顾问在《来店(电)客户登记表》上注明相关内容。

(4)主动邀请客户来经销店并尽可能留下客户资料(但不可强求),可说:"×××先生(小姐),如果您需要的话我将会把最完整的产品型录和资料寄给您,您的联系和通信方式是……"

4 结束电话并登记

电话结束后要及时做下面的工作:

(1)对重复的数字信息和内容再作确认。

(2)询问客户还有什么其他的要求。

(3)主动邀请客户来展厅看车或试乘试驾,并介绍当期举行的店头活动。

(4)感谢客户来电,等对方挂断电话后再挂电话。

(5)接完电话后销售顾问要详细登记好《来店(电)客户登记表》,且把客户资料录入系统。

三 销售流程案例分析

汽车销售是一件灵活的工作,前面所说的流程不一定非得按顺序执行,一切要从客户的需求出发,要体现出客户为导向和服务客户的销售理念。并在执行相关环节时,销售的服务理念和服务标准要贯彻到日常的销售工作中去,为了帮助大家更好地理解销售环节,下面以一个汽车销售案例的方式提供一个销售的综合分析。

某天上午,在×××特约经销店门口,很多销售顾问在等待迎接客户。徐先生夫妇带着他们的两个孩子来到店内,并观看展示车辆。徐先生来到一位销售顾问面前,询问他妻子特别感兴趣的×××车的价格。销售顾问告诉客户,在向客户介绍产品前不允许和客户讨论价格,并且告诉客户他很乐意马上开始产品演示。客户再次询问门店的"最低价格",销售顾问的回答和前面一样。客户最终同意先进行产品演示并试乘试驾。

销售顾问介绍了一辆×××车,并问客户是否想试乘试驾。徐太太问:"有没有其他颜色?"销售顾问回答说:"开起来是一样的,颜色无所谓。可以先试驾这辆车,然后再来看其他颜色的车。"然后,销售顾问建议带徐先生去试驾,让他的太太和孩子留在店内等候。徐先生提醒销售顾问,车是为妻子买的。这时候销售顾问的手机响了,是另一位在等候的客户打来的,他回复客户马上过去。

销售顾问向徐先生解释有人在等他,所以不能陪同他们试驾了。他建议丈夫和妻子分别试驾×××车,这样有一个人可以照顾孩子。销售顾问说:"我叫常××,您试驾回来后可以找我,您怎么称呼?"这时他知道了这对夫妇是徐先生和徐太太。

销售顾问去销售经理办公室取试驾车的车钥匙。不巧,销售经理不在办公室,门锁着。销售顾问开始四处寻找销售经理,最后通过对讲机联系上销售经理。

销售顾问回到徐先生夫妇身边,将车钥匙交给他们。徐先生问:"您的事情处理完了吗?"销售顾问说还没有,并且为找车钥匙耽误了时间表示歉意。于是徐先生一家开始试驾。徐先生非常喜欢这辆车,即使是白色。但徐太太不确定这辆车是否符合家用。展厅内和停车场上还有很多不错的车。

试驾完毕后,徐先生一家在休息室等候常先生。徐太太对客户休息室感觉有点不舒服。这里有点脏,地上到处有烟头和空纸杯。她没说什么,但对到这里来维护车辆并在这种休息室等待感到不太舒服。

销售顾问回来了,笑着打招呼说:"我知道你们会喜欢上×××车的。今天是个买车的好日子,所有×××车现在都有折扣。"客户表示需要时间考虑。徐先生说:"我不太确定。×××和×××也不错,有和×××价钱差不多的车吗?"

销售顾问说:"也可以看其他车,但今天是最后一天能以这个最好价格买到×××。而且我不能肯定,不过我想其他车要更贵一些。"徐先生夫妇相互看了看,并看看他们的孩子,大家都有点困惑,并让常先生提供价格,越快越好。

于是销售顾问说明了车型、选配、配件、价格、付款条件、贷款方式,以及相关利率等情况。徐先生提出了一系列拒买理由——他不确定他是否要买,车的价格有点高;他不知道是否要卖掉现有的车或者继续留着,他需要和兄弟商量一下,而且×××或者×××可能更好等。经理曾教导过销售顾问,可以忽略这类拒绝意见,因为经理曾经说过,"人要花一大笔钱的时候都是很费周折的,大家都差不多"。销售顾问理解的就是如果把价钱放低,徐先生就不会有异议了。

所以在讨论价钱的时候,销售顾问多次去和销售经理商量减价,销售经理每次都让他稍微降低一点价格。他告诉销售顾问:"他们已经在这里待了3h,不可能再耗下去了。"最后,90min过去了,孩子们都觉得难受,徐先生说不能再谈了。这样,夫妇二人准备带着孩子们离去,不买×××了。

销售顾问说,"很抱歉耽误你们的时间,我会请销售经理同意后提供给您最终价格,只要

15min,您就可以开走您的新×××了。这样可以吗?"徐先生夫妇考虑到既然已经花了这么多时间,干脆就定下算了。徐先生说,"好吧,如果销售经理同意最后出价,我们就买这辆×××。"

销售顾问去请示经理,经理很不高兴,但同意了这个价格,因为销售顾问说:"如果您不同意这个价格,生意就没了。"销售经理批准了这个交易,说:"你为什么不告诉我他们这么没耐心呢?"

销售顾问回到徐先生夫妇那里,告诉他们说经理同意了,并和徐先生握手,告诉他们会马上安排专门负责合同的人员与其签约。

负责合同的人员凑巧没空,不过他建议销售顾问先安排交车,同时等待签约。这样销售顾问便向徐先生夫妇介绍用户手册、保修范围以及车辆维护时间。销售顾问正打算带徐先生夫妇到服务部门安排首次维护预约的时候,负责合同的人员说可以办理了。这样,徐先生夫妇和孩子们便来到了负责签约的人员的办公室,开始付款和签署合同的相关文件。

但由于匆忙,销售顾问忘了让服务部门给×××车做仔细清理工作,这样他又把车开回服务部门,自己洗车并清理干净。

签署完各种文件后,徐先生夫妇准备离开,销售顾问把新车的钥匙交给徐先生,并说道,"别忘了向您的朋友推荐我!是我亲自给您洗的车!"徐太太和孩子们开着新车离开,而徐先生则开着自己的车离开。

一年内,徐先生夫妇没有收到过经销商的任何电话,直到有一天在邮箱中收到一份通知,说经销店已扩大,有了更多的客户车位和快餐厅。这时他们才想起应当把车开到经销店去进行常规维护。

针对上面案例的描述,结合本章所学内容,提出自己的改善意见。可以参考下面的建议:

● 改善点:某天上午,在×××特约经销店门口,很多销售顾问在等待迎接客户。

▲ 改善意见:销售顾问顺位待岗的人数应不超过1名,超过1名以上的销售顾问在展厅门口等待迎接客户就是接待排班出现了问题。

● 改善点:徐先生来到一位销售顾问面前,询问他妻子特别感兴趣的×××车的价格。

▲ 改善意见:客户进入展厅后第一时间没有销售顾问主动询问客户需求,而是客户找销售顾问询问车辆价格,说明销售顾问的服务意识明显不到位。

● 改善点:销售顾问常卫军告诉客户,在向客户介绍产品前不允许和客户讨论价格,并且告诉客户他很乐意马上开始产品演示。

▲ 改善意见:销售顾问过于死板,且在应对客户方面没有利用比较婉转的话术来转移客户对价格的注意力,在这个阶段完全可以将车辆的价格区间告知客户,并以此为切入点结合一家三口带小孩来展厅看车为话题,请客户就座提供茶水,并为小孩提供儿童饮料,继而对客户进行需求分析,来探寻客户的购买动机。

● 改善点:徐太太问:"有没有其他颜色?"销售顾问回答说:"开起来是一样的,颜色无所谓。可以先试驾这辆车,然后再来看其他颜色的车。"

▲改善意见：因为没有做需求分析，所以对徐太太的关注点销售顾问没有重视，一直在试驾车辆上同客户进行拉锯战。

●改善点：然后，销售顾问建议带徐先生去试驾，而让他的太太和孩子留在店内等候。徐先生提醒销售顾问，车是为他妻子买的。

▲改善意见：销售顾问的需求分析没有做，导致将最重要的汽车购买使用者徐太太完全忽视，也说明了该展厅没有设立儿童娱乐区，客户带来的小孩需要客户自行看管，忽略此项的结果将导致小孩对销售过程毫无兴趣，早早要求父母离去，乃至于会以儿童特有的苦恼来结束整个销售过程。

●改善点：这时候销售顾问的手机响了，是另一个在他办公桌旁等候的客户打来的，他跟客户说会马上过去。

▲改善意见：在与客户洽谈过程中，销售顾问的电话应当是在静音状态的，如需要接听电话务必征得客户的同意，对于不是十分紧急的事项，可以在电话里告知对方先正在接待客户，等××分钟后会给对方回复电话，挂机后向现在正在接待的客户致歉。

●改善点："我叫常卫军，您试驾回来后可以找我……您怎么称呼？"这时他知道了这对夫妇是徐先生和徐太太。

▲改善意见：到试乘试驾环节才向客户做自我介绍，并询问客户的姓氏，没有在第一时间取得客户的信任并建立沟通。

●改善点：销售员去销售经理办公室取试驾车的车钥匙。不巧，经理不在办公室，门锁着。

▲改善意见：试乘试驾车辆没有建立合理的管理机制，对车辆的钥匙应当统一由前台负责保管，并对试乘试驾车辆的使用情况进行登记。

●改善点：销售顾问回到徐先生夫妇身边，将车钥匙交给他们。

▲改善意见：未执行试乘试驾的规范流程。首先没有核对客户的驾驶证件，也没有和客户签署试乘试驾的协议书；其次，没有对试乘试驾相关文件、试乘试驾的线路、时间、注意事项等与客户进行说明；最后，没有执行先试乘后试驾的流程，客户试驾后也没有按照要求填写试乘试驾意见反馈表，作为日后需求分析及跟进客户的依据。

●改善点：徐太太对客户休息室感觉有点不舒服。这里有点脏，地上到处有烟头和空纸杯。她没说什么，但对到这里来维护车辆并在这种休息室等待感到不太舒服。

▲改善意见：客户休息区的管理存在漏洞，将会对客户满意度回访产生负面影响，同时也会对客户购买信心产生影响。

●改善点：销售顾问理解的就是如果把价钱放低，徐先生就不会有异议了。

▲改善意见：因为前面没有需求分析的铺垫，报价环节客户和销售顾问之间的话题不是车辆的价值，而成为价格间的博弈，销售顾问并没有找到客户真实的需求点，只有通过低价格策略来吸引客户。

●改善点：客户不知道是否要卖掉现有的车或者继续留着。

▲改善意见：客户有一辆二手车资源，但是销售顾问没有很好引导客户，并向客户说明4S店二手车置换方面的优势。

●改善点：所以在讨论价钱的时候，销售顾问多次去和销售经理商量减价。销售经理每次都让销售顾问稍微降低一点价格。他告诉销售顾问:"他们已经在这里待了3h,不可能再耗下去了。"最后,90min过去了,孩子们都觉得难受,徐先生说不能再谈了。这样,夫妇二人准备带着孩子离去,不买×××了。

▲改善意见:销售顾问多次向销售经理批价格,只会使客户心存疑虑,对销售顾问的报价持怀疑态度。

● 改善点:销售顾问说:"很抱歉耽误你们的时间,我会请示销售经理后提供给您最终价格,只要15min,您就可以开走您的新×××了,这样可以吗?"

▲改善意见:销售顾问完全处于被动状态。

● 改善点:他正打算带徐先生夫妇到服务部门安排首次维护预约的时候,负责合同的人说可以办理了。这样,徐先生夫妇和孩子们便来到了负责签约的人员的办公室,开始付款和签署合同的相关文件。

▲改善意见:没有向客户介绍服务部门,并对车辆首保进行说明,强调回厂维护的重要性。

● 改善点:但由于匆忙,销售顾问忘了让服务部门给×××车做仔细清理。这样他又把车开回服务部门,自己洗车并清理干净。

▲改善意见:对于现场提车客户,没有后勤保障人员配合对车辆清洗。

● 改善点:签署完各种文件后,徐先生夫妇准备离开,销售顾问把新车的钥匙交给徐先生,并说道:"别忘了向您的朋友推荐我!是我亲自给您洗的车!"徐太太和孩子们开着新车离开,而徐先生则开着自己的车离开。

▲改善意见:没有对客户进行车辆功能及实际演示说明,也没有在交车环节进行相关文件及随车物品的清点确认,这将给日后留下纠纷的隐患。

● 改善点:一年内,徐先生夫妇没有收到过经销商的任何电话,直到有一天在邮箱中收到一份通知,说经销店已扩大,有了更多的客户车位和快餐厅。这时他们才想起应当把车开到经销店去进行常规维护。

▲改善意见:销售顾问没有做好老客户的维系,客户服务部门没有对客户资源进行有效的管理,更谈不上基本客户的营销!

四 综合训练

汽车销售是一个综合的过程,需要销售顾问具备较好的服务意识、沟通能力和车辆知识,只有通过综合的训练才能熟悉流程的重要性,也才能扎实做好基本功。情境综合训练是提高销售顾问销售技能的较好方法。

(一)客户初次来店的应对

客户初次到经销店时,往往有不舒适的感觉,但同时对销售服务人员也充满了美好的期望,这是销售顾问拉近与客户距离,增加客户对销售顾问信任的最好时机。同时在接待阶段,销售顾问也要善于利用需求分析的技巧掌握客户的需求。假如你是一名销售顾问,你负责×××品牌的A车的销售,现在有客户进店看车,你将如何应对?

1 客户背景及需求信息

表4-6是客户的基本背景和相关的需求信息,请您根据这些信息进行客户接待的情境演练。

客户基本背景和相关需求信息表　　　　　表4-6

关于客户信息	①姓名/年龄/住所	李先生(30岁)/郑女士(27岁、有驾照)/居住地距离经销店30min车程
	②家族构成	来店客户为男女朋友关系
	③职业	李先生为一自营企业总经理;郑女士为一外企职员
	④兴趣	李先生没有特别爱好、偶尔去锻炼身体;郑女士喜欢逛街购物
客户现有车辆	①车型/购入年限	白色富康/4年前购入
	②主要使用者/用途	主要是李先生/上下班代步使用
	③车辆现状	车况还可以接受,但认为车辆的层次不能满足工作业务和提升生活品质的需要
客户对新车的想法	①购车经验	第二次购车
	②主要使用者/用途	主要是张先生/作为上下班代步工具使用
	③客户本人对新车的期待	李先生注重车辆的行驶性能、操控性能、综合性价比
		郑女士更注重车辆外观是否大气、气派及乘坐舒适性
	④其他关注点	配置
		担心新车的渗油问题
客户关心的竞品	①最近看过的车型	正在与该经销店旁边的×××品牌的B车进行比较,目前很犹豫
	②客户认为A车的优点	车型知名度高、市场反应良好,车辆性能优良
		车型外观大气、气派
客户的问题		(体验车辆时,郑女士提问) 还是A车更好一些,外观大气、气派,里面也更宽敞! (李先生表示赞同) A车性能也很好、配置也很丰富,我以前很多朋友都开B车。 (商谈时,郑女士提问) 好像很多A车都漏油吧! (销售顾问进行相关解释后) 那我要是在你们这儿买车,你能不能给我签个保证书,就说一旦出现漏油保证换车啊?

2 评价标准(参考)

根据销售流程的学习,客户接待的应对有一定的要领和标准。表4-7是部分评价标准,请你根据自己的情况进行对照,找出自己的优点和需要改进的地方。

接待客户的要领和标准

表 4-7

客户接待	①个人仪容仪表及亲和力		仪容整洁； 精力充沛、精神饱满的良好第一印象
	②主动邀请客户进入车内体验		主动邀请客户进入展室内； 姿势正确,为客户开启车门、保护头部
	③主动引导客户到商谈桌		主动引导客户到商谈桌入座； 姿势正确,为客户指示席位、拉扶座椅
	④礼仪	寒暄	客户进入时,主动向客户打招呼； 声音洪亮、充满朝气
		递交名片、自我介绍	第一时间向客户递交名片； 递交名片时姿势正确,同时进行自我介绍、自报姓名
		提供饮料	客户入座后,及时提供饮料； 询问客户所需的饮料种类
		递交资料	资料正面面向客户；双手递送
		手势、肢体动作正确	坐姿、走姿正确；不用单指指点
需求分析	①客户个人信息获取		是否采用客户可接受的方式获取信息、探寻技巧(姓名/电话/兴趣/职业/家族构成)
	②主要使用者信息		是否采用客户可接受的方式获取信息、探寻技巧(使用人/主要用途/使用习惯等)
	③保有车型信息		是否采用客户可接受的方式获取信息、探寻技巧(车型/年限/车况/满意或不满意之处)
	④对新车的关注点		是否采用客户可接受的方式获取信息、探寻技巧,(对新购车型要求/关注点等)
商品说明	①销售顾问的自主商品推介		基于客户需求、关注点； 重点突出、有说服力
	②竞车对比 A VS B		根据客户需求、关注点进行竞争车对比； 以客户容易理解的方式进行竞车说明； 竞品说明体现出能够给客户带来的好处
	③解决客户疑虑		采用客户可接受的方式,合理、有说服力
其他	整体表现		充分倾听客户感受；专业、热情、信赖、亲和力
	特别印象		在需求分析、商品说明及客户应对等方面的特别亮点表现

（二）试乘试驾演练

试乘试驾是动态介绍车辆的最佳方式,其流程和标准需要进行多次的情境演练才能较好地掌握。下面是一个试乘试驾的情境,假如你是一名销售顾问,你负责×××品牌的 A 车的销售,现在有客户想试乘试驾,你将如何应对？

1 工作情境

试乘试驾的情境设置能较好地检查销售顾问的基本功和灵活能力。表4-8 是给定的试乘试驾工作场景,请你根据该情境并结合自己的实际情况进行试乘试驾方案的设定。

试乘试驾工作场景　　　　　　　表4-8

场 面 设 定	
状况	预约来店(二次来店)
时间	星期六上午 10 点左右
地点	经销店展厅
来店方法	乘用自家车来店
来店者	30 岁左右的一对情侣
来店时心情	上周末来店时,销售顾问已经进行了初步的需求分析和商品说明。经过预约,今天再次来店进行试乘试驾计划进一步体验车辆性能后,再作是否购买的考虑

2 客户信息

客户信息(表4-9)的设定能较好地检测销售顾问的基本功和灵活应对能力,不同类型的客户对试乘试驾的需求是不一样的,请你根据跟定的客户信息进行试乘试驾方案的设计。

顾 客 信 息　　　　　　　表4-9

相关信息	I. 关于客户	①姓名/年龄/住所	张先生(32 岁)/刘女士(27 岁、有驾照)/居住地距离经销店 30min 车程
		②家族构成	来店客户为男女朋友关系
		③职业	张先生为一自营企业总经理;刘女士为一外企职员
		④兴趣	张先生没有特别爱好、偶尔去锻炼锻炼身体;刘女士喜欢逛街购物
	II. 保有车辆	①车型/购入年限	白色富康/4 年前购入
		②主要使用者/用途	主要是张先生/上下班代步使用
		③车辆现状	车况还可以接受,但认为车辆的层次不能满足工作业务和提升生活品质的需要
客户的想法	I. 关于新车	①购车经验	第二次购车
		②主要使用者/用途	主要是张先生作为上下班代步工具使用
		③客户本人对新车的期待	张先生注重车辆的行驶性能、操控性能、综合性价比 刘女士更注重车辆外观是否大气、气派及乘坐舒适性
		④其他关注点	配置
	II. 关于竞争车型	①最近看过的车型	正在与该经销店旁边的广丰店的某车型进行比较,目前感到很犹豫
		②客户认为凯美瑞的优点	车型知名度高、市场反应良好,车辆性能优良 车型外观大气、气派

3 评价标准(参考)

根据销售流程的学习,试乘试驾的应对有一定的要领和标准。表4-10 是部分评价标准,请你根据自己的情况进行对照,找出自己的优点和需要改进的地方。

第四章 顾问式汽车销售流程

评价标准　　　　　　　　　　　　　　　　　　　　　　表 4-10

评价点		评价标准
客户应对	①个人仪容仪表及亲和力	装容整洁 精力充沛、精神饱满
	②礼仪	
	● 寒暄	客户进入时,主动向客户打招呼 声音洪亮、充满朝气
	● 提供饮料	客户入座后,及时提供饮料 询问客户所需的饮料种类
	● 递交资料	资料正面面向客户 双手递交
	● 手势、肢体动作正确	正确的坐姿、走姿、手势 动作充分体现对客户的尊重
	● 送别客户	对客户来店表示感谢 要请客户再次光临
试乘试驾前说明	①试乘、试驾流程说明	完整、清晰的说明试乘试驾流程 语气委婉、有说服力
	②试乘试驾路线说明	完整、清晰地说明试乘、试驾路线 语气委婉、态度明确地请客户严格遵守
	③证件检查、相关文件签署	查验客户的驾驶执照;复印存档 签署安全协议 使用恰当的语言,有效地进行抗拒处理
动态说明	①客户试乘时	
	● 安全提醒	简洁、明了地说明车辆驾驶的安全注意事项
	● 车辆使用简要说明	简洁、明了地说明车辆驾驶所必须了解的相关操作 参考:(起动·挡位·制动·其他配备等)
	● 车辆动态说明	根据客户的关注点进行动态说明:简单明了、重点突出 参考:(起动静谧性·起步加速性能·直线加速·转弯操控性能·停车便利性能)
	②换手	遵循 SSP 要求进行换手 参考:(确保安全·帮助客户调整相关配备·提醒安全驾驶等)
	③客户试驾时	
	● 客户体验车辆性能	主要让客户自己体验车辆性能,销售顾问不进行过多干扰
	● 提醒客户体验重点	根据客户关注点、适时地提示客户体验重点
	● 客户问题对应 ● 车速上来了,发动机也挺响嘛! ● (女客户提出)我也开一圈吧!	采用客户可接受的方式、合理、有说服力 采用客户可接受的方式、站在客户立场,委婉拒绝

149

续上表

评价点		评价标准
试乘试驾后	①引导客户回洽谈区	采用客户可接受的方式、委婉引导客户返回洽谈区
	②试乘效果确认	总结试乘试驾过程、确认效果,寻求客户对车辆的认同
	③确认客户签约意向	采用客户可接受的方式确认客户的签约意向 参考:(确认客户签约意向·及时促成签约)
	④客户疑虑应对 ·颜色·库存·交期·价格等	采用客户可接受的方式、合理、有说服力,挽留住客户在本店购买
整体表现		充分倾听客户感受:专业、热情、信赖、亲和力
特别印象		在需求分析、商品说明及客户应对方面的特别亮点表现

(三)车辆交付的应对

车辆交车是销售流程中的一个关键环节,要通过热情交车环节提升客户对品牌的喜爱。进而增加客户的满意度,结合下面的资料请你执行一次交车过程。

1 工作情境

车辆交付环节的工作情境设置见表4-11。

工作情景设置　　　　　　　　　　表4-11

状况	预约来店(三次来店)
时间	星期二上午10点左右
地点	经销店展厅
来店方法	乘出租车前来
来店者	张先生、刘女士
来店时心情	签订订单后一个月,李先生订购的新车到店,通过销售顾问的预约,李先生再次来店提取爱车

2 客户信息

车辆交付环节客户的相关信息给定见表4-12。

车辆交付环节的客户信息　　　　　　　　　　表4-12

相关信息			
	I.关于客户	①姓名/年龄/住所	张先生(32岁)/刘女士(27岁、有驾照)/居住地距离经销店30min车程
		②家族构成	来店客户为男女朋友关系
		③职业	张先生为一自营企业总经理;刘女士为一外企职员
		④兴趣	张先生没有特别爱好,偶尔去锻炼锻炼身体;刘女士喜欢逛街购物
	II.保有车辆	①车型/购入年限	白色富康/4年前购入
		②主要使用者/用途	主要是张先生/上下班代步使用
		③车辆现状	车况还可以接受,但认为车辆的层次不能满足工作业务和提升生活品质的需要

续上表

客户的想法			
	I. 关于新车	①购车经验	第二次购车
		②主要使用者/用途	主要是张先生作为上下班代步工具使用
		③客户本人对新车的期待	张先生注重车辆的行驶性能、操控性能、综合性价比 刘女士更注重车辆外观是否大气、气派及乘坐舒适性
		④其他关注点	配置
	II. 关于竞争车型	①最近看过的车型	正在与该经销店旁边的4S店的某车型进行比较，目前感到很犹豫
		②客户认为竞争车型的优点	车型知名度高、市场反应良好，车辆性能优良 车型外观大气、气派

3 评价标准

车辆交付环节是销售顾问最容易忽视的环节，但往往是客户最在意的环节。下面是该环节的一些评价标准和建议（表4-13）。请你结合自己的实际情况进行评价，找出自己的优点和需要改进的地方。

评价项目及标准　　　　　　　　　　　　表4-13

	评 价 项 目	评 价 标 准
客户应对	①个人仪容仪表及亲和力	装容整洁 精力充沛、精神饱满的与客户寒暄
	②礼仪	
	● 寒暄	客户进入时，主动向客户打招呼 声音洪亮、充满朝气
	● 提供饮料	客户入座后，及时提供饮料 询问客户所需的饮料种类
	● 递交资料	资料正面面向客户 双手递交
	● 手势、肢体动作正确	正确的坐姿、走姿 肢体动作表现出对客户的充分尊重
	● 对客户表示恭贺道喜	对客户表示恭贺道喜
	● 交车概述	对交车流程、时间等进行概述，并取得客户认可
费用说明及文件交付	①费用说明	
	● 向客户进行车辆相关费用说明	清晰、明确地向客户说明车辆相关费用，并寻求客户认同 参考：(总车款及余款支付·购置附加费·保险费等)
	②文件移交	将车辆相关文件资料完整移交给客户
	③向客户介绍S/A	将服务部门的S/A介绍给客户，建立客户与售后服务的联系
	④保修说明	就保修期限和保修项目，清晰准确地做出说明
	⑤维护说明	说明车辆维护的日程、项目、费用等做出清晰准确说明
	⑥售后服务体系说明	售后服务网络、本经销店营业时间、救援服务体制说明

续上表

评价项目		评价标准
实车说明	①实车检验	
	• 车辆外部、内部确认	陪同客户进行车辆外观、内饰的清洁、完整状况确认
	②车辆说明	• 根据客户需求和实际状况,有针对性地进行实车说明 • 实车说明逻辑性强、易于人理解和接受 • 必须说明车辆的关键配备及安全注意事项
		参考: 门窗开关及上锁方法(车门儿童安全锁)
		驾驶位置的调整方法(座椅、转向盘)
		安全带的使用方法
		外后视镜及内后视镜的调整方法
		钥匙和起动程序
		组合开关的操作方法(前照灯、雾灯、转向灯、刮水器等)
实车说明	②车辆说明	前照灯清洗装置说明
		仪表板及各项指示灯说明
		变速器的操作方法
		各类开关的操作方法和位置指示(发动机罩、加油口盖等)
		DVD语音电子导航系统说明及演示
		空调、音响系统操作说明
		后排座椅调整方式及儿童安全座椅固定装置
		天窗的操作说明
		汽车的防盗系统
		五油三水及胎压检查说明
		随车工具和附件确认
		确认燃油量(说明赠送1/4箱燃油)
	③新车交接确认表	请客户确认实车说明完毕,并请顾客在新车交接确认表上签字
交车仪式及送别客户	①交车仪式	举办简短、热烈的交车仪式;介绍相关领导出席
	②确认售后跟踪方式	确认客户可接受的售后跟踪和联系方式,简要告知跟踪内容
	③送别客户	送别客户、目送顾客离去
整体表现		充分倾听客户感受;专业、热情、信赖、亲和力
特别印象		在需求分析、商品说明及客户应对方面的特别亮点表现

第五章 客户关系管理及客户满意度

学习目标

通过本章的学习,你应能:
1. 叙述客户关系管理、客户投诉的基本概念;
2. 知道客户关系管理的方法、处理客户投诉的原则和技巧;
3. 分析客户满意度的构成要点;
4. 正确执行客户的投诉处理。

第一节 客户关系管理概述

早期的汽车行业,汽车企业面对的是一个需求巨大而供给不足的卖方市场,提高汽车产品产量很自然成为企业管理的中心,汽车企业管理基本是产值的管理。汽车企业不断努力的结果是生产效率不断发展,汽车产品很快变得非常丰富,导致市场上汽车产品销售的激烈竞争,于是汽车销售中心论代之而起。为了提高销售额,就必须在内部采取严格的质量管理,外部强化推销观念。但是质量竞争的结果是产品成本越来越高,销售竞争的发展使得费用越来越高,这就使得汽车企业的销售额不断提高,但是利润却不断下降,于是作为销售额中心论的修正版本——利润中心论登上汽车企业管理的舞台,企业管理的目标放在了以利润为中心的成本管理上。但是,成本是不可能无限压缩的,当在一定的质量前提下成本的压缩已经到了极限,而汽车企业利润要求仍然无法得到满足的时候,成本再压缩必然会带来产品质量的下降和提供给客户的价值降低。至此,汽车企业开始重新审视自己的管理思想,于是客户的地位被提高到了前所未有的高度,客户中心论被确立。在汽车行业,谁拥有了忠实的客户,谁就占有了市场。汽车工业正处于向以客户为中心转移的变革阶段,以客户为中心的业务模式可以给企业带来巨大的效益。汽车客户关系管理成为各大汽车企业非常重视的工具和手段。

随着管理理念的创新,信息技术的发展,客户关系管理得到了快速发展。客户关系管理理念引入中国已经有好几年的时间了。如今,客户关系管理正在为越来越多的汽车企业所重视。一个运行良好的客户关系管理系统,可以给汽车企业带来很多益处,包括获取更多的潜在客户、减少客户服务成本、增加销售量和交叉销售能力等。

一 客户关系管理的概念

什么是客户关系管理?通过两个事例来说明。

事例一:泰国的东方饭店堪称亚洲饭店之最,几乎天天客满,不提前一个月预定很难入住,而且客人大都来自西方发达国家。泰国在亚洲算不上特别发达,但为什么会有如此诱人的饭店呢?他们依靠的是真功夫,是非同寻常的客户服务,也就是现在经常提到的客户关系管理。

他们的客户服务到底好到什么程度呢?销售顾问不妨通过一个实例来看一下。

一位朋友因公务经常出差去泰国,并下榻在东方饭店,第一次入住时,良好的饭店环境和服务就给他留下了深刻的印象,当他第二次入住时,几个细节更使他对饭店的好感迅速升级。

那天早上,在他走出房门准备去餐厅的时候,楼层服务生恭敬地问道:"于先生是要用早餐吗?"于先生很奇怪,反问"你怎么知道我姓于?"服务生说:"饭店规定,服务生晚上要背熟所有客人的姓名。"这令于先生大吃一惊,因为他频繁往返于世界各地,入住过无数高级酒店,但这种情况还是第一次碰到。

于先生高兴地乘电梯下到餐厅所在的楼层,刚刚走出电梯门,餐厅的服务生就说:"于先生,里面请。"于先生更加疑惑,因为服务生并没有看到他的房卡,就问:"你知道我姓于?"服务生答:"上面的电话刚刚下来,说您已经下楼了。"如此高的效率让于先生再次大吃一惊。

于先生刚走进餐厅,服务小姐微笑着问:"于先生还要老位子吗?"于先生的惊讶再次升级,心想"尽管我不是第一次在这里吃饭,但最近的一次也有一年多了,难道这里的服务小姐记忆力那么好?"看到于先生惊讶的目光,服务小姐主动解释说:"我刚刚查过电脑记录,您在去年的 6 月 8 日在靠近第二个窗口的位子上用过早餐。"于先生听后兴奋地说:"老位子! 老位子!"小姐接着问:"老菜单? 一个三明治,一杯咖啡,一个鸡蛋?"现在于先生已经不再惊讶了,"老菜单,就要老菜单!"于先生已经兴奋到了极点。

上餐时,餐厅赠送了于先生一碟小菜,由于这种小菜于先生是第一次看到,就问:"这是什么?"服务生后退两步说:"这是我们酒店特有的某某小菜。"服务生为什么要先后退两步呢,他是怕自己说话时口水不小心落在客人的食品上,这种细致的服务不要说在一般的酒店,就是在美国最好的饭店里,于先生都没有见过。这一次早餐给于先生留下了终生难忘的印象。

后来,由于业务调整的原因,于先生有 3 年的时间没有再到泰国去,在于先生生日的时候突然收到了一封东方饭店发来的生日贺卡,里面还附了一封短信,内容是:亲爱的于先生,您已经有 3 年没有来这里了,全体员工都非常想念您,希望能再次见到您。今天是您的生日,祝您生日愉快。于先生当时激动得热泪盈眶,发誓如果再去泰国,绝对不会到其他的饭店,一定要住东方饭店,而且要说服所有的朋友也像他一样选择东方酒店。于先生看了一下信封,上面贴着一枚6元的邮票。6元钱就这样买到了一颗心,这就是客户关系管理的魔力。

东方饭店非常重视培养客户的忠实度,并且建立了一套完善的客户关系管理体系,使客户入住后可以得到无微不至的人性化服务。迄今为止,世界各国约20万人曾经入住过那里,用他们的话说,只要每年有1/10的老客户光顾,饭店就会永远客满,这就是东方饭店成功的秘诀。

现在客户关系管理的观念已经被普遍接受,而且相当一部分企业都已经建立起了自己的客户关系管理系统,但真正能做到东方饭店这样的还并不多见。关键是很多企业还只是处在初始阶段,仅仅是配备一套软件系统,并没有在内心深处思考如何去贯彻执行,所以大都浮于表面,难见实效。客户关系管理并非只是一套软件系统,而是以全员服务意识为核心贯穿于所有经营环节的一整套全面完善的服务理念和服务体系,是一种企业文化。在这方面,泰国东方饭店的做法值得很多企业去认真地学习和借鉴。

事例二:一位男士在下班回家的路上,走进家门口附近的一家杂货店中,拿起一瓶酱油,看了看说明和价格,然后放了回去,3min后他又走回这家杂货店,再次拿起那瓶酱油看了又看。这时您如果是杂货店的老板,您会怎么做?如果是好的"客户关系管理",这个老板通常会走向那位先生,然后告诉他,"张先生,您太太平常买的就是这种酱油,它含有较丰富的豆类成分,味道更香,而且更能增进您家儿子的食欲,另外您爱人是我们的老客户,可以用记账消费并进行月结,而且都打九五折。您爱人上次买酱油大概也有一个月了,应该差不多用完了,您只要签个名,就可以顺道带回去了,您爱人一定会非常高兴的。"这就是真正的客户关系管理。"客户关系管理"就是把"用心"和"技术"结合起来,做到如同您家门口杂货店的客户来进行关系管理。

从上面两个客户关系管理的事例,销售人员不难发现,企业精心维系客户关系,通过客户关系管理提升客户的满意度,增加客户的忠诚度,同时可以带来较多的转介绍客户(事例一);另外通过对已有客户信息的分析和管理,可以提取较多的信息以促进销售和提高客户满意度(事例二)。

汽车行业是一个经营服务性行业,单纯依靠4P法则已不能很好地应对市场竞争。根据调查,汽车行业中听从朋友和亲戚推荐购车的比例达到50%以上。对客户进行关系管理已开始成为汽车行业非常重视的任务。

国内外学者对客户关系管理的定义有很多表述,通常认为客户关系管理(CRM,Customer Relationship Management)是集中于客户,为了增加收入和利润的综合商业模式。客户关系管理应该是以客户为中心的关系营销的延伸。具体来讲,它指任何设计的方案和行为用于帮助企业通过一个或更多的接触点———如电话营销、销售人员、分销商、商店、分支机构、网站或电子邮件,来优化与客户、供应商或潜在客户的交流,以达到争取、留住客户或与客户进行交叉销售的目的。可以看出,CRM的中心是协调组织的内、外部系统,使之以客户为中心。它的目的是留住客户、客户认可和客户盈利能力,因此CRM过程的重要目标是建立客户忠诚并获取客户的终生价值。

客户管理与客户关系管理的区别:客户管理更多的是客户信息的管理;客户关系管理更

多的是强调客户细分和客户关怀,更多的是提高客户的满意度,进而促进销售。

二 客户关系管理的意义

谁维系住了客户关系,谁就维系了财富。满意只是起步和标准,感动才是水平和能力,客户忠诚是汽车企业客户关系管理追求的目的。客户关系管理要使客户从满意到感动,从感动到忠诚。通过上面案例的分析,销售人员可以看到客户关系管理的精彩和价值。要想通过客户关系管理提升客户满意度并促进汽车的销售,就必须通过相关理论的学习提升自己的工作理念、工作方法,并加强实施。根据汽车企业的实践,客户关系管理包含三方面的内容:一是提升客户关系管理工作理念,建立"以客户为核心、以市场为导向"的经营管理模式;二是要有客户关系管理技术,使用Internet、电子商务、多媒体技术、数据库、专家系统、人工智能和呼叫中心等;三是客户关系管理的实施:客户关系管理系统不是一种交付即用的工具,需要根据组织的具体情况进行客户关系管理实施。客户关系管理理念是客户关系管理成功的关键,它是客户关系管理实施应用的基础和土壤;客户关系管理技术是客户关系管理成功实施的手段和方法;实施是决定客户关系管理成功与否、效果如何的直接因素。销售人员应从这三方面来学习和应用客户关系管理。

客户关系管理要尽可能做到全员、全过程、全方位让全体客户得到全面满意。让客户看车、买车、用车、修车、换车、等车的各个环节体验到拥有汽车的喜悦;使经销商实现销售、服务与维系的无缝连接;从而达到客户、经销商与汽车厂家的满意。

三 客户关系管理的基本术语

客户关系管理是汽车经销店的重点工作,基本上每个经销店都设有客户服务部,销售顾问也一定要有客户及客户服务的理念。

1 客户的概念

客户本身没有一个严格的定义和概念,对客户概念的理解更多的是一种认识和一种理念。

汽车客户关系管理中必须要先确立"客户是上帝""客户是销售人员的衣食父母"的工作理念。客户是公司最重要的人物,不管客户是亲自出面或写信来。客户不靠销售人员,而销售人员却少不了客户;客户不是打断销售人员工作的讨厌鬼,而是销售人员之所以孜孜努力的目的;别以为服务客户是可怜客户,而是客户见销售人员可怜才给予销售人员服务的机会;客户不是销售人员争辩或斗智的对象,当销售人员在口头上占了上风,那也正是失去客户的时刻;客户是把需求带到销售人员面前的人,让客户满意是销售人员的职责。

良好的客户关系是企业持续经营的关键,如何建立良好的客户关系,首先必须对企业服务的客户群进行科学合理、有效地分类,找出服务的客户群,研究客户的心理需求,有针对性地提供高服务品质是企业最重要的基础工作。

对客户进行有效的细分,可以得到很好的管理效果。为什么要对客户进行细分呢?在整个汽车服务产品的生产过程中,客户(车主)既是参与产品生产的关键资源,又是出厂后的最终检验员。企业受自身服务能力的限制,不能做到服务所有车主。一个企业的场地、设备、人才、技术、资金、管理是有限的,不可能服务所有的客户群,只能做到服务部分客户群。所以必须对客户进行细分,找出目标客户群。所谓目标客户群,是指给企业提供80%利润的20%的金牌客户群。对于金牌客户群必须要给他们提供个性化、差异化、全方位、全过程的优质服务。对客户(车主)进行细分是留住老客户,发现新客户,防止车主跳槽,提高企业竞争力的重要手段。

对客户细分可以采取一定的标准。可以根据时间、服务距离、车型、性别、车辆档次、维修类别、信用度、客户需求、维修项目、维修价格等将客户分为金牌、银牌、铜牌、铁牌、铅牌客户;公务车、保险事故车、私家车、出租车客户;潜在客户与现实客户;忠诚客户与挑剔的客户等不同类别。要想迅速掌握客户的细分和需求变化,必须要利用高科技的信息平台和客户资源管理平台,它将会最快速、最全面地为企业提供客户信息,帮助销售人员进行分析和决策。目前企业普遍采用定制的 CRM 系统。

2 关系的概念

如何与客户形成满意的、忠诚的、战略型的伙伴关系?正确确立企业与客户的关系,是正确执行客户关系管理的核心。在汽车行业,随着竞争的加剧,对客户的争夺和维系将会更多地消耗企业的经营成本,与客户形成满意的、忠诚的、战略型的伙伴关系将是所有的汽车企业追求的关系目标。双赢是关系存在的基础。

在有关客户关系营销的论述中,"客户满意"被反复强调。理论上讲,企业真正做到"客户满意"这一点,的确可以达到吸引客户和维系未来客户的目的。可是,关系的建立真的一定要企业去拼命"讨好"客户吗?现代企业经营理念认为,供需双方是处在一条供应链上的两环,是一种互相依存的关系,只有互利互惠才能求得共同发展,这一点,在商业市场的客户关系管理中尤其明显。

客户关系管理决不讳言对利润的追求,客户关系管理的目的也就是发现和培育并且保留住"真正的客户"。所谓真正的客户是指和企业建立长期、稳定的关系,愿意为企业提供的产品和服务承担合适价格的客户。把"双赢"作为关系存在和发展的基础,"供"的一方提供优良的服务、优质的产品,"需"的一方回报以合适的价格,供需双方发展的是长期稳定互惠互利的关系,显然这样的结果是"大家都满意"。利润是良好客户关系最佳的指示器,因此,在客户关系管理中,利润是客户关系管理追求的目标,对利润的追求不必像"客户满意"那样遮遮掩掩,羞于见人;"客户满意"战略的各种手段在客户关系管理中都可以采纳,但是毕竟"双赢"才是客户关系管理追求的目标,"客户满意"只是企业和客户建立和发展长期赢利关系的口号和手段,是"双赢""双方都满意"的一个方面而已。

在企业关系营销管理的客户关系管理方面,可以把企业和客户的关系过程简化为:建立关系→维持关系→增进关系;用另外一种表述方式就是:吸引客户→留住客户→升级客户。

3 管理的概念

客户关系管理重在管理,通过管理方法及手段实现客户价值和企业利润最大化是管理的任务和目标。客户信息管理的关键点是建立数据库,进行客户信息分析,得出客户价值分析报告。其价值意义在于客户信息管理是客户关系管理的最基本和基础的工作,它为经销店的销售、服务、客户维护提供了基本依据,否则就会无的放矢。

客户关系维护管理的关键点是客户关怀、客户俱乐部、投诉处理、紧急救援。其价值意义在于客户维护是创造忠诚,一个满意的客户会把它的满意告诉5个朋友,一个不满意的客户会把它的不满告诉10~20个亲友。如果抱怨快速解决,70%~90%的客户会重复购买。

4 客户关系管理的基本术语

在汽车经销店的业务中常会出现CR、CRM、CS的概念,其关系如下:

CR:Customer Relation——客户关系。

CRM:Customer Relation Management——客户关系管理。

CS:Customer Satisfaction——客户满意度。

CR是怎么做,CS是做的目的和结果。CR的核心就是一切工作的开展均围绕着CS的提升来展开。CS提升的结果是客户忠诚度的提高,销售服务业绩持续增长。在客户关系维系上力求做到:从满意到感动,从感动到忠诚。

5 汽车企业实施客户关系管理战略存在的问题

客户关系管理是从经营理念、组织架构、客户战略、企业流程、信息化规划、绩效等各个方面对企业进行的变革,它直接影响到一个企业的经营运作。由于汽车产品本身的特点和汽车客户的消费特点,因此很多企业发现,在CRM实施后的一段时间内,却未能见到预期的效果或者根本无法推广使用,从而最终导致CRM的搁浅直至失败。如通用汽车在上海通用实施的客户关系管理项目的失败,可以看出我国目前汽车制造业实施客户关系管理战略的现状。导致这种状况的原因很多,有技术上的,也有管理方面的。本人认为汽车制造企业实施客户关系管理战略的失败主要是管理的过失,从营销管理的角度看,汽车制造企业的客户关系管理存在的问题有:缺乏以客户为中心的理念;缺乏相应的管理体系;缺乏必备的技术支持;缺乏客户互动等。

6 汽车企业实施客户关系管理的基本框架

1)加强培训转变观念

汽车企业的最高决策层首先要有"以客户为中心"的理念,才能让员工在工作中贯彻实施,这就必须加强培训。首先,是高层的培训,聘请在客户关系管理方面的研究专家,与企业高层进行交流,使高层管理者能站在较高的高度来认识客户关系管理战略的必要性和重要性,使管理层接受一套完整的客户关系管理的知识体系。其次,是员工培训。员工应充分了解并掌握客户关系管理的理念,并明确客户关系管理战略为企业和个人带来的利益,使企业上下做到真正意义上的"以客户为中心"的经营观念的转变。具体培训计划主要包括以下方面:客户关系管理基本概念的培训、互动问卷调查、按照角色划分进行具体的应用操作培训、明确个人的职责及使用客户关系管理系统的绩效考评方法。

2) 通过组织机构的变革达到业务流程的快速响应

任何新的理念必然需要有新的组织机构来改变员工的工作方式,包括企业文化、组织结构和行为方式的转变,以保证员工、合作伙伴和供应商的协调工作,从而实现对客户的承诺。对组织机构变革的检验标准就是组织机构的变革之后能否达到业务流程的快速响应。其一,内部流程的变革,即以客户为中心,通过客户关系管理流程的整合,达到协调一致的要求;其二,外部流程的变革,即通过与客户、合作伙伴、销售渠道和销售商的工作流向的变革来适应营销模式的转换。如跨职能工作小组的设立,要求各部门之间能对跨部门的业务进行计划和交流,使信息收集、分析和使用能在企业内部达到跨部门的融合,从而达到信息的快速响应。但要实现信息的快速响应,必须借助于一定的信息处理技术。

3) 技术平台的构建实现对客户的管理

成功的企业通过数据、信息管理、面向客户的应用程序,以及对IT基础设施和体系结构的投资,实现客户关系管理的均衡发展。使用陈旧的系统和手工处理很难满足重要客户的期望,因此,让客户更方便、更快捷地得到个性化的服务就显得十分必要。这就要在技术基础设施上保持足够的投资力度,以保证客户关系管理涉及的呼叫中心、数据库、MIS和商业智能、EDI等系统建设的完善,以企业的信息化带动客户关系管理的实施。比如可以利用呼叫中心的客户信息,采用数据挖掘,可以发现潜在客户,通过关系营销把其转化为现实客户并实现其忠诚等。

4) 实施关系营销下的客户关系管理

由于汽车制造企业的客户可以分为经销商和最终用户两大类,因此要实施客户关系管理,就必须维持好与经销商和最终用户即消费者的关系,加强与客户的互动。"经销体制"成为汽车市场流通的主要模式,但挖掘潜在用户、培育忠诚用户等工作是由销售人员(主要是推销人员)来完成。这就凸显了推销人员在关系营销中的作用。目前国外汽车制造企业如丰田、通用汽车基本都有直销的经验,企业有自己的推销团队,但国内汽车制造企业的推销人员通常又控制在经销商手中,因此,实施关系营销的客户关系管理战略最终体现在对经销商的关系管理上。在传统营销观念中,制造商与经销商的关系是交易型的,要对经销商实施关系管理,汽车制造商必须寻求与经销商的新型关系,以便落实"客户关系管理"的战略举措,即实施关系营销下的战略经销联盟,以保证经销商对汽车制造商的忠诚。研究表明:经销商只有在制造商表现出忠诚后,才会同样表现出对对方的忠诚。因此,汽车制造企业通过与经销商建立战略联盟,确保经销商对制造商的忠诚。

我国汽车行业中,一汽集团非常重视客户关系,关注客户满意。1999年一汽集团已经聘请专业咨询公司为一汽集团提供客户关系管理咨询项目。

2001年一汽集团提出了构建面向21世纪新型客户关系的主张,把过去对用户的交易型营销改变为关系型营销,把一个满意的用户培养成忠诚的用户。

一汽不仅提出了"客户第一"的基本理念,并把"以客户为中心"贯彻到所有的经营、销售与服务行动当中。一汽集团公司全体职工开展"四个W"活动,即"我的用户是谁,我的用户需要什么,我为用户做什么,我还能为用户做什么",也就是一切围绕用户转。该企业的客户关系管理理念已深入到每一位职工心里。

第二节　客户开发与管理

销售顾问先看一个故事：一位汽车销售顾问，能够列出 300 位销售信函寄送的潜在客户，这些潜在客户对车辆都有相当的认识，基于各种原因，目前还没有购买，但相信他们一两年内都有可能购车。当然这样的潜在客户不可能让销售顾问每个月都亲自去追踪拜访，因此销售顾问可每个月针对这 300 位潜在客户都寄出一封别出心裁的卡片，卡片上不会提及购车的事情，只祝贺每月的代表节庆，例如元旦、春节愉快等，每个月的卡片颜色都不一样。潜在客户接到第四、第五封卡片时，必然会对该销售顾问的热诚给予回应，就算是自己不立刻购车，当朋友间有人提到购车时，都会主动地介绍这位汽车销售顾问。上面这个故事就是销售顾问的客户开发意识的说明。

作为一名汽车销售顾问，以下问题你清楚吗？平均每月来展厅的客户数量？每天有多少客户？这些客户中的成交数量有多少？剩余的客户当年是否买车？几年内买车？会回来买销售顾问的产品的客户数量又有多少？现在每个销售顾问拥有多少客户资源？保存这些客户资料的方式是怎样的？这些客户能通过电话进行联系的有多少比例（客户认得我）？这些客户能在电话中与我进行日常沟通的又有多少比例（销售顾问是朋友）？又有多少客户想要买车就能想到我？

拥有客户资源是进行客户关系管理的前提，如何更多地拥有属于自己企业的客户，进行潜在客户的挖掘将显得很重要。

一、潜在客户的分类

要完成一个销售，"信心、需求、购买力"三个要素必须同时具备。根据此三要素可以进行潜在客户的分类：

A 级潜在客户：信心 + 需求 + 购买力

B 级潜在客户：需求 + 购买力

C 级潜在客户：信心 + 购买力

除订车、A、B、C 级的客户以外，具有购买能力、准备购买但尚未接触品牌的客户都将是品牌的潜在客户。

二、客户开发原理

开发客户可分为新客户的开发和老客户的维持，新客户的开发即是如何赢得新客户。如可以做促销，设定主题让客户集中来销售顾问的活动现场，然后除了介绍公司、自己、汽车外，还要尽量多的获得客户资料，让他们成为销售顾问的基盘客户。所谓基盘客户就是不要预设立场，不要预设客户会不会买车，不要预设客户会不会在这买车，不要预设客户会不会买你的车。所有基盘客户会越来越多，客户是累计的，就像自己的健康一样需要累计，销售顾问要考虑怎样使基盘客户从一个变为两个。就是说要让销售顾问的客户帮助销售顾问介绍更多的客户,重点在要怎样让这些客户为你介绍,要和所有客户建立很好的交际,和他成为好朋友。

汽车销售顾问必须要有强大的基盘客户,才能保证销售任务的完成,扩大基盘客户的方法可以用一个形象的漏斗来说明(图5-1)。

从图中可以看出,通过建立汽车品牌的知名度,可以吸引更多的客户关注本汽车品牌;通过销售顾问的优质服务,可以建立客户对汽车品牌的信心,并最终达成客户的成交。所以,销售顾问要尽可能扩大自己的销售漏斗。

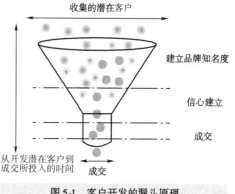

图5-1 客户开发的漏斗原理

三 潜在客户的来源与经销商客户开发计划

潜在客户的来源途径有很多(图5-2),不同的途径需要的开发计划也不一样。

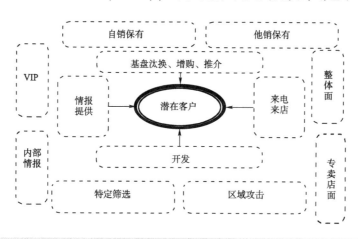

图5-2 潜在客户的管理

对于不同的情况,潜在客户的计划和措施也是不一样的。

对于自销保有和他销保有的基盘维护,要点是建立在客户满意度之上,并向其提供购买信息。专卖店应每月规划基盘维护计划,并由干部带动及督促执行。由于基盘维护首重销售人员与客户平常感情之建立,除建立保有客户管理卡外,对于每位销售人员的维护数应列册,以方便维护管理,对于车辆使用3年以上客户应每月至少一次以上接触访问,并提供本公司销售全车系列型录作淘汰和替换选择。

对于来电和来店的潜在客户,从整体面上配合销售公司促销活动,展开地区及专卖店辖区基盘保有客户与潜在客户的告知,从专卖、店面、地区及专卖店活动,为使辖区内欲购客户上门而规划的各项活动以塑造专卖店知名度,提升来店/电户数,辖区性广告宣传(电台,电视台,地方性刊物报章)。

对于全新的潜在客户的开发,可以采取特定筛选和区域攻击措施。特定筛选措施是针对辖区内行业或职业,选择适当车型进行开拓(以 DM/电话/拜访),对辖区内各类利益或休闲团体进行开拓,夹车/夹报/投递/扫街(逐户访问)。区域攻击措施是在辖区内人群集中处或占有率较低的区域(乡,镇)举办展示会。

情报提供分 VIP 和内部情报两种情况。VIP 是指地方名人/关系企业/对于专卖店满意度高的客户/二手车行/本区域修理厂/等特定对象,由干部亲自建立关系以达到情报站的效果。内部情报是指发挥地区及专卖店内以及亲属关系,以达成情报推介效果,尤其是促销期间的运用,以及在偏远乡镇的运用。

四 客户开发的流程

通过客户开发流程的设计,可以使潜在客户的开发更有程序性和有效性。客户开发的流程如图 5-3 所示。

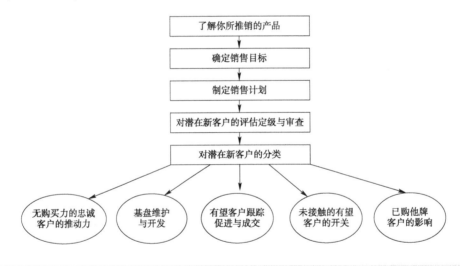

图 5-3　客户开发的流程

通过流程可以将客户的开发更加有序和有效。

五 客户管理

当你的新老客户逐渐增多时,是否会有联系渐少,逐渐中断的现象,是否有被慢慢遗忘的潜在客户?这些被中断联系或是被遗忘的客户恰恰可能是你失去的绝好的销售机会,维系、管理好这些客户及客户资料,并不亚于不断开发新的客户,良好的客户管理能力是每位销售顾问必备的能力。对于客户管理,销售顾问应注意以下几点:①客户管理卡使用不当或应付了事;②联系时常会中断;③寄送资料、卡片过分规格化及商业化;④不满意客户及离职人员客户缺乏管理;⑤客户资料异动未更新。

一个忠诚客户的价值对于企业是十分有意义的,通过客户生命周期的分析销售顾问可以清晰地看到客户的价值(图5-4)。

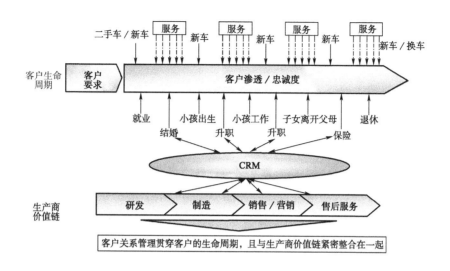

图5-4 忠诚客户的终身价值分析

通过价值分析可知,假定一个30岁的人将在今后的25年内购买5辆车,单车均价为20万元。那么,经销商得到其终生购车额是20万元×5=100万元;假定一个客户平均每年进店5次进行维修,每次平均服务消费为2000元,那么,经销商得到其累计维修额是2000元×5×25=25万元;由此一个客户的终生消费额为125万元。

假定经销商能从每辆新车销售盈利2万元,那么,经销商得到客户终生购车利润为5×2万元=10万元,假定经销商的平均服务利润为30%,那么,经销商得到客户终生服务利润0.3万元×25=7.5万元,一个客户终生利润额就为18万元。

一个客户的终生价值:从一个客户一生能得到125万元销售额。从一个客户一生能得到18万元利润。

从下图中可以看出,新车的收入占经销商总收入的67%,但利润贡献只占44%;服务的销售收入只占经销商总收入的16%,但利润却占40%,因此,国际汽车经销商越来越重视服务和由此带来的利润(图5-5)。

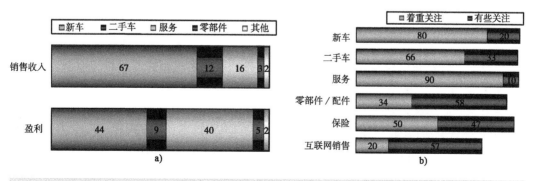

图5-5 服务的价值

由此可以看出未来随着市场竞争的加剧,汽车企业将会更加重视服务和客户的价值。

六 客户关系的维系

1 客户关系维系的目的

追求从客户满意到客户感动,从客户感动到客户忠诚,增加企业的收入。

2 客户关系维系的原则

利用专业的客户关怀技巧,使客户满意,并持续保持对曾经接受的服务的信任,对未来可能接受的服务抱有信心;应该维系建立在诚信基础之上的服务关系,而不是简单的价格和利益关系;并非永远没有摩擦,要相信摩擦可以解决,不要轻易地相互抛弃。

3 客户关系的维系方法

(1)主动接触:展现主动、热情、尊重、友善的态度。

(2)真诚沟通:识别客户的需求,真诚地帮助客户,当好顾问、参谋。

(3)热情交往:建立客户档案,对客户进行分类管理,了解客户的性格与行为习惯,建立朋友式的客户关系。

(4)不断改进:运用合适的工具、方法进行客户满意度调查等检验,改进客户服务工作的不足。

(5)永续坚持:通过专业的、规范的服务程序,规划、实现对客户的关怀,实行个性化的服务。

4 客户关系维系的对策

客户关系维系的对策主要有客户关怀、客户俱乐部、投诉处理、紧急救援。每个对策都有自己的关键点、核心流程、工作标准、主要负责人、工具和效果评价。可以根据经销店的具体情况展开。

七 建立客户关系管理系统

客户关系管理系统简称 CRM 系统。CRM 是以客户为中心的管理理念和经营战略,它以信息技术、网络、通信技术为手段,整合企业内外所有与客户相关的资料和数据,通过改善与企业销售、市场营销、客户服务和支持等领域客户的商业流程,实现客户管理自动化,提高客户满意度和忠诚度,从而实现企业利润最大化。

CRM 系统必须把握三方面的内涵:CRM 理念、CRM 技术、CRM 实施。三个内涵中理念最重要,因为技术有专门的 IT 部门根据企业的需求去定制,实施则需要领导及全体员工的执行。

CRM 理念是指企业根据客户终生价值的大小,充分调配可用的资源,有效地建立、维护、发展客户的长期合作关系,以提高客户忠诚度、满意度,实现企业利润最大化。CRM 理念是企业实施 CRM 的指导性原则,他是企业经营的一种基本方式和指导思想。它指导企业应该怎么做(充分调配可用的资源),做什么(有效地建立、维护、发展客户的长期合作关系),通过什么方式做(根据客户终生价值的大小),这么做的目的是什么(提高客户忠诚度、满意度,实现企业利润最大化)。CRM 理念作为企业的指导性原则,与技术没有直接的关系,可以脱离技术的存在而存在。CRM 的具体建设属于一个系统的工程,有专门的论述,这里就不进行说明了。

第三节　客户满意度提升

客户满意是建立在公司整体行动中的,是销售过程重要的一环。好的客户满意度可以带来所谓的"3R",也就是介绍、再购及再访。而此三项正是销售顾问创造绵延不断的商机最重要的指标。因此,销售顾问如何突破传统作为,以附加价值思考模式为依据,将会是销售顾问在提升客户满意度上的当务之急。再者,良好的客户抱怨处理,也有化危机为转机的技巧。

根据相关调研和统计,有关客户抱怨的相关数据如下:好的服务体验客户会告诉 3~4 人,不好的服务体验客户会告诉 12 人,不好的服务体验只有 4% 的客户会告诉企业,一个负面印象需要 12 个正面印象才可以挽回。由此看出,提升客户满意度的重要性。

一　客户满意度的概念

1 客户满意的概念

美国营销学会对满意的定义是:满意 = 期望 - 结果(ES - PS)

营销大师菲利普·科特勒的观点:满意是一种感觉状态的水平,它来源于对一件商品所设想的绩效或产出与人们的期望所进行的比较。

由此可见客户的满意只是一种感觉,这种感觉是客户的内心期望与他现实中的体验经过比较后的一种感觉。根据比较结果的不同可以分为失望、满意、感动三种心理状态。

2 客户满意度的概念

客户满意度不是一个绝对值,而是一个相对值。它是"客户的期望"与"客户的体验"相对比的结果如图 5-6 所示。客户满意度也不是一个瞬间值,而是一项需要长期进行的管理工作,它只会在踏踏实实的日常管理中不断提升。客户满意度是一种管理手段,而不是管理的终极目标。从传统的角度来讲,客户满意度主要是一种事后监测的工具。但是,随着汽车市场的不断发展繁荣、竞争加剧,客户对购车和服务的期望和要求也越来越高。因此,对待客户满意度的态度也必然要发生变化:主动创造满意,更重于被动接受反馈。所以认识客户满意,分析影响客户满意的因素将是汽车企业和汽车行业从业人员必须要面对的一个课题。客户满意度常用 CS 来表示。

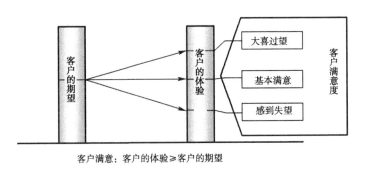

客户满意:客户的体验≥客户的期望

图 5-6 客户满意的概念

3 CS 的理念与意义

CS 的雏形是 20 世纪 80 年代北欧斯堪的纳维亚航空公司提出的"服务与管理"的企业理念。此后传入美国,发展为"对客户满意度"的调查。1981 年 J. D. POWER 首次以 CS 为标准,发布了消费者对汽车行业满意度的排行榜,对全美企业界震动很大。现在无论在欧美或日本、大企业或中小企业,莫不以追求客户满意为企业的目标之一。国内也一样,许多管理者已经发现客户满意的重要性,从以往认为只有第一线的业务或客服人员才需要认识客户满意,如今已经转变为全公司都必须认真努力的重要经营方向。

汽车这种商品对消费者而言,因其产品本身牵涉到后续维修等长期持续性消费,一旦购买,短期之内不容易立即换购或抛弃。按照 J. D. POWER 等行业权威调查公司的研究结果发现,共有四个因素来分析客户的满意度(CS),分别为产品质量(IQS)、销售满意度(SSI)、服务满意度(CSI)以及新车产品魅力度(APPEAL),具体如图 5-7 所示。

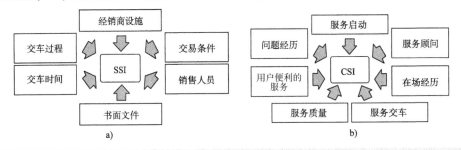

图 5-7 J. D. POWER 的 SSI、CSI 模型

1)客户满意度对经销商的价值

(1)良好的 SSI 带来的好处:销售满意度是赢得良好的口碑和忠诚客户的保证。

(2)良好的 CSI 带来的好处:售后服务满意度也会给您带来同样的好处。

(3)客户满意对经销商的财务价值。

根据对汽车企业的调查发现,开发 1 个新客户的成本等于维系 6 个老客户的成本,所以要好好维系好老客户,提高他们的满意度,也降低了经销商的成本(图 5-8)。

新的客户从哪里来?一半以上的客户会靠朋友和亲戚的推荐来您这里买车。

(4)客户满意度对利润的影响。管理大师德鲁克曾说过:"企业的任务在于创造满意的客户,利润不是最重要的事情,因为利润不过是销售人员让客户满意后的一种回馈。"由此可见客户满意度提升后,可以大大的提升企业的利润(图5-9)。

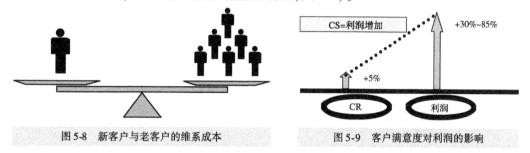

图5-8　新客户与老客户的维系成本　　　　图5-9　客户满意度对利润的影响

2)汽车经销商在推进CS工作中要回答的问题

(1)战略与战术之争。经销店是自发推动CS理念战略,还是迫于厂家要求被动应付。

(2)诚信与伪善之争。是否真正地站在客户角度来考虑问题。企业无诚信,客户无忠诚。

(3)理念与技巧之争。树立CS理念是第一位的,有了CS理念各种服务技巧自然就会出现,经销店不要沉迷于学习其他DLR技巧之中,而忽视自身机制的建立。

(4)短期与长期之争。CS是一种长期行为,不能搞突击。CS改善与提高绝不是一日之功。

营销的出发点在于价值创新,在于要持续不断地比竞争对手为客户多创造出这么一点点的价值,让你的客户没有选择的余地。也就是持续不断地比竞争对手好那么一点点,让客户的需求不得不发生在你的身上,让客户没有选择的余地,这样的客户才是最忠诚的。价值=解决问题的功能/客户的购买代价。通过CS活动可以有效地降低客户的购买代价(时间成本、精力成本、体力成本、风险成本、机会成本),进而为客户创造价值。不是所有的客户都只看中价格,未来的竞争不是单纯的价格竞争,而是为客户创造价值的竞争,CS活动就是创造价值的最好工具。

4 客户忠诚的概念

客户忠诚是从客户满意概念中引出的概念,是指客户满意后而产生的对某种产品品牌或公司的信赖、维护和希望重复购买的一种心理倾向。客户忠诚实际上是一种客户行为的持续性,客户忠诚度是指客户忠诚于企业的程度。

客户忠诚是企业取得竞争优势的源泉,因为忠诚客户趋向于购买更多的产品、对价格更不敏感,而且主动为本企业传递好的口碑、推荐新的客户。因此,拥有长期忠诚客户的企业比拥有低单位成本、高市场份额但客户流失率高的对手更有竞争优势。CRM的目的就是通过合适的客户保持战略,不断强化客户的关系持续意愿,最终建立客户忠诚,从而实现长期稳定的客户重复购买。因此,客户忠诚是企业实施CRM所追求的根本目标。

二、客户满意度提升的措施

1 提升客户满意度,关键要转换观念

常见的客户服务观念有:客户第一的观念、为客户服务的观念。同时要明确服务的基本

特质:服务需要透过人来提供服务,接受服务的也是人,服务业的产品兼具有形与无形,服务无法完全一致化,服务追求的是买卖双方的共同满足。为了提升客户的满意度,需要更深地理解下面的内容:

1)客户满意的服务品质的十大因素

(1)可靠:第一次就将服务做好。

(2)反应:提供服务的意愿与待命程度。

(3)能力:拥有执行服务所需的技术与知识。

(4)接近:接触客户的容易性。

(5)礼貌:尊重、体贴、友善的业务人员。

(6)沟通:以客户能了解的语言解说,并且倾听客户的说法。

(7)信任:信赖、相信、诚实。

(8)安全:没有危险、风险或怀疑。

(9)了解:努力了解客户的需求。

(10)有形:客户满意服务看得见。

2)树立深得客户心的九项服务理念

(1)销售的目的是让客户满意,赚钱只是客户满意后,自然发生的副产品。

(2)提高服务品质绝不需要增加时间成本,正确的服务策略是要把时间的资源做最有效地运用。

(3)业务人员愿意改变工作态度,把客户的满意当成工作守则,这是个人的责任,也是部门内全体的责任。

(4)客户要奶茶,你给他一杯咖啡,这不但没有满足客户的需求,反而浪费资源造成客户抱怨。

(5)客户服务范围的界定,是您提供最满意或超越期望服务的基础。

(6)得罪一个客户前,请先考虑他周遭的朋友所可能带给您的冲击,当他结婚或聚会时可能有多少位亲朋好友到场,而这个数字很可能就是你失去的客户数,反之亦同。

(7)开发一新客户比维持一个老客户,通常要多花费6倍以上的时间与精力。

(8)你到餐厅用餐时,发现餐盘有裂痕,此时你所联想到的可能不尽合理,但是几乎所有的客户都会有这种联想。

(9)客户满意指数与客户感受永远成正比,却与客户期望值永远成反比。

3)树立主动工作的观念

(1)主动创造满意的首要问题是要形成一种"经营客户满意"的意识。当销售人员提供产品和服务时,同时也经营着一种特殊的商品——客户满意。这种特殊商品的影响程度远远大于提供的产品和服务的本身。海尔集团的成功,就印证了利用这种资源的无穷魅力。

(2)主动创造满意的关键问题是将客户的需求和期望转化为看得见、摸得着的考核指标、服务规范和行为准则等。

(3)"主动创造客户满意"不能仅仅停留在思想意识的层面,它必须要依靠管理和流程上的制度来指导、控制、评价和跟进。

(4)主动创造满意需要通过"全体总动员"来实现。汽车企业应将主动创造客户满意的意识要求转化为具体的方式和手段,并为员工所接受,并在实施中充分发挥员工的积极性、创造性和主观能动性。

2 汽车销售过程中影响客户满意度的指标

在汽车销售过程中,影响客户满意度的指标有以下7项:
①销售顾问态度;
②销售顾问专业知识;
③主动了解配置附件需求并给予建议;
④主动提供试乘试驾;
⑤整个交车过程感觉愉快;
⑥交车后是否联系并询问对车辆满意情况;
⑦是否介绍售后服务人员或提供联系方式。下面结合实际销售情况进行分析。

1)销售顾问态度

销售顾问的服务态度不光是热情、面带微笑就可以赢得客户的认可,该指标所反映的是销售顾问实际心理上对客户的关注和重视程度,是否从根本上希望了解客户需求,帮助客户决策,这些方面在客户打分时都会反映到服务态度这一指标上。该指标主要包括4项关键点:

(1)服务热情程度:是否面带微笑,以客户至上的态度迎接。

(2)接待及时性:如果客户前来看车,是否指引相应的销售顾问主动出迎接待,是否出现过一人接待多组客户,造成部分客户被冷落的局面。

(3)介绍主动性:在客户需要的时候是否能够主动介绍并加以恰当的询问,是否在介绍时给予客户过大压力,是否给客户留出了足够自己观看的时间。

(4)态度始终如一性:是否会根据客户的穿着、言谈把客户分类(以貌取人),此外,客户付款前后是否保持态度一致。

2)销售顾问专业知识

销售顾问对产品的特性、优点的合理介绍,是吸引、说服客户购买的重要因素。一方面帮助客户对产品产生喜好、信赖的良好印象;另一方面利于客户打消对产品的疑虑。该指标主要包括4个关键点:

(1)对产品知识的熟悉程度:是否充分了解产品的价格、性能等情况,是否充分了解企业发展历史。

(2)对竞争品牌的熟悉程度:是否能够通过对比,找出竞争产品的不同,凸显产品的优势。

(3)讲解的方法:是否能够正确展示车辆,是否能够使用FAB说明方法。

(4)疑难问题处理能力:如遇难以解答的问题,是否会请教其他销售顾问、服务人员或销售经理,有无不认真解释、敷衍了事的现象。

3)主动了解配置附件需求并给予建议

该项指标不仅反映了销售顾问对客户购车意向的探询能力,也反映了根据客户特点推荐车型、配置、附件的能力。同时配置、附件的质量也是客户在评价这个指标时关注的方面，主要包括3个关键点：

(1)需求了解的主动性：是否主动了解客户预算水平、车辆用途、客户偏好等方面情况，是否给客户造成反感和压力。

(2)推荐的实用性：是否给客户推荐了最合适的车型，是否给客户推荐了最需要的配置。

(3)配置附件质量保证：是否赠送了不能保证质量的配置、附件，对于说明书上提到的而实际中并没有的配置，是否能够坦诚地向客户解释清楚，还是等客户自己发现。

4）主动提供试乘试驾

该项指标考察销售顾问是否向客户主动提供了试乘试驾服务，反映了销售顾问主动提供服务的意识，同时揭示了经销商在服务设施上的配备情况及服务的提供能力。主要包括2个关键点：

(1)接待能力：是否有足够的车型提供试乘试驾；是否有适合标准的场地进行试乘试驾；是否有足够驾车经验的人提供或协助进行试乘试驾。

(2)是否在没有客户要求的情况下，主动提供了试乘试驾服务。

5）整个交车过程感觉愉快

该指标包含了交车的整个服务过程，反映了服务人员在交付新车过程中的整体服务情况，其中包括服务人员在交车过程中表现出的服务态度、专业知识以及新车的基本状况等方面的评价。主要包括3个关键点：

(1)服务态度：是否面带微笑，热情陪同客户完成整个交车；是否主动介绍、解释车辆情况；是否耐心解答客户的问题；销售顾问是否具有良好丰富的专业知识。

(2)服务效率：从订车到交车时间是否合理；交车手续办理是否简单、快捷；是否介绍售后服务情况及售后服务顾问。

(3)新车状况：是否兑现了当时的承诺；交付车辆是否干净整洁；交付新车质量是否良好，车辆有无损坏。

6）交车后是否联系并询问客户对车辆满意情况

该指标包括是否与客户进行了联系，而且在联系时询问的内容以及访问的频次以及客户评价该指标都是考虑的因素，客户希望通过这种回访与经销商之间建立更多的互动联系。主要包括4个关键点：

(1)回访主动性：是否能在客户购车后及时主动跟客户联系。

(2)回访信息的针对性：是否告知客户日常使用中的注意事项，并提醒客户定期维护、定期更换易损件等；是否主动询问客户对车辆性能及操控等方面的使用情况；是否为客户提供活动信息或车辆升级信息。

(3)回访态度：是否能够认真、耐心倾听客户的需求。

(4)人员专业知识：对于客户反映的异常现象能否做出基本判断或告知客户解决途径。

7）是否介绍售后服务人员或提供联系方式

该指标不仅需要销售顾问在交车以后告知客户可以进行售后维护及修理，同时客户希望的是能够在购车时与售后服务人员建立联系，反映了经销商在车辆交付前后服务态度的一致性。主要包括2个关键点：

(1)介绍主动性：是否能为客户主动介绍售后服务人员。

(2)提供信息有效性：为客户提供的售后服务人员联系方式是否真实有效。

以上就是汽车销售过程中的客户满意度常见指标分析，在实际工作中，对照这些指标去执行，从小事做起，从细节出发，客户满意度就会逐步得到提升。

客户关系管理加上CS的理念和销售的流程及标准，即可较好地提升CS。客户关系管理的目的也是为了提高客户的满意度。目前，各个品牌的汽车主机厂都有自己的汽车销售流程和执行标准，按照流程和标准执行也可以很好地提高客户满意度。以高质量商品为自豪的品牌加上高质量的销售活动，一定可以提高客户满意度。在执行CS的过程中，要注重标准和流程。CS的实施要重点清晰，关键要找到企业短板(图5-10)，找到影响CS的关键因素。

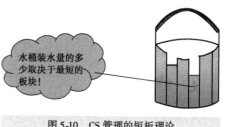

图5-10　CS管理的短板理论

第四节　客户抱怨及投诉的处理

在销售过程中，销售顾问的服务质量不高或者与客户的沟通不畅，容易引起客户的抱怨和投诉，为此，销售顾问要通过自己的工作努力降低客户的不满，避免客户的抱怨与投诉。

一、客户抱怨的处理

1 高效沟通循环通过5个"到"完成与客户的有效沟通

(1)问题(口到)：围绕客户提问，理解客户的需求；主动帮助客户，表达你的兴趣；从客户方面收集有益的信息。

(2)倾听(耳到)：关心注意客户的话语；尽力理解客户的需求。

(3)观察(眼到)：注意观察并尽可能了解客户的话语问题、行为动作、非言语交谈等。

(4)调整(心到)：根据对客户的了解，改进工作方法和行为模式，切入客户隐性需求。

(5)建议(手到)：使用了解到的一切情况，进一步了解客户的真正需求，然后提供建议。

2 多用倾听的技巧

全神贯注地聆听；给出反馈信息，让客户知道您在聆听；强调重要信息；检查你对主要问题理解的准确性；重复你不理解的问题；回答客户的所有问题；站在客户的立场考虑问题。

3 客户抱怨处理的技巧

当客户感到不被尊重、受到不平等待遇、面子挂不住、有被骗的感觉时会产生强烈的抱怨，此时销售人员应该换一种角度来看待客户的抱怨：客户抱怨可以指出销售人员做得不尽理想之处;客户抱怨提供你再次服务的机会,使其不满化为满意,所以销售人员应该感谢客户的抱怨。在处理客户抱怨时有以下几个技巧:

(1)要听完对方的不满意见。客户抱有不满意见时,一定会大声喧嚷或气势汹汹地责难。这时,你使用"绝不可能有那件事"或者"不会吧"这类字眼,无疑会火上加油。因此当客户正在气头上时,只要让他尽情地发泄一阵,吐尽心中的积愤后,他自然就感到心情舒畅了。受到责骂的人也许会觉得难以忍受,不过当对方骂完后,心情要逐步归于平静。当对方表示这实在太不应该了,太说不过去了,太对不起人了等语气时,就是你获得解决问题的绝好机会。至于你自己心里想说的,尽量移到日后再讲。如果是出于误会,不是你的过错,就会收到好的效果。

(2)不要感情用事。如果和客户你一句、我一句对骂的话,那么什么都完了。当对方激动时,你自己就得冷静。如果你能细嚼对方所说的理由,自然会想出解决的办法,实际上,也许并不是客户不对。倘若他相信,是其他原因而感到万分愧疚的话,也算是成功了。同时,应该了解客户在购买前总要吹毛求疵的。

(3)勿伤害客户的自尊心。坦率地承认处理方法有错的人几乎是没有的。但在口头上获胜还不如在生意上获胜,你应该郑重加以道歉并说:这次一定处理得使你满意,至于以前服务不周的地方,请多多原谅! 对方一定会平静下来。总之,客户永远是对的,道歉的应该是自己,即使是客户错了。

(4)必要时,改变人、地方、场所。一般人,往往受到职位较高的人的道歉才觉得甘心。因此,销售顾问本身的道歉就不如经理的道歉具有效力。倘若在客户家中的谈判无法解决时,索性请他隔日到公司来。昨天大发脾气的人,经过一夜后也许会判若两人。

(5)处理要迅速。迅速是解决问题的最好方法。一般人对讨厌的事情,或是艰难的事情都会畏缩不前。如果不立刻处理而经请示后,拖延上 3~5 天客户的不满会与日俱增。所以即使在万不得已或受到责备时,也要把事情迅速交代清楚。绝不能忽视客户的感觉,至少要让对方知道你已在全力解决问题。

(6)不要逃避,要面对现实。绝不可用哄骗的方式处理客户的不满。如果使对方感到你在糊弄他,那你就完全失败了。既然无法逃避,就应妥善解决。有人说反对正是销售的好机会,但我以为诉苦才是销售顾问绝好的销售机会。倘若你对客户的诉苦和不满能够善加处理,才是成功的销售顾问。

二 客户投诉的基本概念

1 投诉的概念

客户对产品质量、维修品质、服务质量或价格等项目感到不满抱怨,要求厂家负责处理或提出相应弥补措施,或诉求其他相关单位协助安排处理的过程就是投诉。

2 客户投诉的意义

通过客户的投诉,销售顾问可以知道产品质量、维修品质、服务质量是否达到客户的期望值。销售人员的服务作业是否符合客户的需要。客户还有什么需求被销售顾问忽略了,并以此提升和改善产品及服务的质量。如果客户感到不满而没有进行投诉将是客户对商家的最大惩罚(表5-1)。所以投诉是销售顾问的最大帮助。

客户的投诉调查分析 表5-1

投诉种类	客户态度	比例(%)
不去投诉	不再光顾	91
投诉没有解决	不再光顾	81
投诉得到解决	不再光顾	25
投诉很快解决	还会光顾	85

3 对投诉的认知

面对客户投诉,销售顾问应争取客户的信任,赢得客户的认同,展现主动积极的服务形象,创造忠诚客户。要理解投诉是客户的基本权利,应尊重面对它;对待客户的投诉应具备同理心,争取客人的认同与信任;投诉的最佳处理方式是争取"双赢",否则至少得让客人觉得有理;投诉处理没有标准答案,销售顾问应不断学习,才能提升处理投诉能力;面对客人的投诉时,销售顾问应扮演受气筒、清道夫、心理医生的角色。

4 客户投诉的类型

1) 销售类投诉

因销售顾问承诺未履行、交车日期延误、买贵了(价格调整)、夸大产品性能、夸大保修索赔内容、销售服务态度不佳等会造成客户的投诉。常见的因销售过程造成的客户投诉点如下:销售顾问不诚实、销售顾问换来换去、回答客户的问题有困难、想要改变商定的价格、想要卖给客户不想要的汽车、没有足够的人手接待用户、试图对免费的项目收费、没有提供承诺的配置、只有少量的车型可供选择。应对此类投诉的最好方法就是严格执行销售流程中的工作标准。

2) 配件类投诉

因汽车配件的供应、价格、质量等原因造成的客户投诉如下。
(1) 配件供应:在维修过程中,未能及时供应车辆所需配件。
(2) 配件价格:客户主观认为配件价格过高或收费不合理。
(3) 配件质量:由于配件的外观质量或耐久性等问题。

3) 售后服务类投诉

因服务质量、索赔、产品质量、维修技术等原因造成的客户投诉如下:
(1) 服务质量:服务人员在服务客户时,未能达到客户的期望值,如服务态度不好、怠慢、轻率等。
(2) 售后索赔:由于未明确沟通保修索赔条件等。
(3) 产品质量:由于设计、制造或装配不良所产生的质量缺陷。
(4) 维修技术:因ASC的维修技术欠佳,发生一次未能修好。

5 客户投诉的来源和渠道

1）投诉来源

客户投诉的来源主要有5项：
(1)进店客户。
(2)电话跟踪的客户。
(3)客户服务中心免费电话。
(4)社会团体或消费者协会。
(5)其他。

2）投诉渠道

客户投诉的渠道主要有4项：
(1)面对面。
(2)客户来电。
(3)客户信函(书面或电子邮件)。
(4)网络。

6 投诉客户的期望需求

客户遇到不满进行投诉时心情上期望能受欢迎、受重视、被理解、感觉舒适。对于投诉处理过程与结果的期望是结果公平、程序公平、互动公平。
(1)结果公平:投诉处理的结果符合期望且合理公平。
(2)程序公平:程序上符合合理程序,并顾及人情法理方面。
(3)互动公平:互动处理时具备关怀心、包容心与同理心。

7 导致客户不满的主要原因

导致客户不满的主要原因,很多时候是起因于心理层面：
(1)不被尊重:客户感觉不受尊重。
(2)不平等待遇:主要是因为有过去的经验作比较,大部分是由于价格、精神受到不平等的待遇。
(3)受骗的感觉:由于经销商有意地欺瞒而导致客户的不满。
(4)历史经验的累积:从新车购入到售后服务的阶段中,累积多次不满而产生抱怨。

三 客户投诉处理的原则和方法

1 客户投诉处理的原则

客户投诉处理的原则主要有：
(1)不回避,第一时间处理。

(2)先处理心情,再处理事情。
(3)了解客户的背景。
(4)探查投诉的原因,界定控制范围。
(5)不做过度的承诺。
(6)必要时,坚持原则。
(7)争取双赢。
(8)取得授权,必要时让上级参与,运用团队解决问题。
在上面的原则中先处理心情再处理事情是最重要的原则。

2 投诉处理的方法

投诉处理的基本方法是先处理心情再处理事情。
(1)安抚客户情绪:真诚接待、安抚心情。
(2)积极倾听、了解客户意向:积极倾听、善用沟通技巧以探察客户意向。
(3)表现出同感心:认同客户情感、表示负责处理。
(4)准备:了解客户以往来店记录,调查产生投诉的过程,分析客户投诉产生的原因。
(5)了解客户的需求和真实意图:探寻客户的需求、了解客户投诉的真实原因、了解客户的真实意图。
(6)提出有选择的解决方案:考虑客户需求提供合理的解决方案,不超出服务能力范围。
(7)寻求客户支持和认同:尊重客户的观点,处理保持中立公平,争取客户认同,改变气氛。
(8)执行商定的解决方案:明确处理方式与时限,向客户汇报处理过程,请客户验核与评价。
(9)额外的服务:额外赠送、补偿,超越客户期望值。
(10)后续跟踪:销售经理亲自跟踪,确认客户的满意程度。
(11)总结经验:总结投诉处理的经验和教训,制定预防措施。

四 投诉和异议处理技巧

处理客户投诉是一件比较麻烦的事情,要掌握一定的工作技巧。例如:隔离群众、善用提问发掘客户的不满、认真倾听,并表示关怀、不要抢话并急于反驳、确认投诉内容、表示歉意、认同客户的情感;将话题转移到销售顾问服务好的方面,以请示上级、走程序为由,争取时间;对陈述事实有明显差异时,应采取否认法;在预估事情可能发生时,先给予提醒。

五 投诉处理的禁忌

在处理投诉的过程中要禁忌一些事情出现(表5-2),下面是一些常见的禁忌项及对应的正确的方法:

投诉处理的禁忌项及对应的正确方法　　　　　　　表5-2

禁　忌	正 确 方 法
立刻与客户讲道理	先听,后讲
急于得出结论	先解释,不要直接得出结论
一味地道歉	道歉不是办法,解决问题是关键
言行不一,缺乏诚意	说到做到
这是常有的事	不要让客户认为这是普遍性问题
你要知道,一分钱,一分货	无论什么样的客户,我们都提供同样优质的服务
绝对不可能	不要用如此武断的口气
这个我们不清楚,你去问别人吧 这个不是我们负责的,你问别的部门	为了您能够得到更准确的答复,我帮您联系×××来处理好吗
公司的规定就是这样的	为了您的车辆的良好使用,所以公司制定了这样的规则
信息沟通不及时	及时沟通信息
随意答复客户	确认了准确信息后再回复客户

六 不同类型客户投诉的应对

客户的类型一般分为主导型、分析型、社交型,每种客户的性格不同,投诉的处理应对点也应有所侧重。

1 社交型客户

社交型的客户主要应对分析如下:
(1)特征:乐观、善于交流有说服力,努力使别人认可其观点。
(2)行为特征:面带微笑,健谈甚至喋喋不休,喜欢与人交往。
(3)应对方法,见表5-3。

社交型客户的应对方法　　　　　　　表5-3

正确的方法	不正确的方法
让他们畅谈自己的想法	经常打断客户谈话
给他们时间和你交往	简短的话语,不爱说话
谈论他们的目标	过于注重理论、数字
询问他们对事情的看法	花太多时间畅谈想法
要使他们兴奋、有乐趣	不作决定

2 主导型客户

主导型的客户主要应对分析如下:
(1)特征:往往只重结果,而不关心过程,通常没有耐心。

第五章　客户关系管理及客户满意度

(2) 行为特征：主导欲望强烈、容易烦躁，注重身份，做事一般只看结果。

(3) 应对方法，见表5-4。

主导型客户的应对方法　　　　　　　　　　表5-4

正确的方法	不正确的方法
清楚、具体、击中实质	漫不经心、浪费时间
有准备、安排有序	模糊不清、漏洞百出
问具体问题	使对方无法把握
抓住问题、不跑题	闲聊
注重事实	办事带有个人色彩
提供的事实有逻辑性	没有逻辑、丢三落四
给出选择	替对方作决定

3 分析型客户

分析型的客户主要应对分析如下：

(1) 特征：希望精确，注重事实、数据，做事认真。

(2) 行为特征：做事喜欢分析、权衡利弊后再做决定；使用精确的语言，特别注重细节。

(3) 应对方法，见表5-5。

分析型客户的应对方法　　　　　　　　　　表5-5

正确的方法	不正确的方法
有所准备	没有逻辑，秩序混乱
考虑问题的所有方面	只想知道结果
具体说明你能做的事情	许诺太多
树立衡量体系	没有依据
坚持立场	不能坚持到底
给他们时间作决定	强迫他们迅速作决定

4 特殊类型客户

特殊型的客户主要应对分析如下。

1) 发泄型

(1) 特征：来店抱怨发泄是主要目的之一，本身并没有明确的目的是索取赔偿或者歉意，只是为了借机发泄对某些认为不合理又无法说出口的事情的不满，比如对加价购买车辆，超出保修期的维修，维护费用过高的抱怨。

(2) 应对方法：花点时间耐心倾听，等客户自己冷却，安抚情绪，适当给予其他方面的优惠，平衡客户心理。

2) 被迫型

(1) 特征：客户本身并没有什么抱怨或者对销售顾问的处理感到可以接受，但客户的上司、太太或者朋友有很多意见、建议，客户夹在中间进退两难，不得已做出投诉的样子。

(2)应对方法:动之以情,晓之以理,使客户做出自己的判断;给客户向他人解释的依据,让客户帮忙说话;直接和客户的上司、太太对话,说明真实情况。

3)习惯型

(1)特征:像专家、领导或者长者一样,习惯挑毛病或指出不足;本身并没有什么特别的不满,总喜欢表现自己的见多识广和高人一等;个别地区的文化习惯。

(2)应对方法:用谦虚、尊敬的态度、耐心听取客户意见;表现出立即行动的姿态;尝试请客户给出建议,满足客户虚荣心。

4)秋菊型

(1)特征:不管问题大小,无论如何也要个说法,甚至宁愿自己承担所需费用也在所不惜,精力旺盛、坚韧不拔。

(2)应对方法:委婉但明确地让客户了解处理的底线,降低客户的期望值;收集足够的依据,重塑客户期望值;可请客户信任的第三方参与,一起劝导客户;给予一定的补偿;如有机会就要当机立断,快速解决;做好持久战的准备。

七 投诉的预防

最好的解决投诉的办法就是不让投诉发生;察觉客户哪怕细微的不满意,比客户考虑得更多,把小小的不满意或者抱怨扼杀在萌芽状态是解决投诉最好的方法。常见的预防措施有以下4项。

1 销售服务工作力争标准化并落实到位

销售服务工作在日常工作中要力争做到下面4点:
(1)贯彻服务核心流程并控制关键点。
(2)提升服务质量。
(3)监控产品质量。
(4)日常工作检查并改进。

2 设立预防投诉的措施和机制

设立预防投诉的措施和机制的要点如下:
(1)落实首问责任制。
(2)畅通的客户反馈/投诉渠道。
(3)高效的投诉处理流程。
(4)应急预案和快速反应。
(5)定期回顾与经验总结。

3 落实客户关怀体系

落实客户关怀体系的要点如下:

(1)经常与客户沟通。
(2)定期组织客户活动。
(3)生日、节日等问候。
(4)客户满意度调查。
(5)流失客户回访。

4 提升服务人员的能力和态度

提升服务人员的能力和态度的要点如下：
(1)识别客户类型、把握客户期望值。
(2)重视客户要求、掌握客户的变化。
(3)定期组织培训,提升员工处理抱怨/投诉的技巧和能力。
(4)积极的态度,不逃避、不推卸、不隐瞒。

客户投诉是一份礼物,它可以让销售顾问不断改进系统、优化流程、培训员工、评估、考核、了解客户的需求。危机发生会有事前征兆,销售顾问应该洞察征兆,掌握投诉可能会造成的危机严重性范围,极力避免危机发生,掌握投诉处理的原则与技巧,以防范危机的发生。

八 投诉处理案例分析

1 投诉详细内容

客户2009年8月27日—9月6日7次来电反映:我买了一辆新×××车,从买的第二天就开始修,已经修了一个月,还没有修好。

具体情况:买车后的第二天不能起动,到经销店换了油泵。晚上又发现汽车抖动并且路况不平的时候后面有异响,客户要求退款或者换车。市电视台汽车投诉热线和省电视台已经表示,若此事不能解决好,就将此事曝光。

2 处理过程和结果

经销店多次诊断认为该车没有问题,在客户强烈投诉下申请厂家技术支援。预约客户来店检查,没有再现异响。总公司技术服务人员先后三次赴客户处,并在其指定特殊路段进行反复故障再现,确认前部没有抖动现象;确认后部偶尔发出塑料件干涉异响。与客户反复沟通,希望进一步检查,确认声源和原因、责任(客户车辆曾出现过碰撞并在非厂家4S店修理),但遭到客户强烈拒绝并有过激举动,通过各种渠道,无法与客户达成理性沟通,最终在有理、有节、有据的情况下,对客户进行明确答复,保持对目前事态发展的密切跟踪。

3 问题点

常见的处理客户投诉的问题点如下。

1）客户心理作用

(1) 冲动购车，事后后悔。

(2) 由于价格、出现过碰撞、车牌号不吉利等原因。

(3) 由于更换过后桥且没有排除异响，担心车身存在安全隐患。

(4) 基于上述情况，客户产生偏激心理，对声音过度敏感，表现为反复无常。

2）服务行为

(1) 多次修理没有解决。

(2) 在没有修复的情况下，服务人员却认为没有问题，导致客户感到经销店不负责。

(3) 当地两家经销店针对异响存在不同说法，让客户心存疑虑，更加激化不满情绪。

(4) 与客户没有针对声音进行明确确认以及对正常的声音没做出合理解释。

4 预防措施

防止客户投诉的预防措施有：

(1) 务必与客户一同试车，在明确异响标准的情况下，与客户共同确认异响，否则容易造成双方误解，引起不必要的麻烦。

(2) 只要确定异响后，要仔细认真检查确认其性质，并作合理解释，由简到难逐一排除，禁忌反复拖拉，给客户留下不良印象，使客户期望值提高，给问题处理带来麻烦。

(3) 检查与异响有关的加装、事故等因素，为问题定性提供帮助。

(4) 除非必要情况下，禁止大拆大卸，否则容易造成客户心理负担。

(5) 本着"先修人、后修车"的原则处理问题，禁止在客户积怨很深的情况下，将技术问题与客户关系问题混作一团处理，使问题处理变得被动。

(6) 善于摸清客户心理，处理问题要有理、有据、有节，争取主动。

(7) 经销店之间在处理同一问题时要加强沟通，统一口径，避免产生分歧，让客户抓住把柄。必要情况下，采取冷处理，缓解双方矛盾。

九 综合训练

李先生在4S店订购了一辆×××车，销售顾问告诉李先生3个月后可以提车。3个月时间到了，李先生到经销店提车，结果销售顾问告诉李先生他订的车还没到，这期间销售顾问也从未给李先生打过电话，李先生很气愤，决定投诉这名销售顾问和这家经销店。根据本章所学知识，谈谈如何避免李先生的投诉，及如何应对李先生的投诉。

第六章 汽车售后服务

学习目标

通过本章的学习,你应能:
1. 叙述保险销售、汽车附件销售的基本概念;
2. 掌握保险销售和汽车附件销售的原则和技巧;
3. 正确执行展厅内保险和汽车附件的销售;
4. 掌握基本的汽车售后服务的知识。

第一节 汽车保险销售

经销店内的保险销售是增加销售利润的一个重要来源,销售顾问要积极主动地请客户在经销店给新购置的车辆投保。本节就经销店内汽车保险的相关业务进行介绍。

一、汽车保险基本常识

汽车保险可以分为交强险、主险、附加险,其中主险包括车辆损失险和商业第三者责任险两种。附加险包括全车盗抢险、玻璃单独破碎险、自燃损失险、新增加设备损失险、车上人员责任险、车身划痕损失险、停驶损失险、不计免赔险、高尔夫球具损失险、精神损害赔偿险等(图6-1)。

其中,交强险是必须投保的险种,是国家规定的强制保险。在验车、新车领牌照等方面都要检验是否投保交强险,其他险种都是自愿投保的险种。

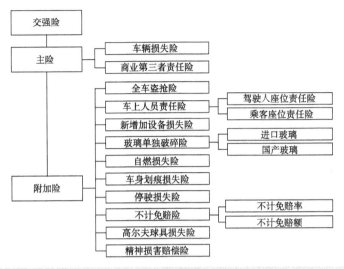

图 6-1 汽车保险种类

二、汽车保险的意义

1 客户在经销店购买保险的好处

客户在经销店购买保险时可以得到以下好处：
(1) 保险手续简单化。
(2) 购买保险时可以得到专业建议。
(3) 车辆出险后能得到及时的指导。
(4) 可享受到高品质的售后服务。

2 经销店直接向客户销售保险的好处

经销店直接向客户销售保险的好处如下：
(1) 可以确保保险销售的手续费收入。
(2) 可增加与客户接触的机会及信息的收集。

三、经销店内汽车保险主要业务

经销店保险业务主要包括三个方面：保险合同手续的签订、保险公司的应对（合同、事故）、保险业务的推进。

1 保险合同手续的签订

为客户办理新车投保及续保手续、向客户说明专门的保险知识、合同业务、理赔申请流程等事宜。

2 保险公司的应对(合同、事故)

汽车经销商代理汽车保险的一个最大优势就是客户的车辆出了险后经销店可以和保险公司沟通,进行直接赔付,包括合同交涉、报险、代办理赔、保险业务研修等。

3 保险业务的推进

为了更好地拓展保险业务,要定期召开经销店内保险业务、知识研修,统计、分析投保率等数据,管理保险业绩等。

四 新车投保的办理

为了让客户能在店内为新车上保险,销售顾问的应对有 3 个步骤(表 6-1)。

新车投保的应对方法　　　　表 6-1

时　间	应 对 方 法
客户来店时	销售顾问向来店客户发保险单页,争取客户在店内投保
与客户进行商谈时	销售顾问和保险专员向客户说明专用保险手册,提示保费报价(保险报价单)
车辆成交－交车时	车辆成交时,销售顾问协助客户填写投保单,让客户签字,并缴纳保费。经销店向保险公司递交投保单和保费,保险公司核保并制作保单。交车时,在文件交付的时候销售顾问出具保单并交付客户

1 客户来店时

销售顾问应适时地利用客户到店的机会向客户发保险单页,引导客户在店内进行投保。

2 与客户进行商谈时

销售顾问在与客户进行商谈时可以向客户说明专用保险手册,并提示保费报价,以此促进保险的销售。

3 车辆交付时

车辆成交时,正是客户最兴奋的时刻,销售顾问要抓住这个时机协助客户填写投保单,让客户签字,并缴纳保费。

五 老客户的续保办理

如果经销店平时的服务水平好,客户基本上就会很依赖经销店,进而会在经销店续保。但是另一方面,在保险方面的竞争非常激烈,因此,经销店应定期管理店内的到期合同,在店内单独实施续保,并掌握保险销售、管理业务以提高续保率。为提高续保率,经销店销售人员应参考并执行下面的标准。

1 客户管理

将新的保险合同用每月到期管理表来全部记载。

2 到期介绍时

到期前两个月联系续保,尝试收集信息。

3 续保介绍时

到期一个月前进行续保介绍,提供最适合的保险方案,说明折扣制度。

4 续保手续时

到期一周前完成续保手续,记得要留些时间。销售顾问要尽早开展续保,降低客户流向其他店的可能性。

六 其他客户的续保

签订保险合同的机会,并不是只在新车销售的时候。经销店除了在本店销售车辆时,向客户推荐保险以外,当在其他店购车(或购保险)的客户来本店维修时,也应该向其积极推荐保险,使客户从其他店转向在本店购买保险。

具体的执行方法如下。

1 信息收集时期

销售人员向维修入库车辆的所有客户询问购买保险的地点、到期时间以及保险相关的一些问题和信息,并告诉客户店内也可以履行保险手续。在入库接待表上增设保险信息记入栏,以增加信息收集的频度。

2 信息管理

经销店针对收集来的信息,制作每月的他店到期管理表。

3 到期介绍、合同正确

针对他店转换客户之后的续保也一样,尽早开展活动。

有必要指出的是,他店转换的活动,不仅是经销店的销售顾问的工作,同时也需要服务部门的员工协助。为将信息收集纳入日常的工作,经销店需要提高员工的意识,增加信息收集量。

七 经销店保险销售的执行工具

销售顾问应事先整理、准备与客户洽谈所需资料(保费表、保险商品说明手册、单页、条款等),为确保随时能够向客户清晰地说明,日常工作中需要进行销售研修和训练。具体的执行方法如下。

1 促销材料

保险销售资料通常放在客户容易看见的地方(资料台、前台)。

2 销售管理材料

将各担当的保险销售管理表贴在墙上,检查进展情况。

3 续保介绍时

委托合作保险公司的负责人,定期进行保险培训(商品培训、销售话术、保险业务研修等)。

第二节 汽车附件销售

汽车附件是增加销售利润的又一个重要渠道,销售顾问要善于进行附件的销售,以此增加销售额。

一、汽车附件的概述

1 汽车附件概念

汽车附件又称汽车用品或汽车装潢品,是指汽车在使用过程中延伸的产品系列,主要包括汽车电子、电器产品(如车载导航仪、车载影音、车载冰箱),汽车安全系统(防盗器、倒车雷达),汽车美容养护用品(润滑油、车蜡),以及汽车饰品(轮毂、座椅坐垫、汽车香水、装饰类工艺品)等。

2 国内汽车附件行业现状

根据调查并结合发达国家汽车市场的情况,我国国内汽车附件行业发展潜力巨大、利润丰厚。但也存在行业不正规、人才缺乏等急需解决的问题。

3 汽车附件业务前景

汽车附件消费主要产生于购买新车时。一般情况下单车消费在3000元左右(含经销商赠送),主要包括:防爆膜,椅套,倒车雷达,报警器,脚垫,挡泥板,影音升级,行李舱垫等。据不完全统计,上海通用经销商每年至少潜在10亿元附件销量,如果考虑售后保有量,则市场更大。(按SGM新车年销量50万辆,并假设70%的消费者加装附件)。

4 纯正附件

纯正附件是指由汽车制造公司根据新车特点,专门为客户设定并与新车同步开发、销售的附件。纯正附件的作用在于满足新车和回厂客户日益发展的个性化需求,同时为厂家和经销商共同创造更高的销售额和利润。

纯正用品的存在可以补充量产车型的不足、增加配置、提高竞争力、满足客户个性化的需求,提高客户满意度、提高特约店的收益,可以作为店的销售手段或促销手段。

对客户来讲可以提高驾乘的乐趣、满足其个性化需求,更安全、更舒适、更便利。对经销商来讲可以提高收益、推动整车销售、提供多元化服务、提高满意度、引导汽车文化。

二 汽车附件的销售

附件销售要把握时机,附件销售流程以销售流程为主线,全程以附件知识和销售技巧为基础,重点分别在3个关键节点展开附件销售。3个关键节点分别是:试乘试驾时、报价成交时、交车时。售后服务环节也是销售附件的重要环节,只是存在不定时的特性。

1 试乘试驾时

通过实物展示或试乘试驾来介绍附件的卖点,并让客户实际体验这些卖点。

(1)附件销售技巧:平时注重对附件相关知识的熟悉掌握和不断积累,深刻理解话术内涵,做好基本准备;在前期的接待、咨询过程中,注意观察和分析客户的性格特点和兴趣喜好,以便依据客户的需求并结合试乘试驾环节来进行附件的推荐。

(2)展厅推荐话术:李先生,您要是没有意见,请在这张试驾协议上签字,然后我就陪您一起去感受和体验这辆车各项优越的性能,好吗?(走向并进入试驾车)您看,这辆试乘试驾体验车上还安装了一套智能导航系统呢,等一会您在道路上也可以感受一下它们实际的效果……

2 成交时

(1)附件销售技巧:首先要确保车辆的成交,哪怕是需要赠送一部分附件来赢得成交,切忌为了销售附件而引起客户的抵触情绪,最后影响到整车的销售。

(2)展厅推荐话术:王先生,恭喜您选好了称心的车型和颜色,我将为您办理相关的购车手续……还有,这里是几款特别适合您这款车的附件,效果非常好,也很实用,刚才您也看到过的。您看,这是……

3 交车时

(1)附件销售技巧:不断探寻客户的需求,抓住最后一个关键节点,争取获得客户的认可。但是不要急于求成,客户若是暂时不认可,也一定要专业礼貌地完成交车环节,为客户留下一个良好的购车印象,便于日后和客户保持顺畅的联系,争取其他的销售机会。

(2)展厅推荐话术:李先生,您的这辆车销售顾问已经为您准备好了,保险和牌照也都办好了。停在交车区里面呢,我和您一起去看看吧!您选的3件附件:前保险杠隔栅饰条、尾灯饰框和排气管套筒已经装在车上了,真的是很漂亮,我的同事都说好看,您看看!好了,张先生,车辆的功能和资料我就介绍到这里了,您还有什么需要我解释的吗？这是我的名片,还有昨天我特意为您选的几款装饰件,特别适合您这款车,我都标记在这里了(附件目录)。您有时间的时候,我就帮您安排。祝您用车愉快顺利！

第三节　汽车售后服务流程

根据相关调研结果,人们注意到各汽车厂商都无一例外地开始重视"服务的价值"。"服务",是理念更是品牌,"服务"可以创造价值和利润；众多汽车厂商,着意推广自己的"服务理念",甚至创出了自己的"服务品牌"；"Buick Care-别克关怀""大众关爱""蓝色扳手""严谨就是关爱""华晨之家""专业对车,诚意待人"等服务品牌已开始受到消费者的青睐；"服务"不仅是对车辆进行单纯的维护和修理,更是确保再次销售的源头。提升经销店和员工的"服务能力"将是未来汽车服务企业的重要课题。

未来的企业竞争最终是服务的竞争,服务理念没有跟上,没有服务的技术和措施,企业最终将难于获得消费者的信赖而失去市场。

有人说,第一辆汽车是销售顾问销售的,后面的车都是通过优质的售后服务销售的,这种说法不无道理。据此思考,汽车销售未来的发展核心应该是"服务营销与管理"能力的培养,作为一线的汽车销售顾问也应该掌握一定的售后服务的知识。

一　售后服务概述

汽车是一个由许多零部件组成的复杂的设备,其在使用过程中需要经常地进行维护,这样才能确保其发挥更大的使用性能。新车使用的前期需要磨合和首次维护,以后要根据日期和行驶里程进行定期维护,所有这一切都需要客户返回店里进行。就目前的汽车经销店而言,整车销售的利润已经不高,售后服务的利润在逐渐增加。从汽车的总体概念讲,销售者希望在用车时能更放心和省心,所以良好的售后服务也是增加客户满意度的有效措施。销售人员要善于将已购车的客户再次吸引到经销店,只有这样,才能通过优质的售后服务使客户成为忠实的客户。

二　售后服务的基本流程

在汽车的售后服务中有两项主要任务,一是服务好客户,二是服务好客户的车,也就是"专业对车、诚意待人。"车辆的维护和修理部分专门有汽车维修技术人员来解决,这里重点说如何做好客户的接待工作,通过良好的客户接待增加客户对汽车品牌的信心,进而促进车辆的再销售。

售后服务中客户服务接待按时间阶段可分为以下六个阶段(图6-2),分别是接待前、接待中、接待后/维修中、维修后/交付前、结算/交车、服务跟踪。每个阶段中都有工作要点和技巧。

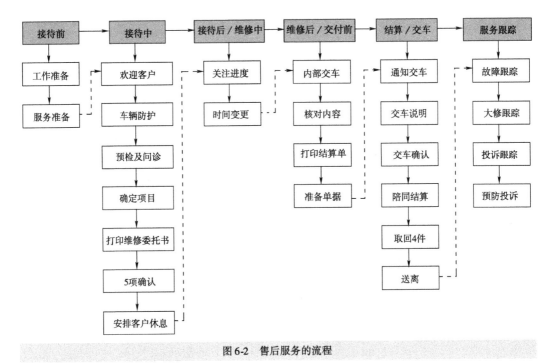

图6-2 售后服务的流程

1 接待前

（1）工作准备。在开始接待工作之前，工作人员要对当日预约车辆情况、相关部门人员出勤情况、工作用具情况、环境设施情况进行逐一检查，如有问题及时纠正和预防。

（2）服务准备。服务准备是检查自己是否已经进入服务状态，主要从状态、仪表仪容、微笑三方面进行准备。如果身体不适或过度劳累请及时调整，较差的身体状态会导致注意力不集中、精神萎靡，在工作中容易出错并给客户留下较差的印象。如果身体状况良好，因为其他事情导致精神状态不佳应在进行接待工作之前调整，集中全部精神拿出饱满、热情的状态。仪容仪表是服务的基本素质要求，要检查自己以下方面是否符合标准：工装整洁，胸卡佩戴在正确位置，头发整齐，不过长过短，胡须定期修理，不佩戴饰品，口气清新。在身体和精神都进入服务状态以后，还需要保持愉悦的心情，在整个服务过程中保持微笑：在面对客户时保持微笑、在接听电话时保持微笑、在遇到同事时微笑示意。微笑是可以感知的，在打电话时，你的微笑同样可以通过你的语气传达给对方，让他感到你的微笑。

2 接待中

在工具设施准备好，员工已进入服务状态后，就可以开始接待工作了。接待中按照先后顺序，将进行以下工作：欢迎/了解客户需求、车辆防护、预检/问诊、环车检查、同客户确定维修项目/工期/价格、核对客户信息/建立维修委托书/打印维修委托书、五项确认/客户签字、安排客户休息。

3 接待后/维修

当车辆开始维修后,服务人员需要对车辆的维修进度紧密关注并根据进度和维修变化及时做出安排:关注维修进度、维修项目/时间变更。

4 维修后/交付前

在车辆维修之后,服务人员需要对车辆的维修情况进行确认,并准备相关的单据,为交付车辆做好充分准备。主要工作有内部交车、核对维修项目和维修价格、打印结算单、准备交付单据交车说明。

5 结算/交车

在维修内容都已复核无误、所有单据准备完成之后,服务人员要通知客户取车,进入结算和交车环节,此环节是服务流程中的重要环节,在前几个环节客户逐步建立的愉悦心情和信任,通过专业周到的交车服务能够得到提升和加强,反之将改变客户全部的良好印象,失去客户的信任。可以说前几个环节都是在为交车服务做准备,请做好交车中的几个步骤:通知客户取车、说明所做的工作和收费明细、取回维修委托书客户联、交车确认、陪同结算、取下四件套、送离和感谢。

6 服务跟踪

当交车结束客户离店后,服务工作仍没有结束,还需要进行以下工作:对车辆未检查出故障的客户继续跟踪,对大修的客户进行主动联系,对维修过程中抱怨的客户主动进行回访,客户离店后对此次服务抱怨或投诉的需积极协助相关人员进行处理。

第四节 服务营销

汽车售后服务提供的到底是有形产品还是无形产品?我们是卖配件、设备和工时吗?如果是这样,那么服务站与汽配城有什么区别?怎样更好地理解工时的销售和配件的销售?明确了我们要出售什么,才知道该怎么去出售。我们出售的应该是服务产品。

我们是通过服务促进有形产品销售还是要将服务本身作为核心产品进行营销?客户服务和售后服务都应该是有形产品的附加服务(如咨询、财务、发货、系统升级、搬迁、商品处置等)。本书要讲的服务营销不是这种附加的服务,而是"将服务本身作为一个产品进行设计,进而促进交换形成商品"。

比如 IBM 公司不再是一个硬件供应商,不再去卖计算机,而是提供整体的解决方案,将硬件包含在整体解决方案中去销售。劳斯莱斯公司不再单纯的为空客提供飞机的发动机,而是改为"按小时销售动力",将产品(发动机)和服务(动力持续)融合为一体;产品名称定位"全方位动力呵护",广告语是"保证发动机一生安安静静"。目前该公司80%的发动机用这种模式进行销售,不再是单纯卖整机和配件了!

这给了汽车售后服务企业更多的借鉴和启发:将配件、设备、技术、人员、服务整合起来形成一种全方位关怀的服务产品。车主的需求不再是购买配件和工时,而是车辆的安全运行和舒心使用。这是汽车售后服务重要的创新方向!其本质是满足车主的最核心需求!车主未来更需要的是一种安全放心的"用车方案"。

一 服务产品的核心要素

1 人体服务

服务产品包含人体的服务:衣食住行,健康,漂亮等。客户需要将身体作为服务对象投入;客户要主动与服务提供者合作,其结果是使人在生理上更舒适、更健康。管理者必须从客户角度考虑服务流程问题,不仅要考虑每个环节给客户带来的价值,还要考虑由此而产生的非货币成本(如时间、心理和生理的付出,是否会令客户感到恐惧或痛苦)。汽车售后服务中客户的接待应该属于人体服务的内容。

2 所有物服务

服务产品包含客户所有物的服务。客户想要的是针对他所有物的一些有形的服务,服务的目的是延长这些所有物的使用寿命。客户不一定非到现场,参与度也非常有限。流程一般是客户将需要处理的所有物交给服务人员,提出服务要求,说明自己要做什么,然后取回物品,付款走人。有时客户会留在服务现场监督。汽车售后服务中的所有物应该是客户关心的车辆。

3 精神服务

服务产品中包含对客户的精神服务。一般包括教育、新闻、信息、专业顾问、心理治疗、娱乐及宗教活动等。触及人心灵,可能重塑人的态度或改变人的行为。需要客户投入金钱、时间和精力。服务的核心与信息紧密相关。

4 信息服务

服务产品中包含信息服务。如金融服务、专业服务(会计、法律、市场调查、管理咨询、医疗诊断)。信息服务结果的无形性最为明显,但我们可以将服务的结果转化成有形的形式(信件、报告、光盘等)。信息服务与精神服务的边界是模糊的,有时也将二者合称为基于信息的服务。

服务产品具有7个典型特性(营销价值):每个典型特性都有一定的营销价值(表6-2)。

服务产品的特性与意义 表6-2

典型特性	管理意义	营销意义
服务产品无法储存	客户要么放弃服务、要么被迫等待	保持需求的平衡(开展预约)
价值创造过程中,无形要素占主动地位	客户无法具体感知、触摸和倾听这些要素;服务的度量很困难,从而难以与对手区别开来	通过强调一些有形要素,促使无形服务有形化;在广告和品牌塑造中,利用具体的象征和生动的形象推广服务(无形要素转变为有形要素)

续上表

典型特性	管 理 意 义	营 销 意 义
服务难以看到和理解	客户感知到的风险和不确定性更大	教育客户做出正确的选择,向他们解释应怎样搜寻信息,怎样提供服务保障
人是服务体验中的一部分	服务人员和相关客户的外表、态度和行为会对客户的服务经历产生影响,进而影响客户满意度	通过招聘、培训和奖励,强化服务人员对服务的认知;按照服务特性塑造客户的行为(客户也是可以教育的,如吸烟室的控制)
服务运营投入与产出差异性极大	难以保持服务质量的一致性、可靠性,也难以通过生产率的提升降低服务成本;服务失误难以避免	根据客户的期望设定服务标准,重新设计服务产品,尽量简洁,尽量在第一次就把事情做好;建立良好的服务补救流程;激发客户与服务提供者之间的互动
时间因素极其重要	客户将时间因素视为珍稀资源并慎重分配,厌恶无谓的等待,希望服务能够及时并且便利	在服务时间创新方面,提升服务传递速度,使客户等待时间最小化
可能会通过非实体渠道分销	基于信息的服务可以通过电子渠道传送	能够设计界面友好的安全的网站、免费的电话服务系统,确保所有的信息服务要素都能够从网站下载

二、服务产品的营销

"服务营销"和"通过服务营销"是不一样的。服务营销中服务本身就是核心提供物,后者则是有形产品中附加的服务。如果这些服务非常好,肯定会对有形产品的销售起到积极的促进作用,而且可以为客户创造价值。服务营销中的重点是价值的创造和价值的传递。

服务产品营销在传统营销4P(产品、价格、渠道、促销)的基础上增加了3P(过程、有形环境、人)三个要素后构成了服务营销的7P理论。服务营销的实践可通过下面模型进行指导(图6-3)。

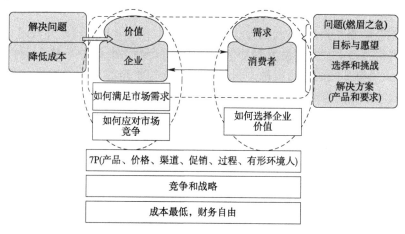

图6-3 服务营销模型

从图6-3中可以看出,企业的主要功能是通过解决客户的问题、降低客户的成本来创造客户价值,从而满足市场的需求,应对市场的竞争,主要途径是通过7P(服务产品、价格设定、渠道建设、促销活动、过程体验、有形环境营造、对人的服务)来实现企业的功能,并最终实现企业的成本最低,收益最高,并达到企业财务自由的目标。而消费者更多的是通过对企业的选择来解决自己的需求(需求包括面对的问题、目标与愿望、选择和挑战、解决方案四个方面),企业开展服务营销的目的是打造能满足消费者需求的服务产品,并通过渠道和促销在消费者心智中建立企业的形象,并最终选择企业的服务产品,在使用服务产品的过程中通过服务过程、服务环境、人的关怀等因素提升客户的满意度,进而促进消费者的二次购买。

1 服务营销中的关键点

1)服务产品的设计

服务营销首先是服务产品的营销,服务产品的设计更多的是在满足客户需求基础上的服务概念创意(图6-4)。

图6-4 服务产品的设计

首先要有一个核心产品,然后是附加的服务要素组合成一个完成的服务产品,比如汽车售后服务中把客户的车修好是最核心的产品,然而从服务产品设计的角度来看这是远远不够的,还包括信息服务、工单处理、账单服务、付账服务、咨询服务、接待服务、保管服务、特殊服务等八类服务。也就是将配件、设备、技术、人员、服务整合起来形成一种全方位关怀的服务产品,客户就可买到放心和车辆的安心使用,对品牌的舒心。这种综合的服务产品可以用"服务之花"来表示:花蕊是核心服务(产品),花瓣代表最重要的附加服务。这八类服务又分为支撑性服务和增强性服务两类。

2)时间因素在服务过程中有重要意义

当今时代,客户更在意时间的成本。服务人员在工作中要充分考虑到客户的时间成本,通过提高工作的效率避免客户时间的浪费。

3)价格及其他客户支出

客户在支付过程中价格的敏感程度依赖于对价值的感知,客户一般不会自然感知到价值,需要服务人员有技巧的进行提醒。另外客户在支付价格时还会考虑到价格是获取利益所必须付出成本的重要组成部分,但不是全部,应考虑其他成本的最小化(如时间、交通、经历、体力、餐饮、气味等)。服务产品在销售过程中要关注客户的这些隐性成本,不能简单关注价格。

4)促销与客户教育

服务营销中沟通的作用很重要。要通过沟通教会客户怎样从服务中受益;教会客户在什么时间、地点可以接受服务;服务过程中客户会怎样参与,从而得到更好的服务结果。沟通可以消除误解,沟通可以达成合作,沟通可以提高满意度!

5)服务难以看到和理解

由于服务产品的特殊性,决定服务价值大小的往往主要是一些无形要素(如过程、员工技能、态度);客户无法提前体验、无法度量、无法预知服务的质量,导致客户的感知风险较高;沟通很重要的任务是强调企业的经历、资质、员工专业技能,使客户建立信心;训练有素的员工至关重要,可利用良好的沟通技巧和专业技能帮助客户做出好的决策。

6)客户间的互动会影响客户的服务经历

由于服务具有需要客户参与的特性,在服务的过程中需要对客户进行细分和教育,以免客户之间产生不愉快,导致客户满意度的降低。

7)服务过程和服务结果同等重要

服务产品的消费很注重过程,服务的过程与服务的结果同等重要,服务的过程从某种意义上讲就是服务的结果,所以服务流程设计很重要,服务人员的培训和执行很重要,要以结果为导向对员工进行训练。

2 服务中的消费者行为

服务产品的消费一般分为三个阶段:购买前、服务接触、服务接触后。

1)购买前阶段

购买前阶段一般包括需求唤醒、信息搜寻、备选方案评价、做出购买决策四个环节。

需求唤起是客户意识到有需求,即将采取行动的环节,比如早上起来后饿了,就会想起吃东西。

信息搜寻是客户感知到需求,寻求解决方案的环节,比如早上饿了是在家里吃饭呢还是外面吃呢?

备选方案评价是客户通过服务属性、感知风险、服务期望对方案的评价环节。

(1)服务属性。服务属性包括搜寻属性、经验属性、信任属性。购买前能够评价的有形的产品特点属于搜寻属性;购买前无法进行评价,体验后可以评价称为经验属性;购买前无法进行评价,即便实际消费后也很难评价。如维修、看病,人们不得不相信供应商的某些工作流程是按照事先的承诺进行的,并且达到了承诺的质量水准。人们对这些服务的评价归根结底是依靠对服务提供者技能和专业性的信任,这叫信任属性。由于服务属性的这些特点,许多服务在购买之前是无法评价的,评价越困难,客户购买决策的感知风险就越大。

(2)感知风险。客户能感知的风险一般包括功能风险(不满意的结果)、财务风险(金钱损失、不可预期的成本)、时间风险(浪费时间、时间延迟)、物理风险(人身伤害、财产损害)、心理风险(担忧、清晰)、社会风险(其他人的想法和反应)、感官风险(对五官的负面影响,如所看、所听是否舒服,异味等)。由于这些风险的存在客户会向可信、可靠的人际资源寻求信息,以降低自己的感知风险(这点对企业来讲非常重要,客户的评论对于后续消费者的选择很重要),企业要根据这些风险特点帮助客户规避风险:比如企业要主动采取措施减小客户的感知风险:如宣传、参观、免费试用、资格证书陈列、实施有形证据管理、制定可建立信心和产生信任感的可视化安全程序、让客户随时可关注进度、向客户提供退款保障、履约保证等服务保障。

(3)服务期望。客户的服务期望是在信息搜寻和决策过程中形成的。服务期望包括理想服务(客户希望得到的服务水平)、恰当服务(没有不满意的情况下可以接受的最低服务水平,是理想服务的下限)、预期服务(客户实际上期望可以获得的服务水平)、容忍服务(客户可以接受的最低服务标准)四类。

做出购买决策是客户在比较竞争服务重要属性,评估感知风险,形成自己理想服务、恰当服务、预期服务之后做出的最佳选择。

2)服务接触阶段

客户之所以购买服务,是因为服务可以给客户带来利益和价值,通常情况下,服务价值来源于企业为客户创造的体验。这些体验来源于接触阶段的若干个关键时刻(MOT)。

"关键时刻"(Moments of Truth,MOT)是北欧航空公司的总裁卡尔森提出的。20世纪80年代,拯救北欧航空的总裁卡尔森提出关键时刻概念,指出服务人员平均每次接触客户的短短15s内,就决定整个公司在乘客心中的印象。与客户接触的第一个时间点即为关键时刻,它是从人员的外表、行为、沟通三方面来着手。这三方面给人的第一印象所占的比例分别为52%、33%、15%,是影响客户忠诚度的重要因素。

在服务接触的阶段可以用"舞台"、"角色"、"脚本"的概念来进行描述,企业需要搭建良好体验的舞台,服务人员要扮演好角色,服务顾问必须参考客户的期望来扮演自己的角色。脚本限定了服务传递过程中员工/客户的一系列行为。角色理论与脚本理论是对服务接触中的消费者和员工行为进行管理的理论。

3)服务接触后阶段

服务接触后阶段是客户对服务经历的满意形成阶段。客户是通过对服务的实际感知与预期之间的比较来评价服务绩效的。如果服务的某些属性在消费者选择过程中占重要的地位,则与这些重要属性相关的容忍区域就会很窄。精明企业在服务接触中的每个阶段都会对客户期望进行管理,以便客户可以预期到企业实际能够传递给客户的东西。客户愉悦时表示超出客户预期的高服务质量,但这样的高服务质量可能又会增加客户的期望,增加满足的成本,所以企业对客户期望的管理也很重要。

3 客户满意是服务营销的核心

数据统计,一般情况下客户满意度每增加1%,企业投资回报率会增加2.37%。企业通过提升客户满意度可以为企业的所有者创造更多的价值。

客户满意是服务营销的核心,但现实工作中是提高客户满意度还是减少客户的不满意呢?实践证明,从降低客户的不满意入手反而更能提升客户的满意度,因为不满意的少了,满意的自然就会增加。

消费心理学有一个研究成果,客户在以下三种情况下会不满意,并由此对商家(企业)产生负面的评价。这三种情况是:客户感到被轻视、客户感到被欺骗、客户感到被侵犯(过度推销,诱骗)。减少客户不满意就是尽量减少上述三种情况的发生。

汽车售后服务中要想提升客户的满意度,也可以按照以下四个重点要素和环节:提高一次诊断率(问题的识别和确认要准、快、到位);提高一次修复率(维修过程的管控要到位);收费要合理,高报低收,赠送放在后面,造成客户的心理落差;体验(消费体验)可能比产品更有价值,要关注影响购买行为的状态、条件或者事件。

4 服务营销中的环境设计

我国经济至少有两个趋势是确定无疑的：人工成本上涨将导致那些低端业务企业很快会苦不堪言；体验经济越来越成为主流。顺势而为，重在看到势，而不是纠结于现状，商业社会也一样。所以重视体验经济的服务环境设计在服务营销中将扮演越来越重要的角色。

服务环境设计的重要维度包括：音乐、气味、颜色、空间、标志、符号、人工制品。要站在客户的角度设计环境，形式和内容一样重要！同时员工要注意5S的素养提升：整理（把不用的物品离开现场）、整顿（把留下的物品按使用情况摆放整齐）、清扫（将归置后的现场打扫干净）、清洁（保持打扫后的卫生状况）、素养（形成整理、整顿、清扫、清洁的习惯）。

5 服务产品的营销模型

汽车服务企业在进行服务产品营销时首先要对自己的产品进行定位，从目标客户的角度、竞争者的角度及价值塑造的角度确定自己服务产品的4性（独特性、差异性、时空性、一致性），然后进行价值的传播和推广，进而提高自己的目标群体，通过客户满意度的提升获取更多的市场（图6-5）。

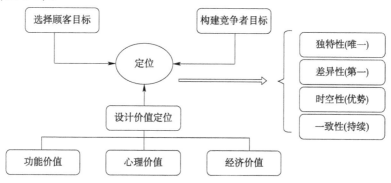

图6-5 服务产品的营销模型

6 服务营销的黑箱理论

服务顾问在进行服务营销时，往往有很多隐性的要素，尤其是客户对这些要素的认知服务顾问一般是不太知道的，我们称为黑箱因素（图6-6）。

三 售后服务产品营销

客户到4S店维修后付出的价格表面上是零配件和工时的费用，实际上客户本身并不是购买的配件和工时，我们要深刻的理解这里面的价值创造，将配件、设备、技术、人员、服务整合起来形成一种全方位关怀的服务产品，客户就可买到放心和车辆的安心使用，对品牌的舒心。这样的服务产品包含了零配件、包括了技师的技术和劳动、也包括了增值的产品。这是汽车售后服务重要的创新方向。

对于前台接待来说客户在我们这里到底买了什么？我们用什么换取了客户的货币？我们的价值是什么？怎样提高我们的价值以此提高我们的价格？

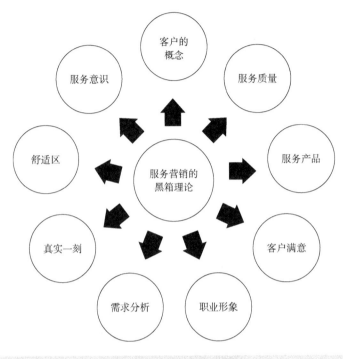

图6-6　服务营销的黑箱理论

1 售后服务的产品

产品的价值是具备功能，具备解决问题的功能。客户带着车辆来到4S店寻求售后服务，我们要首先清晰客户遇到了什么问题，他需要什么来解决他的问题，然后我们才能提供具备解决问题的产品或方案。客户来我们这里更多的是与他车辆的安全、车辆的正常使用、车辆的性能和功能正常、车辆具备更好的性能或个性化有关，或者是客户本人的问题，比如想知道如何更好地用车，如何让车辆保障自己更好的远行，甚至是想来找熟悉的服务顾问聊天、吃个有特色的饭等。所以我们可以看出，售后服务的产品主要是用来解决客户的问题的（包括车辆的问题、包括客户人的问题），这就不能是传统的配件、技术了，售后服务的产品要重点关注客户价值的创造，重点关注客户问题的解决，我们建议将配件、设备、技术、人员、服务整合起来形成一种全方位关怀的服务产品，这样的服务产品包含了零配件、包括了技师的技术和劳动、也包括了增值的产品。售后服务未来的方向应该是客户用车的保姆，而非小时工。

2 售后服务的工时

"明明只修了1个多小时，发票上却写修了6个工时，要收600多元，工时费究竟是怎么算出来的？"不少车主对于工时费都有这样的误解，认为"1个工时等于1个小时"。

实际上，汽车维修的工时费不是一个简单的工作时间概念，而是为完成一定的维修作业项目而消耗的人工作业时间所折算的费用。根据汽车维修行业规定,汽车维修收费项目由工时费、材料费及其他费用三部分组成。工时费不仅包含了企业修理工的生产工时,也包含了企业其他管理人员为车辆维修所付出的社会必要劳动时间,是生产工时、管理工时、仓储工时等劳动时间的"总和"。这就意味着,一些高技术含量的维修工作,即使操作的时间很短,工时定额也可能很高。

当客户有疑问时,服务顾问要向客户表达出工时的综合性概念,一是工时不是简单时间的概念,二是工时定额的制定也不是随意的事情,都是公开和透明的,以争取客户的理解和认可。

3 售后服务中的技术

目前的汽车是一个复杂技术的集合体,维修时工人的技术和经验非常重要,而现实生活中人们往往忽视了这种技术的价值,就像医生一样,人们往往认可药,而忽视了医生的技术。技术也是劳动,技术也是商品,就像疑难问题的诊断一样,结果出来后客户往往会认为很简单,而实际产生这个结果或方案的过程则耗费了服务顾问和车间技师大量的智力投入,目前社会上出现了汽车诊断师的概念和相应的比赛,说明大家开始关注维修服务中的技术的价值和意义,服务顾问和技师的经验对于一次诊断率是很关键的,对于客户的付出成本也是很有意义的,服务顾问要把这种由于技术给客户创造的价值告诉客户,进而提升客户对我们的信任感。

4 售后服务中的增值产品

我们用一个保姆与小时工的例子来说明这个问题。

日常生活,许多家庭都用过保姆,请过保姆的人可能都有一个感受,那就是对保姆的依赖会越来越强,当然前提条件是这个保姆是合格的。一旦找到满意的保姆,我们就会努力留住这个保姆,去满足保姆的许多要求,期望她能干更长时间,而且对支付给保姆的工资也越来越不敏感,有时甚至会主动给保姆涨工资。

有人会说,那是因为现在的保姆抢手啊,这是一个供小于求的市场,保姆稀缺是造成这个现象的主要原因。那么为什么同样有很旺盛市场需求的小时工,我们的态度却不一样呢?相对于保姆,小时工提供的是按小时计酬的标准化产品:我为你擦地、打扫卫生、烧饭,或者为你洗一个小时的衣服,按劳取酬。这个工作对于每一户家庭当然是重要的,但问题是换一个小时工似乎并无大碍,这个活儿小时工能做,换一个小时工稍加交代也能做得差不多。

而保姆就不同了,保姆承担了一个家庭的不少杂务,从打扫卫生、烧饭,到洗衣甚至是带孩子,几乎介入了家务的方方面面,在雇主的家庭生活中发挥相当大的作用,已经融入了雇主的家庭生活。有经验的家庭都有过这类体会,用上了保姆,你和你的爱人就会慢慢疏于家务,不能说越变越懒,也是越来越依靠保姆。而每换一个新保姆,你们都禁不住要担忧她身体是否健康,人品是否端正,能不能与家人合得来,更不要说烧饭的手艺,以及是不是讲究卫生,等等,换一个保姆容易么?!于是乎,并非个案的情况出现了:逢年过节给保姆发津贴,春节假期送保姆去火车站,还大包小包送些礼物,在假期等待保姆回来的那段时间盼星星盼月亮,那叫一个焦灼啊。

如果将我们比作客户的小时工或保姆,那么如何从小时工式的产品交易变成保姆式的全方位服务,这是售后服务吸引客户的关键之一,也是跳出服务同质化竞争的一个重要手段。其门道就是,除了服务产品本身之外,我们还要关注客户的价值链,力所能及地介入客户的价值链,向客户提供增值服务。

客户的价值在于其反复购买公司的产品和维修服务,单次购买的客户其价值是较小的,这也是为什么我们衡量客户的价值往往要用"客户的终身价值"这个概念。给定了这个前提,那么管理有价值客户的关键就变成了如何让客户与企业反复交易、保持客户黏性这个问题。

所以售后服务中,我们不能只做小时工简单完成客户的车辆问题处理,而应是贴心式的照顾好客户的车辆,甚至是他本人,成为他用车的保姆,让他放心的用车,这就是售后服务中的增值产品的意义。

售后服务的增值产品是具备功能的,而增值商品是要交易的,建议先做增值产品解决客户的问题和超值期望,等客户离不开时再进行增值产品的商品转化。

四 前台业务的技术营销

我们知道4S店售后的利用利润=台次×(单车收入−单车变动成本−固定成本)。其中有四个因素:单车收入、入厂台次、固定成本、变动成本。最敏感的是单车收入和入厂临界台次,这两个因素与前台有直接的关系。提升入厂台次更多的是增加进厂量,而增加单车收入则是需要用知识去挣钱,不是简单增项和提价,让客户该花的钱花在你这里。这里最重要的思想就是车辆的技术营销,通过技术提升服务的价值,通过技术锁定客户,通过技术实现服务产品的销售。

1 客户购买商品的分析(工时与技术)

目前汽车后市场出现了很多新的创业形态来争夺客户,也出现了很多质疑汽车4S店的声音。作为一个复杂的交通工具,其技术含量是很高的,汽车4S店作为一种主机厂的经销商模式,其服务能力和技术优势是不可低估的。

客户到我们这里来寻求服务,其本意不是购买配件,也不是寻求技术,而是要保障其车辆的恢复和性能保证。作为交易,客户往往是通过工时费和配件费用来支付我们的商品费用的。而工时的定义与技术的积累正是4S店宝贵的资源,我们拥有这种商品的优势,也要发挥这种优势。

2 单车收入营销与分析

单车收入又称单车产值,关注的是同一个客户的贡献。一般包括单次产值和进场次数两个概念。

单次产值提升可以通过车辆状况、技术挖掘、技术诊断、客户个性化需求、精品推荐等方式提升,进场次数提升需要通过客户管理系统挖掘客户的价值链延伸,通过保姆式的服务创新,通过新型的互动方式增加客户来店的次数。

3 技术营销的价值及开发

客户车辆的服务离不开技术,随着消费市场的理性化,汽车4S店的技术优势会逐渐体现出来,通过技术进行营销的价值也将逐步体现。即便是简单的维修工作,其技术价值也是很高的。4S店的技术资源如果能及时开发并利用技术优势为客户创造价值,这比简单的增项和推销更能让客户接受。技术的价值体现在一次诊断率,体现在一次修复率,体现在最优方案的制定,体现在质量的保障和客户成本的降低。随着竞争的加剧,技术的价值将更加凸显。前台服务顾问要学会利用企业的技术优势进行营销和增强客户的信心。下面通过几个简单的系统对技术营销进行说明。

1) 冷却系统

发动机的冷却系统对于发动机的工作性能有很大的影响,常见的项目有清洗水道、更换冷却液、检查风扇等,而这些项目客户往往以为是没有太必要的,如果服务顾问能通过技术手段和技术数据进行说明,客户接受的程度就会大很多。比如通过冷却液温度的检查、风力的检查、冷却速度的检查、水垢的危害展示等,让客户感觉到这些数据就是他车辆的,通过数据的技术可以让客户信任服务顾问。

2) 制动系统

制动系统最主要的就是制动片和制动液的维护,对于制动片由于部分经销店采取了提前更换,给客户造成了不该更换而更换的不好印象,对于制动液一般情况下是两年更换一次,但由于车辆的使用条件不同,也不一定非得两年更换,服务顾问可以通过制动片的具体数据检测、安全数据对比对客户进行说明,对于制动液一个重要的维护指标就是含水量,所以如果通过检测仪检测出制动液的含水量,则客户相信的力度则会大大加大。

3) 空调系统

空调系统常见的项目是免费检测,其实空调的好多项目是可以收费的,而且客户是认可的,关键是服务顾问往往没有说服力的数据。比如通过空调出风量的检查、降温速度的检测、最低温度的检查,让这些数据展示给客户,并将维修后的这些数据与维修前的数据进行对比,客户则会信任并认可我们的服务项目。

4) 埋蘑菇法

蘑菇小的时候是没有太多价值的,但我们发现的小蘑菇也有可能被别人发现而被挖走。所以最好的办法就是发现小蘑菇后把蘑菇埋起来,等长大后再挖走,这样可以创造更大的价值。对于客户的车辆,如果我们发现了小问题、小故障,而客户暂时又不认可不配合时,我们可以通过技术的手段给客户进行说明,一方面不是恐吓客户,另一方面把这个小问题牢牢地掌握在自己手中,这就是通过技术的手段进行埋蘑菇。

所以服务顾问要学会积累和应用汽车的原理和技术来提升单车的产值,而不是简单的增项。技术营销要求服务顾问要不断积累技术经验,从车辆的技术角度提供数据和证据,让客户看得见,认得准,信得过。

五 售后服务的价值塑造

1 服务产品的价值

价值是商品的属性,货币表现出来的价值就是价格,如果我们给客户塑造的价值越高,你获得的价格就会越高。价值塑造越大,价格就会越高。价值更多的是感性的判断(图6-7)。

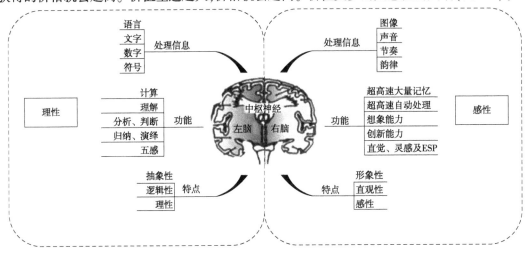

图6-7 感性的思维

中国是农业社会为基础,人们心目中的价值体系往往会依赖成本;西方是商业社会,往往不考虑成本而直接塑造价值。让消费者不关注成本,转而关注价值,则价格就上去了,这就是商业社会的价格逻辑(图6-8)。

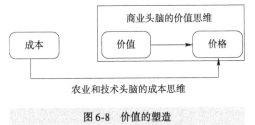

图6-8 价值的塑造

怎样让客户接受我们的价格和服务呢?由于人们对价格的敏感更多的是依赖感性的价值判断,所以如果更多的塑造价值,则客户对价格的敏感度就会降低。

服务产品一般有三种价值:功能价值、心理价值(外延价值)、经济价值(外围价值)。

功能价值:服务产品自身带给客户的使用价值,就是客户直接想要的部分(最核心的价值)。企业服务如果只做功能,只有做到唯一才可能有机会卖好,同等功能价值只能卖价格。

心理价值(外延价值):在功能价值基础上延伸出来的可以接触的价值,又称附加价值,客户收获到的增值的部分,比如服务效率、质量、心理感受、内心喜悦等。

经济价值(外围价值):客户内心里面趋于认可的价值,如品牌价值、心理认同、身份体现、影响力等。

现实中我们往往只看重了功能价值(成本思维),而忽视了外延价值和外围价值(价值思维)。随着物质丰富和同质化竞争,现在的社会人们更多的不再是购买功能,而是购买更多价值的东西。比如一个产品通常由六个方面构成(图6-9),功能是根基,其他都是感性的价值塑造,价值塑造与价格是成正比的。企业如果仅仅提供功能,则产品的价格就会很低,反过来说,企业如果忽视了功能而直接塑造价值也就成了无根之木,不会长久。

2 服务产品价值的塑造

服务产品是一个整体的解决方案,其销售价格与塑造的价值是直接相关的,如何进行服务产品的价值塑造呢?我们以一个汽车空调项目服务产品进行说明。对于汽车空调,传统的做法都是免费检测、更换滤芯、更换制冷剂、检测温度、出风量等。这样的做法往往不能给客户更高价值的体现,价格也上不去,如果把汽车空调作为一个整体服务产品进行看待,则可以进行服务产品的价值塑造。事实上,已经有企业专门做了汽车空调的服务产品并进行销售,效果和市场反馈都非常好,这也是技术营销的一个突破口。

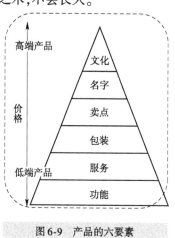

图6-9 产品的六要素

对于汽车空调,客户需要的是正常运行、舒适的温度、合适的出风量、清洁的空气、便捷的操控等待需求,实际上一个空调系统应该有多个检测点,如何通过服务产品价值塑造增加企业对空调项目的盈利呢?

1)列出空调的所有功能和好处 A

可以列出空调和空调维护与修理的所有功能和好处,包括空调本身、企业自身技术、空调所用材料等。再列功能和好处时一定不要忘了服务产品的三个价值。比如空调制冷是功能价值,外延价值就是开车不困、提高行车的安全性,驾驶人有面子等。

2)列出其他企业也能提供的功能和好处 B

通过调研,列出其他同类企业也能提供的空调的功能和价值,这里列出的应该是市场中都存在的功能和价值。

3)列出客户不认可的功能和价值 C

最后通过客户调研和反馈,列出客户不认可的功能和价值。

列出上述三个层次的 A、B、C 后,用 A 减 B 减 C 的方法得出剩余的功能和价值,剩下的这个功能和价值就是自己企业独特的、有差异化的功能和价值。然后用消费者能接受的语言包装这个独特的功能和价值,比如"原厂制冷效果的空调维护",然后通过宣传渠道将这个独特的价值宣传和推广出去,这就是服务产品价值塑造和传播的"A-B-C"的方法。

当服务人员觉得给客户带去的价值越多越大时,服务人员的自信心会加大,给一个东西塑造的价值越多、越高就越容易达成营销和销售。新产品开发出来后,企业都会去开始塑造其价值,在塑造价值的过程中用价值去和客户沟通,进而聚焦成一个差异化的价值优势点,进而在客户心目中留下痕迹,这就是品牌。

3 售后服务价值的传播

塑造出售后服务的核心产品价值后就要进行传播,最长久的传播方式有广告、公共关系、市场推广和前台服务顾问的销售等。

六 售后养护用品销售的常见话术

由于客户对车辆的认知不同,养护品在销售过程中客户往往会提出很多异议,服务顾问需要针对客户的异议正确地应对,这样才可消除客户的担忧,增加客户的购买信心。以下是服务顾问经常遇到的客户问题。

(1)这是必须要做的吗?是厂家规定吗?这些清洗剂、保护剂是你们厂家原厂的吗?

针对这类问题,服务顾问可以这么回答:"这是根据你现在汽车的行驶里程,我们建议您做的维护项目。我们自己厂家没有这类产品,我们4S店一直给我们的客户使用的就是这种产品,我们厂家都是经过严格认证后才给客户使用的。"

(2)我以前维护时怎么没有这么多的产品要使用呢?

针对这类问题,服务顾问可以这么回答:"不同的行驶里程,汽车的维护项目是不一样的。主机厂建议车辆每5000km换机油、2万km清洗油路……不同的行驶里程下,每次维护的项目也是不一样的,根据现在的行驶里程,建议您这次就做这些维护项目。"

(3)我以前的车还不是一直没有做过什么维护之类的服务,车开得还挺好,也不会出现什么问题。

针对这类问题,服务顾问可以这么回答:"以前是没有这类的产品,所以没有做类似的维护项目,现在有了这些维护产品后,我们厂家就建议客户使用,使您的车维护得更好。也能提高车辆的使用年限,做了这些维护后,与同样里程的车辆比起来,汽车的操作性能、安全性都会有很大的区别。"

(4)这些维护产品有什么用?

针对这类问题,服务顾问可以这么回答:"用了这些产品后肯定会对车有好处。定期使用后,会使您的爱车保持新车般的车况,对车也具有很好的保护。"

(5)不做这些,我赶时间,只换油就行了。

针对这类问题,服务顾问可以这么回答:"这些项目其实不会耽误您太多的时间。其实这些项目都可以同时操作,所以和换油时间不会相差太多。"

(6)我下次来做,这次不需要这些。

针对这类问题,服务顾问可以这么回答:"依照目前的里程数来看,还是建议您这次做了,下次做就有些晚了,对车肯定有一些影响。"

(7)不用保护剂,我每次来清洗就行了。

针对这类问题,服务顾问可以这么回答:"清洗剂只能把发动机内部的油泥积炭清洗干净,而保护剂不仅有效的保持发动机内部的洁净还能有效地对发动机进行保护。主要是能提高机油的品质和保护发动机免于冷车起动造成的磨损,所以保护剂更加重要。"

(8)这么贵,搞什么东西,做个维护要这么多钱。

针对这类问题,服务顾问可以这么回答:"这些是您的爱车到了现在的行驶里程所应该要做的维护项目。车本身就是三分修七分养,您现在用的这些钱其实是为以后节约。汽车维护如果不认真对待,以后出现的问题就比较多,甚至有些问题是不能金钱来衡量的。"

(9)为什么要做这些维护项目,你们那个维护手册上不是说清楚3万km更换,为什么现在就告知我换呢?

针对这类问题,服务顾问可以这么回答:"维护手册上是厂家根据汽车在实验室里做的试验得出的一些数据,也是给客户更好地维护自己爱车提供的一些参考数据。但是在全国范围内来看,各个城市的环境、路况、油品等诸多情况各有相同,所以这是我们根据咱们本地区的具体情况给您制定一套维护项目。"

(10)发动机已经清洗过了,为什么还要使用保护剂?

针对这类问题,服务顾问可以这么回答:"因为配套使用效果更佳,让汽车在远行过程中减少积炭的产生,降低磨损和噪声,时时刻刻维护您的爱车,提高您驾驶的舒适性。"

(11)润滑系统积炭清洗剂的销售话术。

车辆行驶了20000km后,发动机内部会有大量积炭、胶质和油泥产生,长此下去会对发动机造成严重后果,从而减短发动机的使用寿命。这种对发动机有清洗功能,能去除积炭和胶质,所以这次应该先洗了再换油,如不洗的话,就相当于把新的机油加在脏的发动机里,会使机油变质,白白浪费了新换的机油。

(12)润滑系统保护剂的销售话术。

保护剂一般是与清洗剂配套使用的,它加入新机油里,能提高机油抗酸抗氧能力,并能在发动机运行过程中自动清洗发动机,最主要的是,它有挤压抗磨的功能,在冷车起动时,由于机油沉底,发动机在无润滑的情况下起动,对发动机损伤十分大。而使用保护剂后,它含有挤压抗磨剂,会在发动机内壁上附上一层保护膜,对发动机进行有效的保护,延长发动机寿命,即使是市面上最好的机油,都无此功能,因此建议您使用。

(13)进气系统清洗剂的销售话术。

汽车在行驶2万km后,进气道会产生胶质和积炭,使您的车更加耗油,因此您使用专业产品对进气道进行清洗,除此之外,进气系统清洗剂还能润滑节气门轴,解决节气门犯卡的毛病,使您感觉节气门更加轻。

(14)燃油系统清洗剂的销售话术

汽车行驶了2万km后,燃烧室及喷油嘴处的积炭都十分严重,严重影响了汽车的性能,油耗也上升了,所以您应该加入燃油系统清洗剂对整个油路清洗一次。

第七章 汽车营销技能提升

学习目标

通过本章的学习,你应能:
1. 理解营销与销售的区别;
2. 执行简单的营销策划。

第一节 营销与销售

一、营销的基本概念

营销是企业关于如何发现,创造和交付价值以满足一定目标市场的需求,同时获得利润的一门学科;而销售则指的是向客户介绍商品,以满足客户特定需求的过程。营销和销售都是企业的经营活动和实践,其实质是促进交换和竞争力提升。营销更多与市场有关,销售更多与交换有关。

1 营销的概念

(1)市场营销就是在适当的时间,适当的地方,以适当的价格,适当的信息沟通和促销手段,向适当的消费者提供适当的"产品和服务"的过程。"满足客户需要的同时创造利润"——菲利普·科特勒《营销管理》。

(2)"企业的目的是创造客户……因此任何企业有且只有两个基本职能:营销和创新。"只有营销和创新为企业创造收益,而其他的职能均属成本。营销就是"让推销变得多余"——管理之父彼得·德鲁克《管理的实践》。

(3)台湾宏基电脑的创始人施振荣早在1992年,就提出了著名的"微笑曲线"理论(图7-1),并且被全世界广泛接受。在这个著名的"微笑曲线"理论中,企业获得的附加价值取决于它做的事情:如果做制造,那么很遗憾它的利润率将是最低的;而如果做的是研发或者是营销,也就是微笑曲线的两个端点,那么它的附加价值将最高。

(4)营销的本质是企业如何吸引和保留客户。清华大学汽车学院郑毓煌教授提出,营销的本质是企业如何吸引和保留顾客。就像脸蛋和身材(吸引)决定了我是否想去了解她(他)的思想,思想(保留)决定了我是否会一票否决掉她(他)的脸蛋和身材!

(5)站在企业的角度看客户:企业所有的行为,企业所有的资源,无非是要超越竞争对手,让客户的需求发生在我们身上,同时满足客户的需求。站在客户的角度看企业:我为什么和这个企业合作呢?他用什么来满足我的需求呢?客户这时看到的是价值!(市场)营销,就是企业用价值不断来满足客户需求的过程。

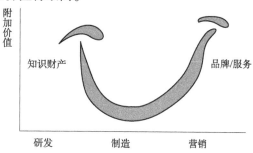

图7-1 "微笑曲线"理论

营销属于管理学范畴,也是一门实践的科学,不同的理论都是从不同的角度进行阐述的,随着社会的发展,营销也从产品时代(4P)过渡到竞争的时代(STP),再到抢占消费者心智的时代。

营销的出发点,首先是竞争,研究竞争对手基础上,研究客户需求,就有了现实存在的意义了。竞争是第一位的,需求是第二位的。营销的出发点在于竞争,在于要持续不断地比竞争对手多为客户创造出这一点点的价值。

价值=解决问题的功能/客户购买成本。企业如果提高解决客户问题的功能或者降低客户付出的成本,那么企业就会比竞争对手多为客户创造了价值,就会吸引更多的客户。用找问题的眼光去做营销就有了很好的操作性。

(6)营销的品类梯子理论。营销竞争到底竞争的是什么?举个例子来说,请你说出市场上常见洗发水的名字?请你说出常喝的牛奶的牌子?怎么样,你能说出多少个?根据心理学研究,每个人关注的一类产品的数目一般不会超过7个。消费者在品牌认知上只会关注独特性和差异性,也就是消费者在认知上会建立自己的独特性(唯一)和差异性(第一),如果企业的产品没有进入消费者的独特性或差异性认知上,客户就不会考虑你的产品,所以企业要通过营销来抢占消费者心智中的位置。

每一类产品(服务)都有一个品类,我们姑且用一个梯子表示,企业要想在竞争中获胜,要么去抢占梯子上最靠上的台阶(已有品类的竞争,也叫红海竞争),要么单独创造一个新的梯子(差异化竞争,也叫蓝海战略),如图7-2所示。企业要在快速变化的市场中找到(创造)这个品类,并成为这个品类中的第一或唯一;要摆脱同质化的

图7-2 梯子理论

理性竞争转向消费者的感性竞争(人一生都在追求感觉好的东西)。

(7)从市场角度看营销。从市场的角度看营销可以给营销下这样的一个定义:营销是比你的竞争对手"更有效率地满足目标市场的顾客需求"。简单说市场营销就是有"盈利"地"满足""顾客"的"需求"。(Satisfy your customer in a profitable way.)

(8)营销的价值。从快速变化(转型、升级)的汽车后市场中发现消费终端的问题,从问题着手追求战术(暂时的差异性和独特性)的领先,然后利用战略的一致性原则配置后台的资源持续的保持战术的胜利,在消费者的心智中固化一致性的差异化(独特性),从而确保占领消费者心智的高层位置,这就是营销的价值。

(9)营销的两个层面。营销从道的层面是满足需求:做电饭煲的,你能不能让煮出来的米饭粒粒晶莹不粘锅;做吹风机的,你能不能让头发吹得干爽柔滑;做菜刀的,你能不能让每一个厨师手起刀落,轻松省力;做保温杯的,你能不能让每一个出行者在雪地中喝到一口热水。商道就是人道。真正的商人需要考虑的是,我能为你创造什么价值。我发现了你的需求,我为你的这份需求做出了贡献,当我的贡献变得无可取代的时候,钱就自然进来了,如此而已。所以商道就是我为人人,最后才会人人为我,钱才会进我的口袋。

营销从术的层面是制造欲求:现在的人需要的不多,想要的多。营销是把"需求转换成欲求"的学问。

2 销售的基本概念

1)销售的基本定义

销售就是介绍商品提供的利益,以满足客户特定需求的过程。能够找出商品所能提供的特殊利益,满足客户的特殊需求。除非销售发生,否则什么都没有发生,我们什么都没有。

2)销售的常见误区

销售不是一股脑地解说商品的功能;销售不是向客户辩论、说赢客户;销售不是我的东西最便宜,不买就可惜;销售不是口若悬河,让客户没有说话的余地;销售不是只销售商品,因为客户对您有好感,才会信任您所说的话。

3)销售的基本原则

销售要有强烈的目标责任感、销售只有功劳没有苦劳;销售讲究的是等价交换、价值的等价交换(值得买客户才会付费);销售是一种行动,行动要远大于空想、要勇敢走出去;销售过程中要学会用自己的爱心战胜恐惧和害怕,充分发挥"迎、送、问、追"的功能;好的销售不是强有力销售,而是把问题提出,让别人以与以往不同的方式进行思考的过程,在销售过程中要注意,提问的作用要远大于陈述(你会提问吗?)

4)销售中客户到底关心什么

经过调查发现在销售过程中客户所问的问题可以归为三类:利益问题73%,绝对技术问题9%,商务问题18%,由此可以看出在销售过程中客户最关心的是利益问题。所以销售顾问一项重要的销售技能是掌握如何将复杂的技术描述转化为客户能够理解的对他自身利益的描述。

3 营销与销售的基本区别

从不同角度分析,营销与销售的区别主要有以下几点。

1) 营销与销售的区别在于所包含的内容不同

营销是一个系统,包括市场调研、市场推广、品牌策划、销售、客户服务等;销售只是营销系统的一部分。营销是一对多,销售是一对一;营销是做市场,销售是见客户;营销是去花钱,销售是来挣钱;营销是促人来,销售是促成交。

2) 营销与销售的区别在于思考的角度不同

营销则是以客户需求为导向,并把如何有效创造客户作为首要任务,这是一种由外而内的思维方式;销售主要是企业以固有产品或服务来吸引、寻找客户,这是一种由内向外的思维方式。

3) 营销与销售的区别在于对结果的诉求不同

营销是让产品好卖,是产品的行销策划、推广;销售是把产品卖好,是销售已有的产品,把已有的产品卖好。

4 厂家对汽车销售过程中的考核要点

1) 电话咨询环节

营业时间内,电话是否在3声铃声/6s彩铃内被接听的;接待员/销售顾问是否报出品牌、经销商名称和自己的姓名;接待员/销售顾问是否询问客户的姓氏,并使用姓氏问候客户(例如,王先生,客户好);接待员/销售顾问是否邀请客户到店看车和试乘试驾,并提醒客户带上驾照;接待员/销售顾问是否邀请客户的家人/朋友一起来试乘试驾;销售顾问是否在电话中没有直接报出价格折扣;接待员/销售顾问是否主动了解了客户的咨询需求(需求包含但不限于:车辆型号、车身颜色、用车时间、购车预算、购车关注点、配置需求等);接待员/销售顾问是否询问或确认客户的电话号码;接待员/销售顾问是否向客户建议来展厅的具体日期和时间或直接询问客户什么时间方便到店;电话咨询结束后2h内,接待员/销售顾问是否给客户发送短信;接待员/销售顾问态度是否积极友好、耐心。

2) 到店接待环节

经销店外是否有门卫;门卫见到客户时,是否向客户问好致意并确认客户的来访意图;门卫手掌张开为客户指明客户停车场方向;当客户进入展厅后,受到了充分的关注;接待员/销售顾问是否主动了解客户有无预约以及是否首次到店;销售顾问是否做自我介绍并双手递名片;销售顾问是否主动询问客户的姓氏,并始终用姓氏尊称客户;销售顾问是否主动向客户提供至少3种饮料;接待员/销售顾问的接待给客户留下了良好的第一印象。

3) 需求分析环节

销售顾问是否询问客户现在的交通工具状况及对现有车辆的感受和评价;销售顾问是否充分了解客户的购车需求(应至少了解客户5项购车需求,了解的内容包含但不限于:购车预算、车辆用途、购车时间、有关驾驶习惯、兴趣和爱好、新车乘坐人数、换购或是添购、车辆选装配置偏好等);销售顾问是否询问客户曾经考虑的竞争品牌的意向车型及主要原因;销售顾问总结并跟客户确认了客户的购车需求;销售顾问能够通过恰当的询问来了解和分析客户的购车需求,且态度积极、过程顺畅。

4) 产品介绍环节

销售顾问是否至少从车辆的四个方位为客户介绍车辆(如车头、车侧、车尾、后乘客席、驾驶席、发动机舱等);销售顾问是否使用辅助性的工具或资料向客户展示车辆(漆面墙、皮革样本、车型宣传册);销售顾问是否使用 ipad 向客户展示车辆;销售顾问在介绍展车的同时,注意鼓励客户亲身体验车辆,并让客户确实了解了车辆的优势所在;销售顾问是否使用 FAB(特点、优势、利益)的方式讲解车辆的 3 个功能亮点？车辆静态展示过程中,销售顾问是否主动介绍了智能互联系统的概念(信息、便捷、救援);车辆静态展示过程中,销售顾问是否介绍了至少一项智能互联系统的功能和好处;在车辆展示和介绍后,销售顾问是否和客户确认有无其他疑问,并耐心解答;销售顾问对自己产品的知识丰富;销售顾问竞争产品知识丰富;销售顾问对品牌历史和内容的介绍,让客户确实了解到品牌的内涵和优势;销售顾问结合客户的购车需求和用车经历,提供了针对性较强的产品介绍,并增强了客户的购车意愿。

5) 试乘试驾环节

销售顾问当天主动邀请客户试乘试驾;客户是否在当天进行的试乘试驾;客户试驾的是否是客户的意向车型;试乘试驾路线是否被编入导航系统中;试乘试驾车是否为客户准备瓶装水;试乘试驾前,销售顾问是否为客户解释承诺书/协议书的内容和责任归属;试乘试驾前,销售顾问是否使用试乘试驾路线图向客户解释试乘试驾路线并讲解路线的每一阶段与试驾内容的关系;试乘试驾办理手续时,销售顾问是否为客户提供经销店介绍资料,车型资料等供客户打发时间;是否请客户先试乘再试驾;试驾开始前,销售顾问是否向客户介绍了车辆的相关操作(例如,如何起动、如何调整座椅、如何换挡等);试乘试驾开始前,是否两次主动请所有乘客系好安全带;试驾开始前,销售顾问是否指导客户(由客户自行调节)调节座椅、转向盘、后视镜等至少 3 项的位置;试乘试驾过程中,销售顾问注意了解客户的试驾感受;试乘试驾过程中,销售顾问是否介绍并演示了至少 5 个产品亮点;试乘试驾过程中,至少 3 次使用 FAB 方式为客户讲解/演示车辆功能/性能;试乘试驾过程中,销售顾问是否介绍并演示了至少一项智能互联系统的功能和好处;试乘试驾过程中,试驾车在路面上行驶的时间至少持续 20min;试乘试驾结束后,是否请客户在试乘试驾登记表上签字;在试乘试驾结束后,销售顾问是否总结试驾感受并积极引导客户进入签单环节;销售顾问在试乘试驾过程中的演示和介绍,让客户充分了解了车辆的性能,并增强了购车意愿;如果当天不能试驾,销售顾问主动向客户说明具体原因;如果当天不能试驾,销售顾问跟客户预约下次方便到店试驾的时间;如果当天不能试驾,在预约下次到店试驾时间之前电话或者短信提醒客户。

6) 报价议价环节

销售顾问是否主动询问客户有无考虑贷款购车;销售顾问是否为客户提供打印的报价单并逐项讲解报价内容;销售顾问积极促成客户今日付定金;销售顾问是否向客户介绍了客

户政策(奔驰金融、融资租赁、星瑞二手车、赠送保险、售后养护增值礼包、汽车精品配件、保值租购);销售顾问或相关专员是否使用了辅助的资料或工具展示介绍客户政策?金融政策是由销售顾问还是金融专员介绍的?销售顾问是否提供了目标车型的车型资料;销售顾问或金融顾问是否为有金融贷款意向的顾客提供了详细的奔驰金融产品报价;通过销售顾问的讲解,客户已经清晰了解了车辆价格;当客户表示还需要再考虑一下时,销售顾问依然态度友好,并且询问了客户的顾虑;价格商谈结束后,销售顾问是否确认客户是否还有疑问;销售顾问是否询问与客户联系的最佳时间和联系方式;销售顾问是否陪同客户来到停车场送别客户,并感谢客户的光临。

7) 潜在客户跟进环节

客户离店以后,销售顾问是否2h左右给客户发送个性化感谢短信;销售顾问是否与客户进行了跟进联系(超过72h否);在跟进联系中,销售顾问是否向客户问好、做自我介绍并说出经销商的名称;在跟进联系后,销售顾问是否礼貌道别;在跟进联系中,销售顾问是否积极促进车辆成交(如主动告知店内优惠活动、邀请再次到店洽谈、询问客户对竞品车型了解情况和客户约定时间)。

第二节 汽车营销技能竞赛

目前衡量在校学生汽车营销技能最高水平的手段是参加国家级汽车营销技能比赛。该比赛通过汽车销售顾问岗位在客户接待、汽车商品知识、需求分析、营销策划方案制定、销售流程应用等方面需要的岗位能力为竞赛内容,检验学生对专业知识与专业核心技能的掌握水平。

一、赛项内容设置

汽车营销赛项设置三个子赛项:汽车销售综合技能竞赛、汽车营销策划技能竞赛和汽车营销基本技能竞赛,满分100分。

赛项总成绩由以上三个子赛项按照不同比例相加构成,其中"汽车销售综合技能竞赛"子赛项占比40%,"汽车营销策划技能竞赛"子赛项占比30%,"汽车营销基本技能竞赛"子赛项占比30%。以上三个子赛项均按照满分100分考评,最后按照相应占比累加形成赛项总分。

1 汽车销售综合技能竞赛

该子赛项通过情景模拟的方式进行,考核选手对整个销售流程的掌握与灵活运用能力,以及针对顾客进行销售接待、需求分析、商品说明和报价成交等环节的工作能力,是对选手汽车销售技能的全面考察。该子赛项定位于对汽车销售顾问岗位核心技能及相关拓展技能的考核,在考核专业能力的同时,兼顾方法能力、社会能力的考评。具体内容与比重见表7-1。

汽车销售综合技术竞赛内容与比重 表7-1

序号	选手	主要内容	时间(min)	成绩比重(%)
1	A、B	风采展示	1	10
2	A（销售顾问）	展厅接待、需求分析、商品推介以及报价成交等	16	75
3	B（前台接待）	展厅接待、对A选手的销售过程进行准确评价	3	15

2 汽车营销策划技能竞赛

该子赛项通过现场策划、陈述的方式进行，考核选手团队营销策划方案制定、展示、陈述、评价方面的水平和能力；考核选手团队合作、互联网+汽车营销等方面的创意思维与创新意识。陈述前60min是选手团队准备时间，赛场陈述时间10min，使用PPT展示。该赛项是从2016年开始新加入的赛项。

具体内容与比重见表7-2。

汽车营销策划技能竞赛内容与比重 表7-2

序号	选手	主要内容	时间(min)	成绩比重(%)
1	A、B（策划）	汽车营销活动策划创意、PPT制作	60	50
2	B（陈述）	陈述的要点、风采、语言表达、团队合作、时间管理	8	40
3	A（陈述）	对B选手的陈述做准确评价	2	10

3 汽车营销基本技能竞赛

该子赛项采用上机操作的方式，考核选手对汽车销售相关业务流程的岗位操作能力，及相关理论知识的掌握情况。竞赛分为两个场次，参赛队的两名选手分别参赛，每个场次时间均为60min。

赛项的内容包括汽车电子商务、商务汽配、商务汽修、车险承保、车险理赔、鉴定评估等主要业务流程及相应流程中必备的基本技能。

二 竞赛方式

汽车营销赛项为团体赛。以院校为单位组队参赛，不得跨校组队。每所院校只允许选派1支参赛队，每支参赛队由2名选手组成，且报名时即要明确A选手及B选手分配，需为同校在籍学生，性别和年级不限，可配1名领队、2名指导教师（领队可兼任）。

汽车销售综合技能竞赛和汽车营销策划技能竞赛分别在三个场地同时进行，因此在赛前按照大赛制度要求，通过抽签、加密等方式确定各参赛队分组及分组后的比赛场地。各参赛队按预先设定的场次参加竞赛。

三 竞赛试题及分析

1 汽车销售综合技能竞赛试题及分析

此赛项公布模拟情景的赛题：选手在20min完成以下任务。

任务1:选手A、选手B进行团队风采展示,时间为1min。

任务2:选手A、选手B根据情境接待来店客户,时间为16min。

情境描述:2016年××月××日,星期六,天气参照比赛当天的天气状况,一汽-大众启航汽车销售服务有限公司。客户为一对夫妻,第一次到店。客户驾车前来,本次购车欲置换,购车预算25万元左右。

选手B(前台接待):接待来店客户,为客户引荐销售顾问。

选手A(销售顾问):接待客户,按流程完成销售环节,送别客户。

顾客关注点:

(1)新迈腾的外观、配置、产品定位与自己是否匹配,周围的同事、朋友所驾驶车辆会影响购车决策。

(2)车辆性能稳定性,提出DSG变速器的质保问题,驾驶安全性。

(3)关注环保、排放。

(4)对比车型为丰田凯美瑞。

任务3:选手B(前台接待)对选手A的表现进行客观、准确评价,时间为3min。

2 汽车营销策划技能竞赛试题及分析

此赛项公布营销策划情景的赛题:选手需在70min完成以下任务。

任务1:请选手A、选手B在备赛室根据情境进行汽车营销活动策划,时间为60min。

启航汽车销售服务有限公司是一汽大众特许经销商,2012年成立,作为汽车经济开发区唯一一家一汽大众4S店,经营成果显著,在当地深受广大用户信赖,销量稳步提升。4月为汽车销售淡季,启航汽车销售服务有限公司结合季节特点针对迈腾车型进行市场营销活动策划,策划包括:①策划目标(围绕汽车销售淡季设定一个或多个策划目标);②市场定位(根据指定车型迈腾的目标客户群进行活动定位,可以针对全部客户群,也可以针对其中的某一特定客户群,如公务员);③营销活动策划(包含活动时间、地点、内容等,营销活动策划需围绕策划目标展开)。选手A、选手B根据给定条件进行汽车营销活动策划,营销活动内容不限,突出创新,并将策划内容制作成PPT。

任务2:请选手A、选手B在赛场进行汽车营销活动策划陈述,时间为10min。

选手B(陈述):结合PPT对汽车营销策划活动进行陈述。

选手A(陈述):对选手B的陈述进行客观、准确评价。

3 汽车营销基本技能竞赛试题及分析

该赛项试题包括六方面:汽车电子商务、商务汽配、商务汽修、车险承保、车险理赔和鉴定评估。

4 赛项评分标准

(1)汽车销售综合技能竞赛评分标准(表7-3)。由裁判根据选手表现评分,总分100分。

(2)汽车营销策划技能竞赛评分标准(表7-4)。由裁判根据选手表现评分,总分100分。

汽车销售综合技能竞赛评分标准

表 7-3

竞赛环节	选手编号	考核重点	考核标准	分值	总分
风采展示	选手 A、B	个人风采	内容健康向上，表现流畅，现场发挥好，感染力强	10分	100分
情景模拟	选手 A	汽车营销礼仪	着装整洁，仪表端庄，表情和蔼可亲，眼神自然真诚，指引手势规范，姿态自然大方，声音清晰，语音语速适中	10分	
		销售接待	主动接待客户，递名片，提供销售资料	10分	
		需求分析	适当寒暄，收集客户需求信息，确认客户需求，寻求客户认同，适当赞美客户	10分	
		销售方案	针对客户需求制定销售方案，提出意向车型（含排量、配置）	5分	
		针对需求的商品介绍	根据客户需求，从不同位置对车辆进行介绍，熟练讲解大赛指定车的功能，运用 FAB 法则对车辆性能进行阐述，熟练地进行竞品对比	25分	
		报价成交	对客户进行报价，运用市场活动策略吸引客户成交，优惠政策至少 3 项	10分	
		职业精神	以客户为本，兼顾企业、社会利益和品牌形象	5分	
团队合作	选手 B	汽车营销礼仪	着装整洁，仪表端庄，表情和蔼可亲，眼神自然真诚，指引手势规范，姿态正确，声音清晰，语音语速适中	5分	
		销售接待及需求分析	主动接待客户，递名片，邀请客户入座，提供饮品，提供销售资料，适当寒暄，了解客户来店意向	5分	
		对选手 A 的销售过程进行评价	姿态自然大方，表达流利，评价客观准确	5分	

第七章　汽车营销技能提升

汽车营销策划技能竞赛评分标准

表 7-4

竞赛环节	选手编号	考核重点	考核标准	分值	总分
营销方案策划	选手 A、B	营销策划方案	营销策划目标明确，营销活动定位准确，策划创意构思新颖、独特，体现时代特征	20分	100分
		PPT制作	能清晰展示策划方案，主题突出，布局合理，美观大方	20分	
		综合评价	营销策划方案整体评价	10分	
方案陈述	选手 B	风采展现	着装整洁，仪表端庄，表情和蔼可亲，自然真诚，姿态自然大方	10分	
		语言表达及沟通技巧	对策划方案陈述准确、恰当，语言流畅，条理清晰，逻辑合理，语音语调语气得当	25分	
		时间管理	陈述时间分配合理，控制得当	5分	
团队合作	选手 A	语言表达及沟通技巧	表达流畅，内容有条理，逻辑性强；用词准确、恰当；语音语调语气得当	5分	
		评价总结	对 B 选手的陈述及表现能够进行客观、准确评价	5分	

四 综合训练

请结合当地汽车销售情况,针对一个汽车销售企业的实际情况进行一个销售促进的营销策划方案。

参 考 文 献

[1] 刘雅杰.汽车营销[M].北京:中国人民大学出版社,2009.
[2] 孙路弘.汽车销售的第一本书[M].北京:中国人民大学出版社,2008.
[3] 罗安源.顾问式汽车销售[R].北京:影响力教育训练集团,2007.
[4] 黄洁.汽车销售代表培训教程[M].北京:京华出版社,2006.
[5] 刘敏兴.销售人员专业技能训练[M].北京:中国社会科学出版社,2004.
[6] 施振荣.微笑曲线——缔造永续企业的王道[M].上海:复旦大学出版社,2014.